湛庐 CHEERS

与最聪明的人共同进化

HERE COMES EVERYBODY

U0112259

[美] 史蒂芬·平克
Steven Pinker 著

理性

简学
简丁丁 译

Rationality

 浙江教育出版社 · 杭州

测一测

你是理性的吗?

扫码激活这本书
获取你的专属福利

扫码获取全部测试题及答
案,一起感受理性的魅力

- "如果下雨了,那么道路就是湿的。如果道路是湿的,就肯定是下雨了。"——这个推断有效吗?( )

  A. 有效

  B. 无效

- 两位司机驾车高速行驶并狭路相逢,最先放弃控制权的司机最有可能获胜。这种情况属于下列哪种博弈?( )

  A. 懦夫博弈

  B. 协调博弈

  C. 囚徒困境

  D. 志愿者困境

- 天气预报说明天有 30% 的可能性会下雨,所表达的是什么意思呢?( )

  A. 30% 的区域将会下雨

  B. 30% 的时间会下雨

  C. 30% 的气象学家认为会下雨

  D. 在做出下雨预报的所有天数里,该区域有 30% 的天数会下雨

扫描左侧二维码查看本书更多测试题

Steven Pinker

史蒂芬·平克

当代思想家
世界顶尖语言学家和认知心理学家

Steven Pinker

世界顶尖语言学家和认知心理学家

史蒂芬·平克，犹太人，1954 年 9 月 18 日出生于加拿大蒙特利尔。

1976 年，平克取得加拿大麦吉尔大学心理学学士学位；1979 年，取得哈佛大学实验心理学博士学位。

1980—1982 年，平克先后在哈佛大学、斯坦福大学担任助理教授。之后，他加入麻省理工学院，开始在脑与认知科学系任教，专心研究儿童的语言学习模式。他认为，语言是人类经过自然选择形成的一种适应功能，通过不断再生和优化，语言同手、眼等器官一样也在进化。1990 年，平克和他的学生——现耶鲁大学心理学教授保罗·布卢姆（Paul Bloom）联名发表了论文《自然语言和自然选择》（*Natural Language and Natural Selection*），在学术界引起巨大反响。

在这篇论文的启发下，平克出版了《语言本能》一书。这本书一经出版，就成为轰动一时的畅销书，并入选《美国科学家》杂志（*American Scientist*）评出的"20 世纪 100 本最佳科学书籍"。凭借此书的成功，平克得以拓展研究领域，开始思索更宽泛的人性问题。史蒂芬·平克于 1994 年成为麻省理工学院认知神经学中心的掌门人。

2003 年，平克回到哈佛大学，担任哈佛大学心理学教授。2008—2013 年，因在教学方面的杰出贡献，史蒂芬·平克被授予哈佛学院荣誉教授头衔。

截至目前，平克获得了麦吉尔大学、纽卡斯尔大学、特拉维夫大学等多所大学授予的 9 个荣誉博士学位；共出版了 9 部面向大众的通俗著作，并于 1998 年和 2003 年两次入围普利策奖终选名单。

1986 年，平克获得美国心理学协会的博伊德·麦克坎德莱斯奖（Boyd McCandless Award），1993 年获得美国国家科学院特罗兰研究奖（Troland Research Award），2004 年获得英国皇家神经科学亨利·戴乐奖（Henry Dale Prize），2010 年获得认知神经科学学会的乔治·米勒奖（George A. Miller Prize）。

平克的父亲曾是一名律师，母亲曾是一所中学的副校长。他的妹妹苏珊·平克（Susan Pinker）也是著名的发展心理学家，是畅销书《性别悖论》（*The Sexual Paradox*）和《村落效应》（*The Village Effect*）的作者。

史蒂芬·平克在其著作《词与规则》（*Words and Rules*）中引用了小说家和哲学家丽贝卡·戈尔茨坦（Rebecca Goldstein）小说中的不规则动词"stridden"，他们因此而相识。丽贝卡·戈尔茨坦十分敬仰平克，她说，自大卫·休谟（David Hume）之后，就没有哪位思想家打动过她，但平克是个例外。2007 年，史蒂芬·平克与丽贝卡·戈尔茨坦结婚，这是他的第三次婚姻。

Steven Pinker

当代思想家

2004 年，平克当选《时代周刊》"全球 100 位最有影响力人物"。2005 年和 2008 年，他两度被《前景》（*Prospect*）杂志和《外交政策》（*Foreign Policy*）杂志联合评选为"世界最受尊敬的 100 位公共知识分子"。

2006 年，因在人类进化知识普及方面的突出贡献，史蒂芬·平克当选美国人道主义协会（American Humanist Association）"年度人道主义者"。

2010 年和 2011 年，平克两度被《外交政策》杂志评选为"全球顶尖思想家"。在 2013 年《前景》杂志"最伟大思想家"的评选中，平克名列第三。

2016 年，平克当选为美国国家科学院院士。2021 年，根据学术影响力网站（Academic Influence）的计算，在 2010—2020 年的 10 年间，平克是世界上第二大最有影响力的心理学家。

史蒂芬·平克典藏大师系列

作者演讲洽谈，请联系
BD@cheerspublishing.com

更多相关资讯，请关注

湛庐文化微信订阅号

湛庐 CHEERS 特别制作

献给我的母亲
罗斯林·维森菲尔德·平克

一个人要是在他生命的盛年，只知道吃吃睡睡，他还算是个什么东西？简直不过是一头畜生！上帝造下我们来，使我们能够这样高谈阔论，瞻前顾后，当然要我们利用他所赋予我们的这一种能力和灵明的理智，不让它们白白废掉。[①]

《哈姆雷特》

---

① 威廉·莎士比亚：《哈姆雷特》，朱生豪译，译林出版社，2018，第 96 页。——编者注

"理性"是人类进化和现代社会的基石，是哲学家长期探讨的核心问题之一。近几十年来，认知心理学家和行为经济学家对理性的实证性研究更是加深了我们对人类理性或非理性的认识。平克作为当代最具思想性的心理学家之一，以"理性"作为他新著的主题，一点也不让人惊讶。我以前曾给平克教授的旧著写过推荐语；在当今 GPT-4 表现出惊人的人工智能"理性"之后，我更觉得应该推荐这本新著，因为它能启迪我们更加深刻地思考、理解智能体的"理性"和"理性行为"。

周晓林

教育部高等学校心理学教学指导委员会主任委员

华东师范大学心理与认知科学学院院长

民粹泛滥，情绪喧嚣。最近几年，专家的好评度在下降。这里头固然有知识门槛和利益纠葛的影响，但更有放弃理性、放纵猜测的非理性暗流在起作用。专家的主要工具是理性，理性是启蒙最为核心的原则。谁愿意公开而大胆地运用理性，谁就是一个现代人。可以质疑专家，但不要拒绝理性。读这本书，做现代人。

苏德超

武汉大学哲学学院教授，博士生导师

越是熟悉的词语，就越有可能遭到误解和滥用，"理性"就是其中之一。平克教授的《理性》一书，以其特有的细腻、专业和流畅的写作风格，为诠释"理性"搭建了一个精致的结构：理性与非理性、理性与心理错觉、理性与逻辑谬误、理性与信念、理性与因果等维度，细致解说了包裹在理性词语之下的种种思想观念、文化习俗和认知结构，既让言必称理性的人们捕捉到理性的丰富纹理，又让困惑于理性的人们感受到理性的丰满张力。这部佳作最大的教益在于，理性的妙用，恰恰是可以审视自身。

段永朝

苇草智酷创始合伙人，财讯传媒集团首席战略官

史蒂芬·平克是"乐观的科学主义"的杰出代表。与"人类退化论"和"社会达尔文主义"不同，这种学说认为"进步恐惧症"虽然根植于人性，但事实上自启蒙运动两个多世纪以来，人们利用知识促进了人类的繁荣。在《理性》这本新作里，他进一步给出了"乐观"的根本理由：理性不仅是一种认知美德，也是一种道德美德。

本力

《创业伦理》作者，《香港国际金融评论》执行总编辑

普通知识分子常常抱怨老百姓的非理性；高级知识分子能认识到非理性言行背后的理性动机；真正的学者不但能洞悉现象和原因，而且能跳出来思考更高阶的机制。如果你只比老百姓多看一步，你可能会感到痛苦；但如果能多看三步，你会收获学者的快乐。史蒂芬·平克是当今著名的认知科学家和作家，这本书带给你当前科学关于理性、非理性和如何更理性的理解，能让你直达认知高层。

万维钢

科学作家

"得到" APP《精英日课》专栏作者

史蒂芬·平克是历史上最优秀的科学作家之一，在《理性》这本书中，他将自己的才华应用于人类最重要、也最容易被误解的一种能力。如果你曾经考虑过通过吃药让自己变得更聪明，那就读读《理性》吧。因为这更便宜、更有趣、更有效。

乔纳森·海特

社会心理学家

畅销书《象与骑象人》作者

《理性》是一本了不起的书，对我们这个时代来说是急需的。这本书中除了汇集克服理性思维障碍的工具之外，平克还用他所提供的将理性与道德进步联系起来的证据开辟了新的天地。

彼得·辛格

澳大利亚哲学家，伦理学家

博学、明晰、有趣，充满了迷人的内容……在个人和公共生活中，《理性》提供了一种实用的、审慎的乐观主义，将理性呈现为一个脆弱但可实现的理想……使形式逻辑、博弈论、统计学和贝叶斯推理这些话题充满了魅力和重要性，这并非一项小成就。

《华盛顿邮报》

《理性》是对理性思考工具充满激情和活力的介绍……它简洁、幽默、令人振奋。

《泰晤士报》

《理性》对我们最高的思维能力（具有讽刺意味的是，它也许是我们理解最少的能力）进行了引人入胜的分析。

《华尔街日报》

平克对杨安泽的总统竞选平台、《呆伯特》漫画或意第绪语谚语中的理性的探讨，既严谨又不失可读性和趣味性。探讨结果既是对人类通过仔细思考使事情变得更好的能力的庆祝，也是对头脑不清晰的深刻谴责。

《出版人周刊》

通过培养一种最稀有的品质——构建可靠的论证，《理性》提供了一种对读者友好的改进思维的入门指南。

《柯克斯评论》

理性的英勇斗士

理查德·道金斯
进化生物学家
畅销书《自私的基因》《基因之河》作者

　　《理性》依旧是平克众多优秀作品中的一本。换句话说，这本书简直太棒了。平克是多么完美的知识分子啊！他的每一本书都仿佛是一条令人振奋的河流，流畅的可读性会让每个非专业人士感到愉悦。了解一位学者的研究领域，就有了衡量这位学者的标准。平克的专业知识领域包括语言学、心理学、历史学、哲学、进化论等，毫无疑问，他是一位大师。

　　在最新的这本《理性》的最后一章里，平克提出了一个严肃的，甚至令人感到有些困惑的问题，即为什么有必要提出反对奴隶制等问题的论证。反对奴隶制的理由难道不是显而易见的吗？尽管如此，有些论证还是必须明确提出来。而对于理性的正当性，我们也可以提出同样的问题。理性怎么可能需要倡导呢？我们需要理性，这不是很明显吗？有谁会对理性提出异议呢？诺贝尔奖得主彼得·梅达瓦（Peter Medawar）曾经表达过类似的观点，不过是带有讽刺意味的："官方的浪漫主义观点是，理性和想象是对立的，或者理性最多是提供了通向真理的另外一条道路。而且理性的道路漫长且曲折，在到达顶峰之前，当理性喘着粗气时，想象却在轻松地跳跃上山。"

平克也用"暗语"表达了这一点："理性往往意味着不那么酷。说某个人是无聊的人、书呆子、极客或布莱尼亚克式（Brainiac）[1]的人物，就意味着这个人离时尚很远。"

他还写道："几十年来，好莱坞的电影剧本和一些摇滚歌词都把快乐和自由看成对理性的叛逆。电影《希腊人佐巴》（Zorba the Greek）中的主角佐巴说：'一个人需要一点疯狂，否则他永远不敢割断绳子而获得自由。'传声头像乐队（Talking Heads）说：'别假正经。''那个曾经叫普林斯的歌手'[2]说：'让我们疯狂起来。'流行的学术运动，如后现代主义和批判理论（不要与批判性思维混淆）认为，理性、真理和客观性是为统治群体的特权做辩护的社会建构。"

上述观点中只有最后一个是真正有害的。"后现代主义"（不管这是什么意思，因为即使是它的拥护者似乎也没有一致的定义）可能是重感觉、轻证据这种风尚的原因。在《理性》提到的众多漫画中，有一幅画的是一

---

[1] 美国漫画中的超级反派，拥有极高的智力。——编者注

[2] 1993 年到 2000 年，美国著名歌手普林斯将自己的名字改为无法发音的符号，在此期间，他被称为"那个曾经叫普林斯的歌手"。——编者注

个孩子认为 7 乘以 5 等于 75，并说："这可能是错的，但我感觉它是这样。"平时和蔼可亲的平克在书的倒数第 2 章中表现得言辞非常激烈，甚至会让人崩溃。例如，在这里，他哀叹公众对大学信任度的下降，并将其归因于大学令人窒息的"左翼单一文化"，并说："如果哪位学生或教授敢于质疑关于性别、种族、文化、遗传学、殖民主义、性别认同和性取向等方面的主流说法，他就会受罚。大学因对常识的攻击而沦为笑柄。"

这不仅仅是对常识的攻击，也是英语语言的"肆意堕落"。为了澄清逻辑和经验真理之间的区别，平克说："要确定'所有单身汉都未婚'是不是为真，你只需要知道这些词语的意思（把'单身汉'替换为'男性、成年人、未婚'），然后检查真值表就可以了。但是要确定'所有的天鹅都是白色的'是否正确，你就必须从扶手椅里站起来，走出去看看。"

还有什么比这更清楚的吗？但是，平克的观点是否对少数"受压迫的"已婚单身男性（这些人内心深处认为，虽然结婚了，但他们确实是单身汉）也适用呢？平克的观点威胁到了他们的存在。平克担心这种胡言乱语会威胁到大学的声誉。

本书中间的章节（第 3 章到第 9 章）相当于一本耐心的指导手册，用来教你如何理性思考。我不会称它为入门指南，因为它的内容是最前沿的。在相当苛刻的关于逻辑的讨论之后，平克对概率论进行了深入的讨论。平克是贝叶斯推理的忠实拥护者，在关于贝叶斯推理的介绍中我学到了很多，贝叶斯推理也是贯穿全书的主题。书中用了整整一章阐述了经济学家的理性选择理论和风险概念，当然还有博弈论。对相关关系和因果关系之间的重要区别的介绍也占了整整一章。公鸡总是在黎明啼叫，但如果其中有因果关系的话，哪一个是因，哪一个是果？证明因果关系的唯一可靠方法是实验性干预，即人为地随机处理假定的原因，看看假定的结果是否随之而来。在半夜里播放录好的鸡鸣，看看太阳是否会立即出现。当然，你必须随机地做很多次实验。不幸的是，这样的实验干预往往是不可能的，尤其是在对人类行为的研究中，平克在这一章中花了很多篇幅来讲述统计技巧，也给出了强大的多元回归分析。

书中有一章是关于信号检测论的，这一直是我最喜欢的话题，我很高兴平克的清晰论述从雷达屏幕上的经典光点领域，发展到了陪审团的决定等人们感兴趣的话题。法院可以做些什么来提高鉴别证据的能力？平克引用了认知心理学家伊丽莎白·洛夫图斯（Elizabeth Loftus）和其他人关于目击者证词不可靠的令人不安的发现。相比之下，DNA 证据是一个福音。如果使用得当，DNA 鉴定相当于从数百万人的身份中挑选出一个人，而不是从"至少 8 个人"中挑选（这是英国法律的规定）。即使是 DNA 证据也容易受到意外污染或样品标签错误的影响，但这种人为错误是可以克服的。

法庭应该如何设定决策标准？我们是否应该容忍惩罚 1 个无辜的人而释放 10 个有罪的人？"合理怀疑"是什么意思？我一直认为，如果判决确实排除了合理怀疑，陪审团在之后就不应该紧张不安。法庭上每一个与陪审团听取了相同证据的人都应该明白这一点。"明显"不就是我们所说的"排除合理怀疑"吗？"排除合理怀疑"也应该意味着，如果两个陪审团参加了同一场审判，然后回到各自的陪审团室后，他们应该总是得出相同的裁决。但他们会吗？你不是认真的吧！想想 O. J. 辛普森案吧。"排除合理怀疑"是否意味着人们不需要聘请著名律师了呢？

　　"在进化的时候，我们像直觉的律师而不像直觉的科学家。"我们这些进化生物学家完全可以相信，作为高度社会化物种中的成员，我们的祖先之所以被选中，是因为他们在智商、领导才能和说服能力方面战胜了自己的对手，从而获得了配偶和经济利益。我们的祖先也可能是因为具有建立联盟（敌对帮派）的能力而生存了下来。也许这就解释了"我方偏差"（myside bias）[①]，今天这种偏差被一些巧妙的心理学实验所证实，尽管这令人沮丧。

　　也许这些实验中最令人沮丧的一个是，实验人员给共和党人和民主党人观看那些声称枪支管制能减少犯罪的（捏造的）数据。事实上，对这些数据的批判性分析会显示出相反的结果：枪支管制导致犯罪增加（记住这是编造的数据！）。只有有计算能力的被试对象才能得出这个简单的结论。但有趣的是，对于这组数据，多数有计算能力的共和党人展现出了得出正确结论所必需的洞察力，并提出了有利于他们政治偏见的结论。有计算能力的民主党人却往往满足于支持他们偏见的表面结论。问题来了，实验人员也给共和党人和民主党人观看了相同的虚构数据，但交换了数据表的表头。现在，实验人员称这些数据支持那些反对枪支管制的人。但是你需要有计算能力才能发现，这些数据实际上反映的是相反的结论。这种情况下，有计算能力的民主党人得出了正确的推论，这个推论支持了他们的偏见。最后，当实验人员将枪支管制问题更换为一个两党没有争议的问题时，共和党人和民主党人表现出的计算能力则没有区别。令人沮丧的结论是，人们会相信任何支持自己所在团队的东西，不管证据如何。

---

① 指人们倾向于相信自己所在群体的观点更可信，详见本书第 10 章中"我方偏差"一节。——编者注

　　《理性》最后两章的内容是我批注最多的。如果我要公正地评价它们，我几乎必须引用每一句话，因为每一句话都很好。最后，我要对比以下两者，一是"匿名者Q"的信徒的轻信行为，另一类是训练有素的科学家和卡拉哈迪沙漠的狩猎采集者的客观理性。同一个物种怎么可能既有成员能够测量时空的微小变动，又有成员相信希拉里·克林顿在比萨店经营着一个恋童癖团伙？

充满敌意的世界需要理性

基思·斯坦诺维奇
心理学家
《对"伪心理学"说不》作者

朋友们，他又一次做到了。这就是我们对当代认知科学最博学的传播者所能期望的一切。这篇文章是对他的新书《理性》的可读性和风格的评论。当作者是平克时，写书评可以省去很多话。那么我们直接进入对内容的讨论吧。

平克的书中对理性赋予的高地位与一些人的描述相矛盾，后者认为理性要么微不足道（仅仅是解决教科书式的逻辑问题的能力），要么与人类的成就相对立（作为享受情感生活的障碍）。词典中对理性的定义往往模糊不清（"与理性相一致的状态或品质"），相比这些弱化的描述，认知科学更加丰富地定义了理性，而平克的书极好地捕捉到了这一点。他通过明确的定义将读者引向理性，即"利用知识实现目标的能力"。这个定义包含了认知科学家研究的两种理性类型：工具理性（instrumental rationality）和认知理性（epistemic rationality）。

工具理性关注的是优化实现目标的方法：在现有资源（物质的和心理的）的条件下，采取行动以获得自己想要的东西。经济学家和认知科学家进一步将"优化实现目标的方法"的概念细化为期望效用的技术概念。认知理性（平克定义中的"知识"）关注信念与现实世界之间的映射程度。这两种类型的理性是相关的。我们需要基于反映现实的信念，来采取让我们可以实现目标的行动。

虽然许多人认为自己可以没有解决教科书式的逻辑问题的能力，但几乎没有人希望放弃认知理性和工具理性——当它们被适当定义的时候。几乎每个人都希望他们的信念与现实有某种程度上的对应，并且他们也希望实现自己的目标。正如平克所指出的那样，大多数人都想知道什么是真的，以及该怎么做。

同样地，平克对情感和理性之间关系的处理非常得当。在大众心理学中，情感经常被视为理性的对立面，这种观念是不正确的。情感与其他启发式策略一样，能够让我们迅速进入正确反应的"大致解决方案"范畴。它们是丹尼尔·卡尼曼《思考，快与慢》中提到的"快思考"——"系统1"的一部分。如果需要更准确的特定反应，则需要使用"系统2"进行更精确的分析性认知。当然，我们可能会过度依赖情感。我们可能过于依赖"大致解决方案"，而实际需要的是更精确的分析性思考方式。但通常情况下，像大多数具有适应性的系统1中的心理过程一样，情感调节促进了理性思考和行动。

聪明的人往往更理性，但二者并不相同。实际上，理性是一个内涵更为丰富的观念。平克指出，理性的倾向和知识基础超越了智力测试所测量的任何内容，例如积极开放的思维方式。思维倾向的可塑性仍然是一个开放的问题，但有一点是毫无争议的，那就是理性思考所需的知识基础是可以教授的（只要足够熟练地掌握《理性》中间章节中的所有概念，我保证你会成为一个更理性的人！）。

因此，平克关于理性的元理论问题的讨论全部正确并且避免了一切夸张的描述。非常合理的是，这本书只有一章是关于逻辑的，其他章节涵盖了现代理性概念中的多元知识基础和思维风格，包括概率推理、信念更新、信号检测论、预期效用理论、因果推理、博弈论、积极开明的思维方式和我方偏差。

本书充分涵盖了关于启发式和偏见的文献，不仅所选示例都很恰当，并未将这些示例呈现为"陷阱问题"，而是将其作为通向有关理性思考的更大问题的门户。尽管平克对经典任务的标准解释持批评态度，但是他总能考虑到更广泛的问题。他阐明了许多偏见，这些偏见导致人们违反认识论和工具理性的各种严格规定。

事实上，平克尤为出色地融合了认知科学中关于"理性之争"的各种立场的最佳洞见，这场争论也被称为"改良主义者"（Meliorist）、"乐观主义者"（Panglossian）和"辩护主义者"（Apologist）之间的争论，涉及人类的认知包含了多少不理性因素这个问题。

所谓的改良主义者，倾向于从卡尼曼和特沃斯基的启发式和偏差传统出发，假设人类的推理能力并没有那么好。乐观主义者则更加相信人类的推理能力，认为卡尼曼和特沃斯基传统中的实验并不一定反映了现实的决策过程。他们默认人类的推理能力是最大化的理性。最后是辩护主义者，他们处于两者之间。像改良主义者一样，辩护主义者可以认识到人类的理性推理通常不是最优的；但像乐观主义者一样，他们并不总是将这些局限视作非理性的实例。

辩护主义者认为，推理者的短期记忆容量、长期记忆能力、感知能力，以及知识储备都存在局限，这些局限可能妨碍他们做出完全合理的反应（平克讨论的一个代表性观点是赫伯特·西蒙提出的有限理性概念）。只有当一个人本可以做得更好却没有做得这么好时，我们才能说他是非理性的。

改良主义者的立场比乐观主义者的立场更能激发纠正性的努力。与改良主义者类似，辩护主义者认为在现有的认知约束下我们很少能有所作为。然而，辩护主义者的立场强调了以另一种方式来增强理性能力的可能性——以更适合我们认知机制的方式呈现信息。平克在自己的书中很好地代表了这个立场。正如他所指出的，"与其让多数人长期遭受谬误和偏差的折磨，不如好好利用人们已经拥有的理性并进一步强化它"。

平克的书并没有直接涉及认知科学中的"理性之争"。然而，他隐约提倡了一种智力上的"休战"，我长期以来一直倡导这种休战——双过程理论（在卡尼曼的书中描述的"快思考"和"慢思考"的理论）可以提供一种和解方式，因为它舍弃了所有阵营中的"稻草人"。正如平克所说，我们不是"石器时代的犯错者"，然而，许多实验结果表明，人类存在许多认知缺陷（所谓的偏差），这些偏差在现实世界中可能产生严重的错误和影响。

尽管平克在整本书中提出了许多属于辩护主义的辩护，但他完全承认，当人们的当前目标源于基因的终极目标时，常常需要通过系统 2 来进行仲裁，尤其是当目标之间相互冲突时，例如"拥有苗条健康的身体"和享用美味的甜点之间的冲突。食用美味的甜点的目标源于进化，即"在节约能量的环境中储存热量的终极目标"，而对"苗条健康的身体"的渴望更可能是来自现代环境。改良主义者长期以来一直强调，当面对这种选择时，对于现在和长期的个人福利而言，统计学上的最佳选择是抵制眼前的需求，虽然它们源自基因的终极目标。

多年前，我的作品曾经有着明显的改良主义倾向，但现在我已朝着辩护主义 / 乐观主义的方向转变。因此，我觉得平克将这些立场混合起来的方式跟我的想法非常相投。不同的立场有不同的成本和收益。例如，如果乐观主义者在自己的假设上犯了错误，那么他们可能会错过修复推理能力的机会。相反，改良主义者可能会将精力浪费在无法证明是必要的认知修复的努力上。辩护主义者有时会忽略一个事实，那就是当技术社会将人类的认知器官置于进化适应性不足的问题中时，这会导致真正的认知障碍。三个阵营在进化适应机制与现代技术社会的认知需求之间的不匹配程度上存在分歧——简而言之，这个问题就是，从我们进化而来的大脑的角度来看，这个世界是良善的还是有敌意的。

一个充满敌意的世界需要理性思考

处理启发式的系统 1 所依赖的是，良善的环境所提供的可以激发出适应性行为的明显提示。良善环境是指包含有用提示的环境，可以被各种启发式①利用。要被归类为良善环境，环境中还不能有其他会基于系统1来调整自己行为的个体。相反，对于启发式而言，有敌意的环境是指系统1无法使用或存在误导性提示的环境。此外，当其他人识别出正在生效的简单提示并利用这些提示时（例如每年收入3 500亿美元的广告业），环境也可能会对系统1的拥有者产生敌对性。当处于有敌意的环境中时，人们必须通过系统2来覆盖系统1的处理。

研究人员设计的许多评估理性思维的任务背后都有一个假设，即环境是有敌意的。许多问题有一个直观上引人注目的错误答案，这通常被认为是试图"欺骗"参与者。实际上，引人注目的直观反应恰恰是使该问题成为需要系统2才能解决的问题的原因。理性思维任务通常需要不自然的去语境化处理，强制人们"忽略已知的内容"或忽略显著的特征，因为它们是不相关的。这些任务旨在模拟一个有敌意的世界，而不是一个良善的世界。

辩护主义者和乐观主义者向我们展示了：许多推理错误可能具有进化或适应性基础。但是改良主义者的观点是，尽管这些错误从进化史的角度讲很有道理，但它们在我们目前生活的世界中并不具备工具性的合理性。批评家们抱怨启发式和偏见文献中的"人造"问题和任务，并暗示这些任务与"现实生活"不同，然而他们有时会忘记一个具有讽刺意味的事实，即实验室任务不像"现实生活"这一说法变得越来越不真实了。事实上，"生活"正在变得更像测试！

---

① 用于评估概率和预测价值的直觉判断模式。——编者注

试着和你的健康保险公司争取一下被拒绝的医疗赔付吧。在这种情况下，我们总是会发现我们的个人经历、情感反应、关于社会公平的系统 1 直觉——全部都是毫无价值的。当我们通过电话与保险公司代表交谈时，该代表在计算机屏幕上展示的电子表格中有着一系列的分支选择和需要满足的条件。当现代技术服务的代表试图"应用规则"时，社会背景、个人经历的特异性、个人叙述——所有这些"自然"的系统 1 处理方式都被抽象化了。

不幸的是，现代世界往往创造出一些情境，在这些情境中，通过进化而获得适应性的认知系统默认值无法发挥作用。这就要求使用系统 2 来覆盖系统 1 的反应。现代技术社会不断产生这样的情况，人们必须将信息去语境化，以抽象和非人格化的方式处理信息，而不是像系统 1 那样在特定背景下处理信息。启发式和偏差研究人员研究的抽象任务经常准确地捕捉到这种现实生活中的冲突。此外，市场经济包含那些会为了获利而利用自动的系统 1 反应的行为人（比如，劝消费者最好为一件价值 150 美元的电子设备购买"延长保修"服务！）。这再次要求人们用系统 2 覆盖那些会被市场经济中的其他人利用的系统 1。

平克讨论了许多需要主体"忽略自己所知道的"或忽略无关上下文的理性思考任务。现代技术社会所基于的科学常常要求"忽略自己所知道或相信的"。你需要测试一个控制组——即使你完全期望它表现不如实验组，这也是"忽略自己所知道的"形式之一。科学是一种系统性地忽略（至少在测试期间）我们所知道的东西的方法，以便我们可以在证据出现后重新调整我们的信念。同样，当代法律制度的许多方面都非常注重将先前的信念和关于世界的知识与证据评估过程分离。现代化越来越需要去语境化，即排除个人"所知道"的，这尤其强调以下特征：公平、尽管环境不同仍要遵守规则、公正、对裙带关系的打击、无偏见、普遍性、包容性和法定平等待遇等。也就是说，现代化的所有要求都必须规范系统 1 的叙述和个性化知识倾向。

这些要求包括：我们必须忽略生动的广告示例；我们必须忽略不具代表性的样本；我们不能偏袒自己喜爱的假设；我们要遵守忽略个人关系的规则；搁置与事实不符的叙事；不要推断出牵扯随机因素的"模式"；不能让沉没成本影响我们的判断；尽管与常识相冲突，我们必须遵循法官的指示；我们必须做出专业决策，因为我们知道这对总体有益，即使在某些特定情况下这不太清晰。

模因和我方偏差

在《理性》的前 9 章中，我们了解到人类可以运用许多理性工具。系统 1 充满了自动倾向，经过了数千年的磨炼，可以最优地调节我们对不断变化的环境刺激的反应。此外，平克讨论的所有理性思维工具也都可供我们使用。通过文化的积累，我们可以使用之前的思想家用了数百年时间才创造出来的工具。文化传播使知识得以共享，并缩短了需要个人做出独立发现的时间。我们中的大多数人在文化上都是搭便车者，没有为人类的集体知识或理性做出任何贡献。相反，我们每天都从他人发明的知识和理性策略中受益。概率论、经验主义概念、数学、科学推断和逻辑等的发展，为人类提供了概念工具，有助于形成和修改信念以及做出关于行动的推理。

　　通过文化累积，我们已经实现了许多至高无上的成就，比如治愈疾病、解码基因组以及揭示物质的微小成分。平克还提到，"新冠疫情出现后不到一年，人们就可以接种疫苗，从而大概率能够终结这场全球范围内的大流行"。然而，提到疫情就不得不承认，这场疫情引发了"一场荒谬的阴谋论狂欢"。相关的阴谋论似乎无穷无尽，包括关于在人体内植入微芯片的阴谋论。实际上，相当一部分人拒绝接种新冠疫苗，其中包括一部分受过良好教育的人。除了这些，还有：调查显示41%的人相信超感知力、32%的人相信鬼魂和灵魂、25%的人相信占星术等伪科学信念。这些事实凸显了平克所称的理性悖论："我们如何才能理解这种被人们称为'理性'的东西呢？为什么这种看似与生俱来的权利，却被如此频繁地公然蔑视？"

　　平克承认，这种"胡说八道大流行"的解决之道并不在于纠正本书涵盖的许多思维偏差。这些偏差是我在以前的写作中所确定的第四类理性思维错误。第一类理性思维错误（许多在概率推理和科学推理领域）是由系统1中不恰当的偏见导致的，必须通过认知负荷较大的系统2来克服，而有些人无法维持这两个系统的分离状态。这是与智力高度相关的错误类型。然而，第二类理性思维错误是当人们具备分离能力，但不倾向于使用它们时出现的，因为他们太冲动并且太容易接受系统1的输出。这种错误与智力关系不大，而是更多地与思维倾向，如是否具有积极开明的思维方式有关。

　　第三类理性思维错误是当人们拥有足够的智力和充足的反思倾向，但是没有获得必要的专业知识（所谓的"心智软件"）时出现的，这种专业知识是计算出对抗不正确的直觉反应所必需的。这些错误发生在人们缺乏精确的因果推理和科学思维技能时，这正是平克这本书所涵盖的类型。第四类错误之所以出现，是因为并非所有的心智软件都是有益的。事实上，有些心智软件是导致非理性思维方式的直接原因。我称之为"受污染的心智软件问题"（the problem of contaminated mindware）。平克在第 10 章开头所描述的"胡说八道大流行"正是来自这种非理性思维的范畴。这是个坏消息。

这之所以是个坏消息，是因为我们不能通过教学来修复这种理性思维的问题。那些被这些无稽之谈所困扰的人拥有的心智软件太多了，而不是太少了。是的，更深入地学习科学推理或更多地学习概率推理技巧可能会有一些帮助。但是，平克对这一点持悲观态度，他认为"认知心理学实验室的研究成果无法预测会有匿名者 Q 这样一个组织出现，它的追随者也不太可能被逻辑或概率论教程所说服"。

这句话让人不舒服地想起了心理医生斯科特·亚历山大（Scott Alexander）的一句妙语：

> 卡尼曼、特沃斯基及其追随者发现的 50 多个偏差中，有 49 个是可爱的怪癖，而有一个正在摧毁我们的文明。这最后一个就是确认偏差——我们倾向于将证据解释为证实我们已有的信念，而不是根据证据来改变我们的想法。

这句妙语并不完全正确，因为那"其他 49 个"不是"可爱的怪癖"，在现实世界中它们也有着实际的影响。在最后一章中，平克引用并描述了一些研究，表明这些偏差会影响真实世界中的金融、职业、健康和法律领域。它们不只是可爱的怪癖。然而，这句妙语击中了要害，这就是为什么我写了一本书来讨论那个"正在摧毁我们的文明"的偏差的书。

这也是为什么在倒数第 2 章"人们错在哪里"中，平克聚焦于动机推理、我方偏差和受污染的心智软件。我自己研究了这些领域，所以我毫不吃惊的是，这一章对于纠正个体错误而言并不令人鼓舞。文献中的大多数认知偏差与智力具有相当的相关性，这为乐观主义提供了一些根据，因为即使是那些没有高认知能力的人，也可能通过培养思维倾向和存储心智软件来使自己更容易避免偏差。但是，这并不适用于"正在摧毁我们的文明"的那一个偏差。虽然相信阴谋论（典型的受污染的心智软件）这种行为与智力具有适度的负相关性，但我方偏差的倾向与智力完全不相关。

我方偏差具有的领域普适性较弱：在一个领域表现出高度我方偏差的人未必在另一个领域中也表现出相同的倾向。相比之下，具体的信念会引起程度截然不同的我方偏差。因此，我们最好通过研究信念的本质来理解我方偏差，而不是通过研究人的通用心理特征来理解它。我们需要一种不同类型的理论来解释个体在我方偏差方面的差异。"模因论"（memetic theory）在这儿就变得有趣了，因为模因在抵制相反观点方面的结构强度各不相同。更重要的是，这也是模因论的基本见解：一种信念之所以会传播，并不一定是因为它是真实的或对持有该信念的人有帮助。对于我们进化而来的大脑来说，这样的信念代表着一个有敌意的世界的另一个方面。

模因的一些性质（例如不可证伪性）在这里显然具有相关性，就像一致性考虑在平克讨论许多理性原则时具有相关性一样。没有通过任何反思性测试（例如可证伪性或一致性）的模因，更可能是仅为自身利益服务的模因，即我们之所以相信某些观念，是因为它们具有"易于获得宿主"的特性。平克认为阴谋论是具有良好适应性的模因。

人们需要对自己已经获得的文化基因具有更强的怀疑精神。借鉴平克讨论的一些思维倾向，如积极开明式思维，我们需要学会更多地将我们的信念看成临时假设，而不是我们的所有物。人们还需要对早年获得的文化模因（那些由父母、亲戚和同龄人传递的文化模因）持有更强的怀疑态度。这些文化模因很可能没有经过选择性测试，因为它们是在主人缺乏反思能力的成长时期获得的。

然而，这一切对个体而言需要付出巨大的努力。最终，我们都需要依靠"理性机构"提供的认知工具来应对平克所称的"信念公地悲剧"，这恰如丹·卡汉（Dan Kahan）的作品所阐述的。文化机构可以强制实施规则，使人们从理性工具中受益，同时又无需自己学习这些工具。平克描述了媒体和互联网内部的一些制度改革，但对于大学及其"令人窒息的左翼单一文化"，平克说，"如果哪位学生或教授敢于质疑关于性别、种族、文化、遗传学、殖民主义、性别认同和性取向等方面的主流说法，他就会受罚"，他也分享了我的悲观情绪。他描述了"记者多次问我为什么他们要相信关于气候变化的科学共识，既然这些共识来自不容任何异议的机构"。总之，公众越来越认识到大学在某些话题上的立场，因此公众正在理性地降低对大学研究的信心。

尽管在倒数第 2 章 "人们错在哪里" 中表现出了悲观情绪，指出 "正在摧毁我们的文明" 的偏差没有简单的解决方案，但书的最后一章给人提供了积极的启示。平克回顾了他在自己之前出版的书中更详细地讲述过的物质和道德进步的历史和统计数据。但他最有力的论证是，道德进步的历史清楚地表明，其主要推动因素是令人信服的理性论证。这一点通过弗雷德里克·道格拉斯（Frederick Douglass）、伊拉斯谟、杰里米·边沁（Jeremy Bentham）、玛丽·沃斯通克拉夫特（Mary Wollstonecraft）和马丁·路德·金等人的有力演讲和作品得到了证明。

这些伟大思想家所引领的原则是普遍的——因为它们是普遍的，所以必然是去语境化和去个人化的。他们的论证"旨在消除妨碍理性的偏差"，并包含了一个看似自相矛盾的观点：我们必须去语境化和去个人化，以提升全人类的福祉。平克书中一个强有力的潜在主题是："思想是真实的还是虚假的，一致的还是矛盾的，有助于人类福祉还是不利于人类福祉，不受思想家身份的影响。"这与正在席卷我们所有机构的身份政治背道而驰。然而，它准确地反映了如果我们为了暂时的良好感觉而放弃辛苦获得的普世原则，那么我们将付出什么代价。平克警告说："我们能否从无情的世界获得更多福祉，能否在明知人性有弱点的情况下善待他人，取决于我们能否掌握好公正原则、不被局限性的经验所束缚。"

平克在总结本书的观点时指出，理性的原则"让我们产生新思想，让我们面对现实。这些现实会扰乱我们的直觉，但不管怎么说，它们都是真实的存在"。这个观点使他与双过程改良主义者的立场相近，他也经常正确地指出，双过程改良主义者对我们的思维倾向进行了过度的批评。

我为什么写这本书

理性应该是引领我们思考和行动的重要原则。如果你不赞同这一说法，你的反对理由是理性的吗？尽管今天可以用来推理的信息极为丰富，但假新闻、江湖郎中伎俩、阴谋论和"后真相"仍无处不在。

我们该如何弄清哪些是真知灼见，哪些是歪理邪说呢？在 21 世纪的今天，人类的健康、民主以及地球的宜居性都面临着致命的威胁。尽管这些问题令人望而生畏，但解决方案还是存在的，而且我们拥有足够的智慧来找到它。然而，今天我们面临的最严峻的挑战是：当找到解决方案时，我们该如何说服人们接受它。

成千上万的评论都在哀叹我们缺乏理性，"人是非理性的"这种观点已经成了老生常谈。在社会科学领域和媒体中，人类往往被描绘成古时的穴居人，随时准备对"草丛中的狮子"①做出基于偏差、盲点、谬误和错觉的反应。在维基百科上，关于认知偏差的词条就有 200 多条。

但是，作为一名认知科学家，我不能接受"人类大脑中装满了错觉"这种偏激的观点。无论是我们的狩猎采集者祖先，还是现代人，都不同于有点神经质的兔子，我们是用大脑解决问题的人。尽管有时会犯傻，但该如何解释人类又是如此睿智呢？我们发现了自然规律，改变了环境，延长了自身寿命并丰富了自己的生活。同样重要的是，我们能够清晰地表达理性规则，而我们又常常对这些理性规则瞧不上眼。

毫无疑问，只有考虑到人类进化的环境与现在所处环境之间的不匹配，我们才能理解人性，我很早就主张这一观点。但我们的心智所适应的世界不仅仅包括更新世的大草原，还包括任何非学术、非技术的环境——人类的大多数经验所涉及的环境，在这些环境中，我们没有统计公式、数据集等现代理性工具可以使用。

实际上，当我们面临的问题更加接近现实生活，并尝试以自然的方式与世界打交道时，我们的行为表现就不会那么糟糕。不过，这无法帮助我们彻底摆脱困境。今天，我们已经拥有完善的理性工具，无论是个人还是社会群体，只要能够理解和运用好这些工具，就会得到良好的效果。

《理性》这本书源于我在哈佛大学讲授的一门课，这门课的目标是**探**

---

① 穴居人倾向于根据草丛的动静推断出草丛中有无狮子，进而做出反应。此处指的是现代人也没有发生本质的变化，同样有认知偏差、谬误等。——编者注

索理性的本质，揭开理性为何如此稀缺的奥秘。关于损害人类理性的那些人性弱点，我与其他许多心理学家一样，喜欢教授学生一些令人震惊的、诺贝尔奖级别的科学发现，我认为这些发现是科学所贡献的最深刻的知识。和许多人一样，我相信，确定人们通常难以达到的理性基准应该是教育和科普的目标。

就像人们应该掌握历史、科学和文字的基础知识一样，人们也应该掌握可靠推理的智力工具。这些工具包括逻辑学、批判性思维、概率论、相关关系和因果关系、在不确定条件下调整信念并做出决策的最佳方式，以及独自或与他人一起做出理性选择的标准。这些工具对于避免个人生活和公共政策中的愚蠢行为必不可少，能帮助我们优化有风险的选择、评估可疑的主张、弄清令人困惑的悖论，以及彻悟生活的坎坷与悲伤。但据我所知，还没有哪本书能把这些问题全部解释清楚。

我写作本书的另外一个原因是，尽管我知道认知心理学课程很吸引人，但当我告诉别人我在讲授"理性"这门课程时，人们经常问我一些认知心理学课程无法帮我回答的问题：为什么人们会相信希拉里·克林顿在一家比萨店经营一个儿童性交易团伙？飞机尾迹真的是政府秘密计划撒播的用来改变人类心智的药物吗？在我的课程中，"赌徒谬误"（gambler's fallacy）和"基础比率忽视"（base-rate neglect）等知识点对解答这类问题毫无帮助。破解人类非理性的谜题，正成为当今最紧迫的任务之一。这些谜题把我带到了新的领域，比如，谣言的性质、民间智慧和阴谋论的区别、个人理性与社会理性之间的对比、现实思维和神话思维的差别等。

尽管为理性本身进行理性论证似乎难以令人信服，但这是一项极为紧迫的任务。有些人的想法恰恰相反，他们引用论证来说明理性被高估了，比如：逻辑型人格特质的人就意味着无趣和压抑；分析性思考必须服从于社会正义；与刚性的逻辑和论证相比，善意和可信的直觉更有可能让我们获得幸福。许多人的行为表现得就好像理性已经过时了一样，他们辩论的目的就是让对手失去面子，而不是通过集体推理来获得最能站得住脚的信念。在一个理性似乎比以往任何时候都更受威胁但又更必不可少的时代，《理性》首先是对理性的肯定。

本书的核心思想是，任何一个人仅仅通过独自思考是无法变得足够理性的，更无法创造任何站得住脚的东西，因为理性产生于一个由理性人构成的共同体，其中的理性人能发现彼此的谬误。本着这种精神，我感谢使本书更加理性的理性人士。肯·宾默尔（Ken Binmore）、丽贝卡·戈尔茨坦（Rebecca Goldstein）、加里·金（Gary King）、杰森·尼米罗（Jason Nemirow）、罗斯林·维森菲尔德·平克（Roslyn Wiesenfeld Pinker）、基思·斯坦诺维奇（Keith Stanovich）和马丁娜·威斯（Martina Wiese）认真地审读了本书的初稿。查琳·亚当斯（Charleen Adams）、罗伯特·奥曼（Robert Aumann）、乔舒亚·哈茨霍恩（Joshua Hartshorne）、路易斯·利本伯格（Louis Liebenberg）、科林·麦金（Colin McGinn）、芭芭拉·梅勒斯（Barbara Mellers）、雨果·梅西耶（Hugo Mercier）、朱迪亚·珀尔（Judea Pearl）、戴维·罗佩克（David Ropeik）、迈克尔·舍默（Michael Shermer）、苏珊娜·西格尔（Susanna Siegel）、芭芭拉·斯佩尔曼（Barbara Spellman）、劳伦斯·萨默斯（Lawrence Summers）、菲利普·泰洛克（Philip Tetlock）和朱利安尼·维达尔（Juliani Vidal）对本书中涉及他们专业领域的章节提出了宝贵的意见和建议。

　　我计划写作本书时想到了很多问题，丹尼尔·丹尼特（Daniel Dennett）、埃米莉－罗斯·伊斯特普（Emily-Rose Eastop）、巴鲁克·费斯科霍夫（Baruch Fischhoff）、雷德·海斯蒂（Reid Hastie）、内森·昆赛尔（Nathan Kuncel）、埃伦·兰格（Ellen Langer）、珍妮弗·勒纳（Jennifer Lerner）、博·洛托（Beau Lotto）、丹尼尔·洛克斯顿（Daniel Loxton）、加里·马库斯（Gary Marcus）、菲利普·梅敏（Philip Maymin）、唐·摩尔（Don Moore）、戴维·迈尔斯（David Myers）、罗伯特·普罗克特（Robert Proctor）、弗雷德·夏皮罗（Fred Shapiro）、马蒂·托玛（Mattie Toma）、杰弗里·瓦图穆尔（Jeffrey Watumull）、杰里米·沃尔夫（Jeremy Wolfe）和史蒂文·齐珀斯坦（Steven Zipperstein）给了我这些问题的答案。

　　感谢米拉·贝尔托洛（Mila Bertolo）、马丁娜·威斯和凯·桑德布林克（Kai Sandbrink）在专家观点引用、事实核查、文献查找等方面所做的工作，感谢贝尔托洛、托玛和朱利安·德弗雷塔斯（Julian De Freitas）所做的原始数据分析工作。我还要感谢所有参加"理性"这门课程的同学和老师，他们提出了许多问题和建议，尤其要感谢托玛和尼米罗。

　　特别感谢我的编辑温迪·沃尔夫（Wendy Wolf），她睿智有加，给了我巨大的帮助，感谢她配合我出版这本书，这是我们合作的第 6 本书。感谢我的文字编辑卡佳·赖斯（Katya Rice），这是我们合作的第 9 本书。感谢我的版权经纪人约翰·布罗克曼（John Brockman），感谢他的鼓励和建议，这也是我们合作的第 9 本书。我还要感谢企鹅英国公司的托马斯·佩恩（Thomas Penn）、佩恩·沃格勒（Pen Vogler）和斯蒂芬·麦格拉思（Stefan McGrath）多年来的支持。艾拉维尼·苏比亚（Ilavenil Subbiah）再次帮我设计了书中的用图，感谢她所做的工作和对我的鼓励。

　　丽贝卡·戈尔茨坦在这本书的构思中扮演了一个特殊的角色，正是她给我留下了深刻的印象：现实主义和理性等理想必须牢记在我们的心中，并加以捍卫。爱和感激同样送给我的其他家庭成员：雅尔（Yael）和索利（Solly），丹妮尔（Danielle），罗布（Rob）、杰克（Jack）和戴维（David），苏珊（Susan）、马丁（Martin）、伊娃（Eva）、卡尔（Carl）和埃里克（Eric），以及我的母亲罗斯林，本书就是献给她的。

目 录

Rationality

What it is
Why it seems scarce
Why it matters

01

动物有多理性

人是理性的动物，至少我们是这样被告知的。
在我漫长的一生中，我一直在努力寻找支持这
一说法的证据。到目前为止，我还没有幸运到
能碰到它。

伯特兰·罗素[1]

能以最雄辩或最敏锐的方式对人类心灵的弱点吹
毛求疵的人，几乎被他的同伴视为神。

巴鲁克·斯宾诺莎[2]

智人（Homo sapiens）是指有智慧的古人类。从很多方面来看，瑞典著名生物学家卡尔·冯·林奈（Carl von Linné）给智人的命名，就是对人类最好的概括。我们已经知道了宇宙起源于何时，弄清了物质和能量的本质，破译了生命密码，发现了意识回路，并对自己的历史和多样性做了最好的纪录。

我们已经把人类的预期寿命从 30 岁提高到 70 多岁（发达国家是 80 多岁），将人类的赤贫人口占比从 90% 减少到低于 9%，将战争造成的死亡率降低到原来的 1/20，将饥荒造成的死亡率降低到原来的 1/100。[3] 即使是在 21 世纪，当古老的瘟疫再次暴发时，我们在几天内就确定了病因，在几周内就对其基因组进行了测序，在相对较短的时间内就注射了疫苗，使死亡人数跟历史上的传染病大流行相比少之又少。

理解世界并让世界为我们所用的认知手段，并不是西方文明所独有的，而是全人类的共同财富。位于非洲南部卡拉哈迪沙漠的桑人是世界上最古老的民族之一，他们延续至今的觅食方式，让我们得以一窥人类在过去的大多数时间里是怎样生活的。[4]狩猎采集者不会向路过的动物扔长矛，也不会随便吃生长在自己周围的水果和坚果。[5]动物追踪科学家路易斯·利本伯格与桑人一起工作了几十年，他告诉我们为何桑人的生存要归功于科学思维。[6]他们通过对逻辑、批判性思维、统计推理、相关关系和因果关系以及博弈论的直观把握，根据零散的数据推断出深远的结论。

桑人的持续狩猎，利用了人类的三个最显著特征：

- 双腿，让我们能有效地奔跑；
- 无毛，让我们能在炎热的天气里散热；
- 大的脑容量，让我们拥有理性。

桑人正是运用理性，根据脚印和气味来追踪逃跑的猎物，直到它们因疲惫和中暑而倒下。[7]有时，桑人会沿着动物常走的路线追踪，当踪迹消失时，他们就会围绕最后的脚印扩大搜索范围，也经常通过推理来追踪猎物。

桑人中的猎人通过脚印的形状和间隔可以区分几十个物种，这得益于他们对因果关系的把握。他们通常会这样推断：这种较深的小脚印是跳羚的，它们灵活敏捷，需要良好的抓地力；而这种大脚印是扭角林羚的，它们需要大脚掌来支撑自己的体重。这些猎人可以根据脚印的结构，以及尿液与后蹄、粪便的相对位置来判断猎物的雌雄。有了这些详细的区分，就可以这样进行推理：小羚羊在雨季容易捕获，因为潮湿的沙子会迫使它们的蹄子分开、关节变硬；大羚羊在旱季容易捕获，因为它们在松软的沙地里奔跑很容易疲劳。现在是旱季，留下这些脚印的动物是大羚羊，因此，可以捕获这种动物。

桑人不只是把动物进行简单的分类，还会进行更精细的逻辑区分。他们通过分析脚印、寻找有效证据来识别一个物种中的不同个体。他们将个体的永久特征（比如种与性别）与短暂状态（比如疲劳）区分开来，后者是他们根据脚印的拖拽程度和停下来休息过等迹象推断出来的。与前现代人类没有时间观念的传言不同，桑人可以根据脚印的大小和清晰程度估计动物年龄，根据脚印的新鲜程度、唾液或粪便的湿度、太阳相对于阴凉休息地的角度以及脚印与其他动物脚印的重叠情况等来判定脚印产生的日期。如果没有这些逻辑上的细节，持续狩猎是不可能成功的。在众多留下脚印的大羚羊中，猎人无法追踪到具体哪一只，而只能追踪到他穷追不舍的那一只。

桑人也擅长批判性思维。他们知道不能相信自己的第一印象，也懂得"看自己想看"的危险所在。他们不盲从权威：任何人，哪怕只是一个年轻人，也可以否决他人的猜测或提出自己的猜测，直到达成共识为止。尽管狩猎以男性为主，但女性在解读脚印或气味方面也同样见长。利本伯格在文章中写道，一位名叫纳西的年轻女性曾"让男人蒙羞"。[8]

桑人根据证据的有效程度来调整他们对假设的相信程度，这是一个条件概率问题。例如，豪猪的爪子上有两个肉垫，而蜜獾的爪子上只有一个，不过，在坚硬的地面上，豪猪的其中一个肉垫痕迹可能识别不出来。这意味着，如果脚印是蜜獾留的，那么脚印有一个肉垫痕迹的概率会很大，但是反过来说，如果脚印上只有一个肉垫痕迹，那么这个脚印是蜜獾所留的概率却没那么大，因为这也可能是一个不完整的豪猪脚印。桑人不会弄混这些条件概率，他们知道，两个肉垫的脚印只可能是豪猪留下的。因此，如果发现了两个肉垫的脚印，这个动物是豪猪的概率就很大。

　　桑人还会在先验概率的基础上调整他们对假设的相信程度。如果脚印是模棱两可的，他们会认为这属于一种常见动物；只有在证据确凿的情况下，他们才会认为脚印是稀有动物所留。[9] 这也是贝叶斯推理的本质。

　　桑人的另一种关键能力，是把因果关系和相关关系区分开来。利本伯格回忆说："一位名叫 Boroh//xao 的狩猎者告诉我，云雀唱歌时，会把土壤弄干，让树根成为美味的食物。后来，!Nate 和 /Uase 告诉我，Boroh//xao 错了，不是鸟把土壤弄干了，而是太阳把土壤弄干了。这只鸟只是在告诉他们，未来几个月土壤会干透，这是一年中树根最好吃的时候。"[10]

　　桑人利用他们关于周围环境的因果结构知识，去理解环境是怎样的，并想象它可能是怎样的。通过在脑海中描绘各种场景，他们可以比动物早想几步，并设计出复杂的陷阱来诱捕它们。他们将一根有弹性的树枝的一端固定在地面上，并将其折弯，在另一端接上用树枝和沙土掩埋起来的套索，并设置好机关。他们在羚羊休息处的周围搭建障碍物，并在入口处设置这类陷阱，利用羚羊必然会清理栏杆这个事实把它们引向夺命之处。此外，他们会在骆驼刺树下寻找鸵鸟常走的路径，因为骆驼刺树的果实是鸵鸟的最爱。他们在路径上先放置一块鸵鸟无法吞下的大骨头，通过这块大骨头把鸵鸟吸引到一块稍小一些但仍无法吞下的骨头处，再通过它将鸵鸟引向作为陷阱诱饵的更小块的骨头。

　　尽管桑人的狩猎技术具有致命的效力，但他们在无情的沙漠中生存了十多万年，并没有使他们赖以生存的动物灭绝。在旱季，他们会提前考虑如果毁掉一种植物的最后一棵或杀死一种动物的最后一只将会发生什么，他们会保护濒危物种，[11] 根据植物和动物的不同脆弱性制订保护计划。植物不能迁徙，但其数量在雨季到来时能迅速恢复；动物可以在旱季生存下来，但数量得缓慢恢复。他们通过互惠原则和集体福利制度来管理所有资源，以抵制偷猎的持续诱惑，因为每个人都觉得自己应该捕猎稀缺物种，因为如果自己不这样做，别人就会这样做。对于桑族猎人来说，不与空手而归的同伴分享肉食是不可想象的，把从相邻的干旱地区逃荒而来的人赶走也是不可想象的，因为他们知道记忆是长久的，风水轮流转，自己也会有落难的时候。

桑人的智慧让人类理性的谜团更难以破解。尽管我们的祖先已经具备了理性能力，可在今天，人类的谬误和愚蠢行为仍随处可见。人们赌博、买彩票，但这肯定会输；人们不情愿为退休后的生活做投资，而这种投资肯定是会赢的。3/4 的美国人至少相信一种违反科学定律的现象，包括通灵治疗（55%）、超感官知觉（41%）、鬼屋（37%）和鬼魂（32%），也就是说有些人相信鬼屋闹鬼，但其实并不相信真的有鬼魂存在。[12] 在社交媒体上，假新闻往往比真相传播得更远、更快，而且人类比机器人更有可能传播它。[13]

人们普遍认为，人类就是不理性的物种：相对于斯波克先生（Mr. Spock）[①] 来说，霍默·辛普森（Homer Simpson）[②] 更不理性；相对于美国著名科学家冯·诺伊曼来说，艾尔弗雷德·E. 纽曼（Alfred E. Neuman）[③] 更不理性。悲观者认为，我们祖先被自然所选择的心智，就是为了避免自

---

① 电影《星际迷航》中的人物，不断地在逻辑教育和人类情感之间挣扎。——编者注
② 美国动画情景喜剧《辛普森一家》中的角色，是辛普森一家五口中的父亲，有粗鲁、心胸狭窄等特点。——编者注
③ 美国幽默杂志《疯狂》（Mad）虚构人物，每隔四年会出现在该杂志封面上，宣称将要参选总统。——编者注

己成为豹子的口中餐。那么，在我们这些狩猎采集者后代的身上，你还能期待什么呢？但是进化心理学家观察到了狩猎采集者祖先的聪明才智，他们坚持认为，人类进化的结果是占据"认知生态位"，也就是获得通过语言、社交和专有知识巧妙战胜自然的能力。[14] 如果现代人看起来不那么理性的话，那也不要把责任推给我们的狩猎采集者祖先。

我们如何才能理解这种被人们称为"理性"的东西呢？为什么这种看似与生俱来的权利，却被如此频繁地公然蔑视？我们的出发点是要认识到，理性并不是一种像超人的 X 光那样的、人们要么拥有要么没有的力量。**理性是一套认知工具，可以在特定的世界实现特定的目标。**

要理解理性是什么、为什么如此稀缺、为什么如此重要，我们必须从理性本身的基本真理开始：它是智能主体在其生活的世界中实现目标所应该采用的推理方式。这些"规范"模型来自逻辑学、哲学、数学和人工智能，它们是我们对一个问题的"正确"解决方案以及如何找到这个方案的最佳理解。它们是那些想要获得理性的人渴望的目标，而每个人都应该想要获得理性。本书的主要目标是解释最广泛适用的理性规范工具，这也是第 3 章到第 9 章的主题。

我们可以把理性规范作为基准，用它来评估笨手笨脚的人是如何进行推理的，这正是心理学和其他行为科学的主题。普通人在许多方面达不到这些基准这一事实，由于丹尼尔·卡尼曼（Daniel Kahneman）[①]、阿莫斯·特

---

① 诺贝尔经济学奖得主，行为经济学之父。卡尼曼在《噪声》一书中分析了人类判断出错的原因，并指出噪声是影响人类判断的黑洞。该书中文简体字版已于 2021 年由湛庐引进、浙江教育出版社出版。——编者注

沃斯基（Amos Tversky）[①]以及其他心理学家和行为经济学家的诺贝尔奖级别的研究而广为人知。[15]人们的判断经常偏离规范模型，当人们的判断偏离某种规范模型时，我们就有了一个难解的困惑。有时，这种偏离揭示了一种真正的非理性：问题太复杂了，以至于人类大脑无法处理；或者大脑出现了一个故障，迫使它一次又一次地给出错误答案。

但在很多情况下，人们的愚蠢行为都是事出有因的。一个问题可能会以一种具有欺骗性的形式呈现给人们，而当它以一种非常友好的面目出现时，人们就能解决它。规范模型本身可能只在特定的环境下才是正确的，而人们恰恰感觉自己不在那个环境中，所以规范模型并不适用。规范模型的设计可能是为了实现某个特定目标，但不管好与坏，人们在追求的可能是另一个目标。在接下来的章节中，我们将阐述这些特殊情况。在本书的第 10 章，我们将要讨论：这些各式各样的非理性行为，如何被理解为对目标的理性追求，而不是对世界的客观理解。

虽然对非理性的解释可以使人们不被指责为彻底愚蠢，但理解并不等于原谅。有时候，我们可以用更高的标准来要求人们。通过教育，人们可以学会看透表面的伪装而直抵问题深处；通过激励，人们会养成最好的思考习惯；激励可以鼓舞人们走出自己的舒适区；还可以启发人们把自己的目标定得比自我挫败（self-defeating）或集体破坏（collectively destructive）更高。这些也是本书的期望。

---

① 特沃斯基是著名的心理学家、行为科学家。其著作《特沃斯基精要》包含了他一生的 14 篇精华之作，能够充分体现他的思想和研究的特点。该书中文简体字版已于 2022 年由湛庐引进、浙江教育出版社出版。——编者注

对判断和决策的深入研究表明，当人们处理的信息更加生动且更加重要时，他们就会更加理性。接下来，我们将通过数学、逻辑学、概率论和预测科学方面的经典案例，揭示我们在推理时常犯的一些错误，预先了解一下理性的规范标准是什么，以及人们是怎么偏离规范标准的。

3 个简单的数学问题

每个人都会记得中学时被代数问题折磨的经历，比如，以每小时 70 英里[①]的速度从伊斯特福德出发向西行驶的一列火车，将在哪里与 260 英里外以每小时 60 英里的速度从韦斯特福德出发向东行驶的火车会合？

下面 3 个问题比较简单，你可以心算一下：

● 一部智能手机和一个手机壳总共 110 美元，手机比手机壳贵 100 美元，手机壳多少钱？

● 8 台打印机 8 分钟打印 8 份宣传册，那么 24 台打印机打印 24 本宣传册需要多长时间？

● 田野上有一片杂草，每一天，杂草的面积都会增加一倍。这片杂草需要 30 天才能覆盖整个田野，那么覆盖半个田野需要多长时间？

第一个问题的答案是 5 美元。如果你和大多数人一样，那么你可能会猜是 10 美元。但如果后面这个答案是正确的，那么这款手机的价格将是

---

① 1 英里约等于 1.61 千米。——编者注

110 美元（比手机壳贵 100 美元），而这两件商品的总价将是 120 美元。

第二个问题的答案是 8 分钟。一台打印机打印一份宣传册需要 8 分钟，所以只要有和宣传册一样多的打印机并且它们同时工作，那么打印宣传册所需的时间还是 8 分钟。

第三个问题的答案是 29 天。如果杂草面积每天翻一倍，那么从田野完全被覆盖的那天开始倒推，我们可以推断出，第 29 天有一半田野被覆盖。

经济学家沙恩·弗雷德里克（Shane Frederick）用不同的说法向数千名大学生提出了这些问题。5/6 的学生至少答错了一道题，1/3 的学生全答错了。[16] 然而每个问题的答案都很简单，在向这些大学生解释时，几乎每个人都能理解。问题就在于人们的大脑深受多余信息的干扰，错误地认为这些信息与答案有关，比如第一个问题中的整数 100 和 10，以及第二个问题中相同的打印机数和分钟数。

弗雷德里克将这些简单的问题测试叫作"认知反射测试"（Cognitive Reflection Test），并认为这种测试揭示了两种认知系统之间的根本差别。卡尼曼在畅销书《思考，快与慢》（*Thinking, Fast and Slow*）中，对这两种认知系统做了详细讨论，让系统 1 和系统 2 的概念为广大读者所知晓。系统 1 快速而轻松地运转，诱使人们给出错误的答案。系统 2 要求人们保持专注、具有动机并能应用所学到的规则，能够让我们找到正确答案。没有人认为这是大脑中的两个解剖系统，它们是横跨多个大脑结构的两种运转模式。系统 1 意味着快速判断，系统 2 则意味着三思而行。

认知反射测试给我们的经验教训是，推理错误可能是由于考虑不周，而不是无能。[17] 甚至以数学能力为傲的麻省理工学院的学生，平均也只能答对 2/3 的题目。正如你所料，成绩确实与数学能力有关，但也与耐心有关。与马上会拿到一笔小钱的人相比，那些认为自己不冲动、宁愿等待一个月而得到更多钱的人落入陷阱的可能性要小得多。[18]

认知反射测试中的前两个问题有点像脑筋急转弯。一般来说，对问题的详细描述，肯定与要问的问题有关，但这两个问题是特意设计的，目的是让人们误入歧途。如果把问题改成：智能手机比手机壳贵 73 美元且组合价格为 89 美元，人们的表现就会更好。[19] 当然，现实生活中也有花园歧径①和塞壬②的歌声，也有导致我们做出错误决策的诱惑。阻止这样的事情发生，也是理性的一部分。在认知反射测试中，因受到诱惑而给出错误答案的人，在其他方面似乎也是不理性的，比如，他们会拒绝需要等一下或者冒一点风险才能得到的丰厚馈赠。

第三个问题不是一个陷阱问题，而是抓住了人类的一个真正的认知缺陷。人类的直觉无法理解指数增长，即以不断上升的速度增长、规模大小按比例扩张，复利、经济增长和传染病的蔓延都是如此。[20] 人们误以为指数增长不过是稳定的爬行或轻微的加速，他们的想象力没有跟上"持续加倍"。如果你每个月存 400 美元到一个退休账户，每年赚 10%，40 年后你的养老金会有多少？很多人猜大概是 20 万美元，这是"400 乘以 12 乘以 110% 乘以 40"的结果。有些人知道这肯定不对，于是往多了猜，但离正

---

① 起欺骗和诱导作用的事物。——编者注

② 希腊神话中半人半鸟的海上女妖，她们的歌声富有魔力，航海的水手听到歌声常常不能自已，甚至会朝着歌声传来的方向投海自尽。——编者注

确答案还是差了很多。几乎没有人猜到正确答案：250 万美元。人们发现，对指数增长缺乏理解的人，很少为退休而存钱，刷卡消费也毫不含糊，这两条道路都会通向贫穷。[21]

如果不能将指数增长可视化，专家也可能会落入陷阱，甚至包括认知偏差方面的专家。当新型冠状病毒肺炎（以下简称新冠肺炎）于 2020 年 2 月在美国和欧洲流行时，几位社会科学家（包括在本书中出现的两位泰斗，虽然不包括卡尼曼）认为，人们的非理性恐慌，是因为他们读到了一两个可怕的案例，然后被可得性偏差（availability bias）和概率忽视（probability neglect）给带偏了。他们指出，当时的客观风险比流感或链球菌咽喉炎的风险要低，但每个人都能平静地接受后两种疾病。[22] 这几位社会科学家的谬误在于，他们低估了像新冠肺炎这样具有传染性的疾病传播时的加速度，每个患者不仅传染了新患者，而且新患者又变成了传染者。2020 年 3 月 1 日，美国出现首个死亡病例，在随后的几周内，每日死亡人数分别增加到 2 人、6 人、40 人、264 人、901 人和 1 729 人，到 6 月 1 日累计死亡人数超过 100 000 人，新冠病毒很快就成为美国最致命的危险。[23] 当然，我们不能指责发表这些见解的人没有把新冠病毒当回事儿，因为太多的领导人和民众也没有把它当回事儿。但他们的观点告诉我们，认知偏差确实根深蒂固。

为什么人们会错误地低估指数增长呢？乔治・W. 布什曾发出这样的疑问。就像莫里哀的戏剧中那位医生把鸦片使人昏昏欲睡的原因解释为它具有"催眠效力"一样，社会科学家将低估指数增长的错误归因于指数增长偏差（exponential growth bias）。我们可能会认为自然环境中的指数发展进程往往不能长久（在经济增长和复利等历史性创新之前）。不能永远持续下去的事物就不会永远持续下去，生命体的繁殖速度肯定会受到环境的制约，使指数曲线弯曲为 S 形。流行病也是如此，一旦种群中足够多的易感宿主被杀死或产生免疫力，流行病就会逐渐消失。

1 个简单的逻辑问题

如果说理性有核心的话，那一定是逻辑。理性推理的原型是三段论："如果 P，那么 Q；P；所以 Q。"我们举一个简单例子。

假设某个国家的硬币一面是国王肖像，另一面是动物图案。现在考虑一个简单的"如果 - 那么"规则：如果硬币的一面是国王，那么它的另一面是鸟。这里有 4 枚硬币（见图 1-1），看到的图案分别是国王、王后、驼鹿和鸭子。你必须翻看哪枚硬币才能确定是否违反了规则？

图 1-1　翻硬币游戏中的 4 枚硬币

如果你和大多数人一样，你会说"国王"或"国王和鸭子"，但正确答案是"国王和驼鹿"。为什么？必须把显示国王的硬币翻过来，这一点恐怕没人反对，因为只要另一面不是鸟，那就违反了规则。大多数人都知道把显示王后的硬币翻过来是没有意义的，因为规则说"如果硬币的一面是国王，那么它的另一面是鸟"，这并不涉及王后。很多人说你应该把鸭子翻过来，但仔细想想，这枚硬币也是无关紧要的。规则是"如果硬币的一面是国王，那么它的另一面是鸟"，而不是"如果硬币的一面是鸟，那么它的另一面是国王"。如果鸭子的另一面是王后，那也没什么错。我们现在来看看显示驼鹿的硬币，如果你把这枚硬币翻过来，发现另一面是国王，那就违反了"如果硬币的一面是国王，那么它的另一面是鸟"的规则。因此，答案是"国王和驼鹿"。平均而言，只有10%的人能做出正确的选择。

以其创造者、认知心理学家彼得·沃森（Peter Wason）的名字命名的"沃森选择任务"（Wason selection task）在65年的时间里一直遵循各种"如果P，那么Q"规则，最初版本使用的卡片一面是字母，另一面是数字，规则就像"如果卡片的一面是D，那么另一面一定是3"。人们一次又一次地翻看显示P的卡片，或者翻看完显示P的卡片再翻看显示Q的卡片，却不翻看显示非Q的卡片。[24] 这并不是说他们无法理解正确的答案，就像认知反射测试一样，一旦有人向他们解释了这个答案，他们就拍拍自己的额头，并欣然接受。[25] 他们的直觉是不假思索的，若任其自由发挥的话，就会缺少逻辑。

关于人类理性，这告诉了我们什么？一种常见的解释是，它揭示了我们的确认偏差（confirmation bias）：只寻找证实一种信念的证据，对可能证伪它的证据视而不见的坏习惯。[26] 人们认为梦是一种预兆，因为他们会回忆起有一次他们梦到一个亲戚遭遇了不幸时，这个亲戚后来真的遭遇了不幸，但他们忘记了所有以下这些时候：他们梦到一个亲戚遭遇了不幸，这个亲戚在现实中却安然无恙。人们认为移民的犯罪率更高，因为他们在报纸上经常看到移民抢劫店铺的新闻，但对于成千上万店铺被土生土长的公民抢劫的事件，他们却视而不见。

确认偏差是人类的一种常见愚蠢行为，也是增强理性的一个靶子。弗朗西斯·培根是科学方法的创立者，他曾讲过这样一个故事：有一个人被带到一座教堂，给他看一幅画有水手的画，画上的水手把他们成功逃离沉船的事归因于自己的神圣誓言。"是这样啊，"这个人说，"可是，那些在宣誓之后被淹死的人画在什么地方了？"[27] 培根说："一切迷信都是这样，无论是占星术、梦，还是征兆、神圣审判等，都是如此。此时，人们以虚荣心为乐，他们把满意的事情记在心上，对失败的事情视而不见，尽管后者出现得更多。"[28] 与哲学家卡尔·波普尔（Karl Popper）的一个著名论点一致，今天的大多数科学家坚持认为科学和伪科学的分界线在于：假设的提出者是否有意地寻找能证伪它的证据，并且只有在假设经受住证伪考验时才接受这个假设。[29]

如果连最基本的逻辑规则都不会运用，我们该如何应对生活中的一切呢？一方面，选择任务是一种特殊的挑战。[30] 它并不是要求人们运用三段论做一个有用的推论（"这枚硬币一面是国王，另一面是什么？"），或在总体上对规则进行测试（"这个规则适用于这个国家的货币吗？"）。它提出的问题是，这一规则是否适用于摆在他们桌前的几样东西。另一个方面，当规则涉及生活中哪些事情应该做和哪些事情不应该做时，人们确实运用了逻辑，而在涉及纯符号的逻辑问题时却容易出错。

假设邮局规定，第三等邮件只需贴 50 美分的邮票，但特快专递邮件需要贴 10 美元的邮票。也就是说，写好地址的邮件必须遵循这样的规则：如果一封邮件贴上了特快专递的标签，那么它必须贴上一张 10 美元的邮票。假设标签和邮票不能贴在信封的同一面，邮局工作人员必须把信封翻过来检查寄信人是否遵守了规则。这里有 4 个信封（见图 1-2），假设你是一名工作人员，你应该检查哪几个信封？

图 1-2 供检查的 4 个信封

正确的答案还是 P 和非 Q，也就是有特快专递标签的信封和贴有 50 美分邮票的信封。虽然这个问题在逻辑上与前文的硬币问题是等价的，但这一次几乎所有人都答对了。这说明逻辑问题的内容至关重要。[31] 当"如果－那么"规则涉及准许和责任时，比如"如果你想获得好处，就必须付出代价"，违反规则（得好处，不付代价）就意味着欺骗，人们在直觉上就知道该如何找出骗子。他们不会检查那些没有得到好处的人，或者那些付出了代价的人，因为这两类人都不会试图逃脱惩罚。

认知心理学家一直在争论到底是什么内容让人们暂时变成了逻辑学家。答案不能仅仅是任何具体的场景，而必须是我们在长大成人或者进化过程中所要面对的各种逻辑挑战。对特权或责任的监督是逻辑解锁的一个主题，对危险的监督是另一个主题。人们知道，为了验证孩子们是否遵守"如果你骑自行车，那么你必须戴头盔"的安全规则，必须检查骑自行车的孩子是否戴了头盔，因为没有戴头盔的孩子不能骑自行车。

当违反规则等同于欺骗或危险时，一个可以证伪条件规则的头脑就不是逻辑头脑。根据定义，逻辑所关乎的是陈述的形式，而不是它们的内容：若干 P 和若干 Q 是如何通过如果、那么、且、或、非、存在和所有连接起来的，而不管这些 P 和 Q 代表什么。逻辑是人类知识的一种最高成就，它用不熟悉的或抽象的主题组织我们的推理，比如政府的法律和科学法则，当用硅元素来实现逻辑推理时，它把无生命的物质变成了思考机器。但是，未经训练的人脑所使用的并不是一种通用的、不考虑内容的工具，该工具包含类似下面这样的公式："如果 P，那么 Q= 非（P 且非 Q）"，任何 P 和 Q 都可以代入这个公式。人脑使用的是一组更专门的工具，用逻辑规则将与问题相关的内容整合在一起（没有这些规则，工具就不能工作）。对于大家来说，不受这些规则的约束，把它们应用到新奇的、抽象的或看似毫无意义的问题上并不容易。这就是教育和其他增强理性的机构的作用所在。这些机构增强了我们与生俱来和成长过程中所具有的生态理性①，包括我们的常识和社会生存技能，以及由几千年来最优秀的思想家所完善的满足各种用途的、更有力的推理工具。[32]

1 个简单的概率问题

20 世纪 50 年代至 80 年代是美国游戏类电视节目的鼎盛时期，其中最著名的电视游戏节目之一是《让我们做笔交易》（*Let's Make a Deal*）。概率论中的"蒙提·霍尔问题"就是在这档节目的基础上发展出来的，并以主持人蒙提·霍尔（Monty Hall）的名字命名，这让蒙提·霍尔名声大噪。[33] 在这档节目中，参赛者面前有三扇门。其中一扇门的后面是一辆时髦的汽车，另外两扇门的后面各有一只山羊。参赛者需要选定自己认为后面有汽车的那扇门，比如 1 号门。为了制造悬念，蒙提打开了另外两扇门中的一扇，比如 3 号门，并看到后面有一只山羊。为了进一步制造悬念，他给参赛者一个机会，要么继续坚持原来的选择，要么转而选择未打开的

---

① 与环境要求相结合的理性，主要指人类按照整体的思想，以技术与人类思维智慧相结合的形式，实现自然和人类的和谐发展。——编者注

那扇门。假设你是参赛者，你该怎么做？

几乎所有人都坚持原来的选择不变。[34] 参赛者认为，由于汽车是随机地被放在某扇门的后面，而 3 号门又被排除掉了，所以现在汽车在 1 号门或 2 号门后面的概率都是 50%。他们认为，虽然改变选择没有什么坏处，但也没有什么好处。因此，他们出于惯性、骄傲与预期而坚持自己的第一选择。一次不幸的选择改变所带来的后悔，远超一次幸运的选择改变所带来的快乐。

1990 年，美国《大观》（*Parade*）杂志的"玛丽莲问答"（Ask Marilyn）专栏报道了蒙提·霍尔问题，这本杂志是随美国数百家报纸的周日版一起发行的，蒙提·霍尔问题因此而被广泛知晓。[35] 专栏作家玛丽莲·沃斯·莎凡特（Marilyn vos Savant）当时被称为"世界上最聪明的女人"，她在一次智力测试中所获得的最高分被载入了吉尼斯世界纪录。莎凡特认为，你应该改变选择：汽车在 2 号门后面的概率是 2/3，而在 1 号门后面的概率是 1/3。文章发表后该杂志社收到了上万封来信，其中有上千封信是数学和统计学专业的博士写的，大多数人都认为莎凡特错了。以下是一些来信内容：

> 你搞错了，彻底搞错了！既然你好像并没有掌握其中的基本原理，那我就给你解释一下。在主持人展示了一只山羊之后，你现在有 1/2 的机会猜对汽车所在的那扇门。无论你是否改变选择，概率都是一样的。美国的数学盲已经够多了，"世界上智商最高的女人"就不要再继续糟蹋数学了，真丢人！
>
> ——斯科特·史密斯博士，佛罗里达大学

关于这个话题，我估计你会收到很多高中生和大学生的来信。也许你应多保留几个地址以寻求帮助，这有助于把后面的专栏工作做好。

——罗伯特·史密斯博士，佐治亚州立大学

也许，女性与男性看待数学问题的方式不同。

——唐·爱德华兹，俄勒冈州森里弗[36]

反对者中有来自匈牙利的著名数学家保罗·埃尔德什（Paul Erdös）。他是一位多产的数学家，以至于许多学者都在夸耀他们的埃尔德什数。埃尔德什数是他们与这位伟大的理论家在共同作者网络上的最短距离[①]。[37]

但那些"迷之自信"的男数学家错了，世界上最聪明的女人却是对的。你应该改变选择，原因不言而喻。汽车在门后的摆放有 3 种可能，我们可以逐一考虑每扇门的情况，并计算出每种策略在 3 种可能性中获胜的次数（见图 1-3）。假设你选了 1 号门，当然这只是一个标签。只要蒙提遵守"打开未被选择并且有山羊的那扇门，如果未被选择的两扇门后面都是山羊，就随便打开其中的一扇门"的规则，那么无论你事先选哪扇门，获胜概率都是一样的。

假设你的策略是"不改变选择"（见图 1-3 左栏）。如果汽车在 1 号门后面，你就赢了，蒙提打开哪扇门无关紧要，因为你并没有改变选择。如

---

① 举例来说，保罗·埃尔德什自己的埃尔德什数（简称埃数）是 0，跟他合写论文的人的埃数是 1，一个人如果通过 N 个中间人才与埃尔德什有关联，则他的埃数是 N+1。——编者注

果汽车在 2 号门后面，你就输了。如果汽车在 3 号门后面，你也输了。所以"不改变选择"这一策略的胜率是 1/3。

现在假设你的策略是"改变选择"（见图 1-3 右栏）。如果汽车在 1 号门后面，你就输了。如果车在 2 号门后面，蒙提就会打开 3 号门，这样你就会换到 2 号门，你赢了。如果车在 3 号门后，他就会打开 2 号门，所以你会因为换到 3 号门而获胜。"改变选择"策略获胜的概率是 2/3，是"不改变选择"策略获胜概率的 2 倍。

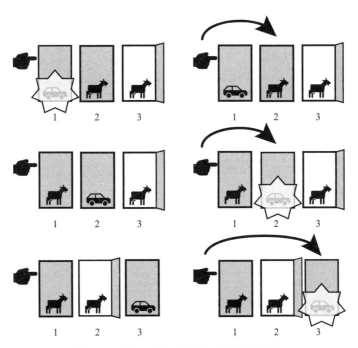

图 1-3　蒙提·霍尔问题的 3 种可能性分析

这并不是多难的事。[38] 即使你无法穷尽这些逻辑可能性，你也可以自己用剪纸和玩具玩几轮，并计算成功概率，就像蒙提自己为说服一名持怀疑态度的记者所做的那样。[39] 也许，直觉会告诉我们蒙提知道答案并给了我们一个提示，无所作为肯定是愚蠢的。为什么数学家、大学教授和其他大人物都搞错了呢？

当然，性别歧视、人身攻击和职业嫉妒也会影响人们的批判性思维。莎凡特是个迷人的时尚女性，她曾为八卦小报供稿，还在午夜的脱口秀上用诙谐有趣的话开玩笑。[40] 她打破了人们对数学家的刻板印象，她的名气和她所创造的吉尼斯世界纪录，让她成为被攻击的目标。

当然，问题本身也给大家带来了困扰。就像认知反射测试和沃森选择任务中的难题一样，蒙提·霍尔问题的设计，就是故意诱导我们在系统 1 中犯错。而且，在系统 2 中我们也不容易认清这个问题。即便你把正确的解释说一遍，许多人也无法接受。像埃尔德什这样的大数学家，也只有在看到游戏被反复演示后才能被说服。[41] 许多人目睹了游戏演示过程，许多人甚至在这个游戏上下注，但是，他们仍坚持自己的错误选择。人们的直觉与概率法则为什么如此不一致呢？

一个线索来自那些自以为无所不知的人为自己的错误提供的过度自信的辩解，这些辩解有时是从其他概率谜题中轻率地沿用下来的。许多人坚持认为，每一个未知的选择（在蒙提·霍尔问题这个例子中，是未打开的门）必定有相同的概率。对于像硬币或骰子这种对称的赌具来说，这无疑是正确的，因为硬币正反面或骰子六面出现的概率是一样的。当你对选择绝对一无所知时，这便是推理的起点，但这并不是自然的法则。

许多人想到了因果关系。汽车和山羊在游戏开始前就已放置好，打开一扇门，不能挪动已放置好的汽车和山羊。指出因果机制的独立性，是揭穿赌徒谬误等错觉的一种通常做法。所谓赌徒谬误，就是人们错误地认为，轮盘在连续出现几个红色之后的下一次转动中会出现黑色；而实际上轮盘没有记忆，它的每一次转动都是独立的。正如莎凡特的一位助手所言："想象一场有 3 匹马参与的比赛，每匹马都有相同的获胜机会。如果 3 号马在比赛中跑 50 英尺①就猝死了，那么剩下这两匹马的获胜概率将不再是 1/3，而是 1/2。"显然，他的结论是，把赌注从 1 号马转向 2 号马是没有意义的。但这样思考是有问题的。想象一下，当你赌 1 号马赢时，上帝说："3 号马不会赢。"[42] 他本来也可以说 2 号马不会赢，但他没有说。因此，改变一下赌注在某种程度上也是可以接受的。在《让我们做笔交易》的节目中，蒙提·霍尔就是上帝。

这位神一样的主持人让我们感受到了蒙提·霍尔问题的奇特性。它需要一个无所不知的人，这个人不像通常谈话那样，直接把听者想知道的内容分享给他们（在当前情况下，就是哪扇门后面放置了汽车），而是故意增加悬念。[43] 如果是一个对门后事物一无所知的人，他的信息也就没什么价值了。但万能的蒙提知道真相，知道我们的选择，并据此选择他的提示，也就是打开某扇门。

人们对这一价值巨大但深奥难懂的信息的不敏感，恰恰揭示了与这个谜题相关的核心认知弱点：我们把概率和倾向混淆了。倾向是指一个物体更有可能以某种方式运动。关于倾向的直觉是我们对于这个世界的心智模式的

① 1 英尺约等于 0.3 米。——编者注

一个主要部分。

人们感觉弯曲的树枝容易回弹，羚羊很容易疲劳，豪猪通常会留下带有两个肉垫的脚印。一种倾向不能被直接感知（要么树枝反弹了，要么它没有反弹），但它可以通过仔细观察一个物体的物理构成，并利用因果法则进行推断。干燥的树枝可能会折断；羚羊在雨季有更多的耐力；豪猪脚上有两个接近的肉垫，当地面很软时，它们会留下脚印，但在地面很硬时就不一定了。

概率则不同，它是在 17 世纪时被发明的概念工具。[44]"概率"这个词有好几种含义，其中之一对于风险决策至关重要，这就是对事物未知状态的相信程度。任何能改变我们对某一结果相信程度的证据，都将改变其发生的概率，以及对其采取行动的理性方式。概率依赖虚幻的知识，而不仅仅是物理构成，这有助于解释为什么人们在蒙提·霍尔问题上会犯错。

他们凭直觉感知，汽车在不同门后的倾向已经确定，他们知道打开一扇门不会改变这些倾向。但是，概率跟世界中的事实无关，而与我们对世界的无知有关。新信息减少了我们的无知，改变了概率。如果这听起来很神秘或不好理解的话，设想一下我刚刚抛出的硬币正面朝上的概率。对你来说是 0.5，对我来说就是 1，因为我偷看了。同样的事件，不同的知识，概率就不同。在蒙提·霍尔问题中，无所不知的主持人为我们提供了新的信息。

当主持人促成的"无知的减少"与物理环境的联系更加明显时，问题的答案就直观了许多。莎凡特邀请她的读者想象一下如果把游戏节目做些改变，会发生什么。比如，将 3 扇门换成 1 000 扇门。[45] 你选了一扇门，之后蒙提展示其他 998 扇门后面的每一只山羊。这时，你是否会把赌注换到另外一扇关着的门上呢？这一次，蒙提的选择显然传达了能让人采取行动的信息。你可以想象，他要时时关注后面放置汽车的那扇门，并确保不打开它，而仍然关闭的那扇门是一个信号，意味着这扇门后面可能放置了汽车。

1 个简单的预测问题

一旦我们养成了给未知事件分配数字的习惯，就可以量化自己关于未来的直觉。预测未来是一件大事，政策、投资、风险管理以及人们对世界将发生什么的普遍好奇，都需要预测来提供信息。请你判断下面这些事件在未来 10 年发生的可能性。由于很多事件发生的可能性很小，因此我们在低概率端对概率值做了更细的划分。你只需为每一事件选一个概率值就好：小于 0.01%、0.1%、0.5%、1%、2%、5%、10%、25%、大于 50%。

  1. 沙特阿拉伯研制出核武器。

  2. 尼古拉斯·马杜罗（Nicolas Maduro）辞去委内瑞拉总统职务。

  3. 大规模罢工和骚乱迫使委内瑞拉总统尼古拉斯·马杜罗辞职。

  4. 在伊朗研制出核武器并进行地下爆炸试验后，作为回应，沙特阿拉伯研制出自己的核武器。

在一次调查中，我请数百名受访者预测这些事件发生的概率。平均而言，相对于马杜罗辞职，他们认为罢工迫使马杜罗辞职的可能性更大。相对于研制出核武器，他们认为沙特阿拉伯为了应对伊朗的核弹威胁而研制出核武器的可能性更大。[46]

对于这些比较陈述，你可能至少认同其中的一个。在给这些事件分配概率值的参与者中，86% 的人正是如此。但是，这样做就违背了概率的基本规则，即合取规则：事件 A 与事件 B 的合取概率，一定小于或等于单独事件 A 或单独事件 B 的概率（见图 1-4）。例如，从一副扑克牌中抽出一张偶数黑桃牌的概率，一定小于或等于抽出一张黑桃牌的概率，因为有些黑桃不是偶数。

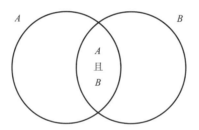

图 1-4 事件 A 和事件 B 的合取概率

对这个世界中的每一对事件来说，都存在两个场景：第一个场景由这两个事件中的一个事件构成，第二个场景由这两个事件的合取构成。例如，"沙特阿拉伯研制出核武器"是第一个场景，"伊朗进行核武器试验并且沙特阿拉伯研制出核武器"是第二个场景，第二个场景发生的概率肯定要小一些，因为沙特阿拉伯还可能因为其他原因而研制出核武器。按照同样的逻辑，马杜罗辞职的可能性肯定比马杜罗在大规模罢工后辞职的可能性更大（见图 1-5）。

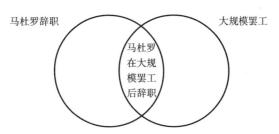

图 1-5 "马杜罗辞职"和"大规模罢工"的合取概率

人们为什么会这样进行判断呢？由一个陈述所描述的一类事件可能是抽象的和一般化的，没有什么特别的东西能帮助大脑思考。通过合取的多个陈述描述一类事件就会生动许多，特别是当这些陈述能构造出一个我们可以在"想象剧场"中观看的故事情节时，更是如此。直觉概率是由可想象性驱动的：事物越容易被形象化，看起来就越有可能发生。我们因此而掉入了卡尼曼和特沃斯基所说的"合取谬误"陷阱：就直觉来说，合取事件发生的概率，比其中任何一个单独事件发生的概率都要大。

专家们的预测往往是由生动的叙事所驱动的，概率早被他们忘记了。[47] 1994 年，美国著名地缘政治专家罗伯特·卡普兰（Robert Kaplan）在《大西洋月刊》（*The Atlantic*）一篇著名的封面故事中预言了"即将到来的无政府状态"。[48] 卡普兰预测：在 21 世纪的前几十年里，战争将会围绕水资源等有限资源展开；尼日利亚将征服尼日尔、贝宁和喀麦隆；对非洲的争夺将引发世界大战；美国、加拿大、印度和尼日利亚等国家将面临内部分裂；拉美裔人口众多的一些美国地区将与墨西哥合并；加拿大阿尔伯塔省将与美国蒙大拿州合并；美国的城市犯罪率会上升；艾滋病会越来越严重；此外，还有许多其他灾难和危机。然而，随着这篇文章引起的轰动（比尔·克林顿总统也在白宫内传播它），世界范围内内战的数量、无法获得洁净水的人口比例以及美国的犯罪率都在急剧下降。[49] 在卡普兰的文章发表后的 3 年时间内，对艾滋病的有效治疗使艾滋病致死人数大大减少。

合取谬误是由卡尼曼和特沃斯基通过著名的"琳达问题"这个例子提出来的。[50]

> 琳达 31 岁，单身，直言不讳，非常聪明。她主修哲学。作为一名学生，她深度关注歧视和社会正义问题，也参加了反核示威活动。
>
> 请指出下面每种描述出现的概率：
> - 琳达是一名小学教师；
> - 琳达积极投身于女权运动；
> - 琳达是一名精神科社会工作者；
> - 琳达是一名银行出纳；
> - 琳达是一名保险推销员；
> - 琳达是一名银行出纳，而且积极投身于女权运动。

受访者判断琳达更有可能是一名女权主义的银行出纳，而不单单是银行出纳。同样，他们认为 A 与 B 的合取概率高于 A 的概率。每个心理学老师都知道，这种判断上的错误今天依然存在。参加"黑人的命也是命"（Black Lives Matter）运动的阿曼达，一位极为聪颖的女士，仍被认为更有可能是女权主义注册护士，而不仅仅是注册护士。

琳达问题强烈地唤醒了我们的直觉。在选择任务中，人们犯错是因为问题是抽象的（如果 P，那么 Q），而在特定的现实生活场景中，人们就不会犯错了。琳达问题不同于选择任务，在这里，每个人都对"A 与 B 合取的概率 ≤A 的概率"这个抽象定律无异议，但在具体应用场合，人们还是会犯错。生物学家兼科普作家斯蒂芬·杰伊·古尔德（Stephen Jay Gould）的评论道出了许多人的心声："我知道这种（合取）描述的可能性最小，但我脑子里有个小矮人不断上蹿下跳，对我大喊：'她不可能只是个银行出纳，你再仔细看看关于她的描述。'"[51]

这个小矮人可能被有经验的说服者利用。一名检察官手头除了一具被冲上海滩的女性尸体之外几乎没有其他线索，在这种情况下，他可能会编造一个故事，说可能是该受害者的丈夫令她窒息而死，然后抛尸，这样他就可以和情妇结婚，用受害者的保险金创业了。辩护律师可以讲一个与之不同的故事，在这个故事里，受害者有可能在深夜遭遇了抢劫，结果出了可怕的意外。根据概率法则，每一个臆想的细节都应该使情景变得更不可能，但却更有说服力。正如音乐剧《日本天皇》（The Mikado）中所说的那样，这一切"仅仅是矫揉造作的细节，旨在给另一种巧妙的、缺乏说服力的叙述以艺术的真实感"。[52]

合取规则是数学概率的一个基本定律，人们无须借助数据就能理解它。正是这一点让卡尼曼和特沃斯基对人们的概率直觉感到悲观。他们认为，这种直觉是由代表性刻板印象和可得记忆所驱动的，而不是基于对可能性的系统估算。他们拒绝接受这样的观点："每个不合逻辑者的内心都有一个合乎逻辑的人在努力挣脱出来。"[53]

其他心理学家则更为宽容。正如我们在蒙提·霍尔问题中所看到的，

"概率"有好几种含义，包括物理倾向、有理由的信念强度和长期频率。《牛津英语辞典》还提供了另一种含义：在现有证据的情况下，任何陈述或事件所呈现的真实性或被实现的可能性。[54] 理解琳达问题的人都知道，"长期频率"在这里是不适用的，因为只有一个琳达，她要么是一个女权主义的银行出纳，要么不是。

在任何符合逻辑的对话中，讲话者都要提供理由的来龙去脉，从而引导听者得出一个看似合理的结论。心理学家拉尔夫·赫特维希（Ralph Hertwig）和格尔德·吉仁泽（Gerd Gigerenzer）认为，人们可能已经理性地做出了推断：琳达问题中的"概率"含义，不是合取规则所适用的数学概率，而是"基于当前证据的保证程度"这种非数学含义，而且他们明智地向证据指引的方向进发。[55]

与特沃斯基和卡尼曼的研究同时进行的众多研究支持了上面的"宽容解读"，这些研究表明：当人们不再纠结于神秘的概率概念，而是受到鼓励用相对频率去思考概率时，他们更有可能遵守合取规则。想象有一千个像琳达这样的女人，你觉得她们中有多少人是银行出纳？你认为她们中有多少是活跃在女权运动中的银行出纳？现在头脑中的小矮人安静了，一个合乎逻辑的人努力挣脱出来了。出现合取谬误的比率立马降下来了。[56]

合取谬误充分证明了人类是天生的概率盲，但是，合取谬误是模糊措辞和诱导问题的产物吗？卡尼曼和特沃斯基坚持认为不是。他们注意到，即便让人们为可能性打赌，他们也会犯这种错误。是的，大多数人更倾向认为琳达是一个女权主义的银行出纳，而不只是一个银行出纳。当用频率来描述时，人们可以通过在脑海中计算银行出纳的数量来避免合取谬误，这时，只有极少数人会犯错。可是，当人们孤立地考虑每一个选项，而不是看到一个接一个的选项时，犯错的人就急剧增加，这时，他们感受不到"子集大于超集"的荒谬之处。[57]

卡尼曼观察到，人类在保护自己心爱的想法时最不理性。因此，他提出了一种解决科学争议的新方法，以取代那种辩论对手们轮流改变规则并连番反驳和回答的"老掉牙"式战术。在一种"对抗性合作"中，争论双方事先就能解决问题的实证检验达成一致，并邀请一个仲裁者加入他们的行列来执行该检验。[58]卡尼曼选择与赫特维希进行对抗性合作，聘请心理学家芭芭拉·梅勒斯作为仲裁者，以确定在琳达问题上谁是正确的。两位竞争对手都同意进行三项研究，这三项研究都是用频率来表达这个问题（在100个像琳达这样的人中，有多少人……），而不是问及作为个体的琳达。在记录实验的复杂结果时，三人报告说："我们不认为这些实验会解决所有问题，这个奇迹也确实没有发生。"但是争论双方一致认为，人们有犯合取谬误的倾向，即使是在处理频率问题时也是如此。他们一致认为，在合适条件下，人们可以通过思考摆脱谬误。所谓的"合适条件"，就是存在可以进行比较的备选方案，而且备选方案的措辞不给人们留下任何想象空间。

如何看待认知错觉

理性让我们在古代和现代环境下都能拥有非凡的生存智慧，而确认偏差、过度自信，以及由具体细节和交谈习惯导致的注意力分散，又让我们经常犯错。我们该如何处理理性与这些差错的关系呢？

我们常把推理中的典型错误称为"认知错觉"。认知错觉与科学博物馆中演示的视觉错觉所具有的相似之处，颇具启发性。这并不能简单地用"眼睛和心智会欺骗我们"这句话一带而过，而是深刻地说明了人类这一物种为何如此聪明却又如此容易被欺骗。

下面两种经典错觉是由神经科学家博·洛托提出的。[59] 第一个是阴影错觉。信不信由你，图 1-6 中盒子顶部的黑色条纹（A）与盒子前面的白色条纹（B）的灰度是一样的。

图 1-6　有阴影错觉的盒子

第二个是形状错觉。图 1-7 中 4 个装置的角度是相同的，都为 90 度。

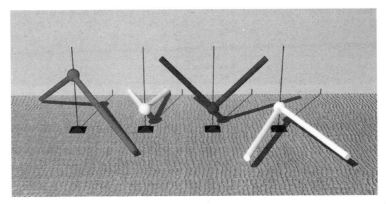

图 1-7　存在形状错觉的 4 个装置

这其中的启发是：首先，我们不能总是相信自己的眼睛，或者更准确地说，不能总是相信大脑中的视觉系统 1；其次，我们可以使用系统 2 来识别出自己的错误，比如，在一张硬卡片上打两个孔，把它放在图 1-6 上，或者用卡片的一角去量一量图 1-7 中的那 4 个角是不是直角。

错误的结论是：人类的视觉系统是个有缺陷的装置，不断用虚幻的东西来愚弄我们。人类的视觉系统是一个奇迹。它是一种精密仪器，可以察觉到单个光子，辨认出成千上万种形状，既能应对石子路场景也能处理高速公路场景。它的性能超过了现今最好的人工视觉系统，这就是为什么在写作本书的时候，尽管研发了几十年，自动驾驶汽车还没有在城市街道上随处可见。自动驾驶汽车的视觉模块，很容易把运货卡车误认为广告牌，或者把贴着贴纸的交通标志误认为装满食物的冰箱。[60]

形状错觉和阴影错觉不是视觉系统的缺陷，而是它的特征。视觉系统的目标，是向大脑的其他组成部分提供对我们面前物体的准确描述，比如三维形状和材料组成等。[61] 但这并不容易，因为从视网膜进入大脑的信息并不能直接反映现实。视网膜图像的亮度，不仅取决于真实物体表面的颜色，还取决于落在它表面的光照强度：灰色图像可能是强光照在黑色物体表面产生的，也可能是微光照在白色物体表面产生的。这就是2015 年"裙子错觉"[①] 风靡互联网的原因。[62]

视网膜上的形状不仅取决于物体的三维信息，还取决于看向这一物体的视角。视网膜上的一个锐角，可能是一个从正面看上去的锐角，也可能是被透视后的直角。视觉系统消除这些失真的影响，将光照强度这个因素分离出去，并且反转了三角透视关系，以一种与现实世界中的真实形状和材料相匹配的表象，将信息传输给大脑的其余组成部分。容纳这些计算过程的草稿，也就是我们视网膜上的二维像素阵列，对大脑的推理和规划系统而言是不可见的，因为它们只会分散注意力。

这种大脑机制告诉我们：我们的大脑不是精确的测光表或量角器，当然它们也不必是，除非我们是现实主义画家。当人们被要求充当这些工具时，错觉就会出现。比如，你会被要求看一张图片中的条纹有多亮、角度有多大，而实际上，这些图片在大脑中被合成的时候，亮度、直角等简单属性都被掩埋在大脑通常不会关注的计算草稿里。如果问题出在真实图片所描绘的事物上，那么我们的感觉印象就是正确的。比如前文中，在盒子的亮面和暗面，灰色条纹都比白色条纹颜色要深；装置的倾斜程度不同，

---

① 2015 年，互联网上出现一张条纹裙子照片，一部分互联网用户看到裙子的图案由白色条纹和金色条纹构成，另一部分互联网用户则看到裙子的图案由蓝色条纹和黑色条纹构成。——编者注

角度也确实不同。

同样，像本章中提到的这种认知错觉，也可能是因为我们对进入大脑的问题的字面表述根本不理会，而是琢磨在社交世界中的说话者会合理地问些什么。在看似显而易见的数字上做算术，验证关于几个标志的命题，从一个狡猾而无所不知的主持人提供的线索中进行选择，根据生动而简短的人物描述得出不可信的结论，这些跟判断图片上的灰度和角度颇有几分相像。

确实，这会让人犯错，但对众多有价值的问题来说，这就是正确答案。一个能够在语境中解读提问者意图的大脑并不简单。这就是为什么当服务热线上的对话机器人反复说了一大堆选项后，我们会狂怒地按下"0"并尖叫"人工服务"，只有人类才能理解我们为什么要打这通电话。

知道非理性反应是怎么回事儿，并不是说我们必须相信它们，就像我们不应该始终相信自己的眼睛一样。科学和技术极大地增强了视觉系统，远超自然所赋予我们的能力。我们可以用显微镜观察微小物体，用望远镜观察远方，用摄影技术记录过去，用灯光照亮黑暗，用遥感探测不可见的事物。当我们进入自己的进化环境之外的领域，比如速度非常快和位置非常高的地方，我们的感官错觉将是致命的。

让大脑在日常生活中可以消除投影几何影响的深度判断和方向判断，依赖于我们移动和观察时沿地面排列的汇聚的线条、后退的纹理和流动的轮廓。当飞行员在数千米的高空飞行时，地平线被云层、雾气和山脉所覆盖，这时他的视觉就与现实脱节了。他凭直觉飞行，不能分辨加速度和重力，每一次修正都会让事情变得更糟，并可能在几分钟内将飞机送入"死亡盘旋"（graveyard spiral）[①]。1999 年，缺乏经验和过于自信的小约翰·F. 肯尼迪就遭遇了这样的命运。[②]尽管我们的视觉系统非常出色，但是，理性的飞行员知道什么时候该放弃自己的感知，而让仪器接手感知工作。[63]

同样，尽管我们的认知系统非常出色，但在现代世界中，我们必须知道什么时候应该忽略它们，转而求助于可靠的工具：那些扩展了我们天生的推理能力的逻辑学、概率论和批判性思维。现在是 21 世纪，如果我们仍凭直觉进行思考，那么每一次修正都可能让事情变得更糟，甚至会将我们的民主政体送入"死亡盘旋"。

---

① 也称墓地螺旋。在航空领域，死亡盘旋指一种危险的螺旋俯冲。——编者注
② 1999 年，第 35 任美国总统约翰·肯尼迪之子小约翰·F. 肯尼迪所驾驶的飞机因能见度问题而坠毁，他本人也在这次事故中遇难。——编者注

Rationality

What it is
Why it seems scarce
Why it matters

02
理性与非理性

这么说吧，跟人类共事并不怎么开心。他们不按
逻辑出牌、爱冲动，这确实令人恼火。

斯波克先生

　　理性往往意味着不那么酷。说某个人是无聊的人、书呆子、极客或布莱尼亚克式的人物，就意味着这个人离时尚很远。几十年来，好莱坞的电影剧本和一些摇滚歌词都把快乐和自由看成是对理性的叛逆。电影《希腊人佐巴》中的主角佐巴说："一个人需要一点疯狂，否则他永远不敢割断绳子而获得自由。"传声头像乐队说："别假正经。""那个曾经叫普林斯的歌手"说："让我们疯狂起来。"流行的学术运动，如后现代主义和批判理论（不要与批判性思维混淆）认为，理性、真理和客观性是为统治群体的特权做辩护的社会建构。

　　这些运动显得特别有见地，让人们清楚地感知到，相对于跨时间、跨文化的知识多样性来说，西方哲学和科学显得狭隘、老套、幼稚。在离我住的波士顿市中心不远的地方，有一幅华丽的绿松石和黄金镶嵌画，上面写着："遵循理性。"不过，这幅画陈列在共济会总会所，这是一个以围裙和帽子为特征的组织，这就很好地诠释了什么是"流行的反面"。

　　我关于理性的立场是"我支持它"。虽然我不能说理性是最棒的，严格地说，我甚至不能为理性辩护或者将其合理化，但我会为那幅镶嵌画上的信息辩护：我们应该遵循理性。

为什么要遵循理性

让我们从源头开始吧：什么是理性？跟大多数常用语一样，没有一个定义能确切规定理性的含义，词典也只是把我们带进了一个循环：大多数情况下把理性（rationality）定义为"有理由"（having reason），但 reason 这个词来自拉丁语的 ration-，而 ration- 通常被定义为"理性"。

人们使用"理性"这个词时所赋予它的含义，就是对理性的一个定义：**利用知识实现目标的能力**。知识的标准定义是"确证的真信念"。[1] 如果一个人依照明知道是错误的信念行动，比如在明知道钥匙不可能在的地方寻找钥匙，或者他所依据的信念不能被确证（这些信念可能来自幻视或者幻听，而不是对现实世界的观察或是根据某个真信念所进行的推理），我们就不相信他是理性的。

此外，信念必须为目标服务。没有人会因为仅仅思考真实的想法就拥有理性，比如计算 π 的数值，或者找出一个命题（"1+1=2""月亮是奶酪做的""如果 1+1=3，那么猪会飞"）的逻辑意义。理性行为人一定要有目标，无论这个目标是确定一种重要思想的真实性，即所谓的理论理性（"何为真"），还是给现实世界带来一个重要结果，即所谓的实践理性（"做什么"）。视觉系统的永恒目标，就是通过"看"的理性而不是通过幻觉弄清我们周围的环境。

此外，理性行为人必须运用任何适用于当时情况的知识来实现这一目标，而不是做一些碰巧起作用的事情。下面是美国著名心理学家威廉·詹姆斯（William James）提出的区分理性实体和非理性实体的方法，二者起初似乎在做同样的事情：

> 朱丽叶对罗密欧的吸引力，就像磁铁对铁屑的吸引力一样，如果没有什么阻碍的话，罗密欧就会直接朝朱丽叶走去。但是，如果有一堵墙横在他们中间，罗密欧和朱丽叶就不会像磁铁和铁屑隔着卡片也能吸在一起一样，傻傻地将自己的脸分别贴在墙的两侧。罗密欧很快就会发现，他可以通过翻墙或者其他方式达到和朱丽叶接吻的目的。对于铁屑来说，路径是固定的，它是否可以达到目的取决于偶然性。对于恋人来说，目的是固定的，而路径可以灵活改变。[2]

有了这个定义，遵循理性就是一件显而易见的事：你是想要某些东西还是不想要？如果想要，理性就能让你得到它们。

不过，这样为理性辩护是有问题的。理性要求我们把信念建立在真理之上，这样，我们从一种信念到另一种信念的推理才可能是"确证的"；理性还要求我们制订可能带来既定结果的计划。但这会引发进一步的问题：什么是"真理"？是什么让推理成为"确证的"？我们怎么知道可以找到真正能带来既定结果的方法呢？但是，为理性寻找根本的、绝对的、最终的理由是徒劳的。就像一个爱刨根问底的三岁小孩会用另一个"为什么"来回答一个"为什么"的答案一样，寻找"理性的终极理由"，会要求我们进一步寻找"理性的理由的理由"。仅仅因为我相信 P 蕴含 Q 并且我相信 P，我为什么就要相信 Q？是不是我还要相信 [（P 蕴含 Q）且 P] 蕴含 Q？但我为什么要相信？是不是因为我还有另一个信念：{[（P 蕴含 Q）且 P] 蕴含 Q} 蕴含 Q？

英国逻辑学家、童书作家刘易斯·卡罗尔（Lewis Carroll）于 1895 年发表在哲学杂志《心智》（*Mind*）上的文章《乌龟对阿喀琉斯说的话》（*What the Tortoise Said to Achilles*），就是基于这种倒推的思路写成的。这篇文章中的对话是围绕芝诺第二悖论展开的：为什么善跑者阿喀琉斯追赶领先的乌龟却永远也追不上。在阿喀琉斯缩小差距所花的时间里，乌龟继续前进，产生了一个需要阿喀琉斯进一步追赶的新差距，如此往复，永无止境。在卡罗尔的这篇文章中，他想象着阿喀琉斯坐在乌龟背上，为了满足乌龟提出的不断升级的证明要求，在笔记本上写满了规则的规则的规则。[3] 这个故事的寓意是，在某种程度上，运用逻辑规则的推理必须由机器或大脑中固有的机制来执行；该机制之所以运行，是因为电路系统的运行，而不是因为它参照规则来做事情。我们为计算机编写应用程序，但计算机的 CPU 本身并不是应用程序。它是一块硅片，诸如比较符号和加法之类的基本运算都被刻录在这块硅片上了。设计这些运算（由工程师设计。如果是大脑的话，设计者就是自然选择）的目的，就是执行抽象概念领域固有的逻辑和数学法则。[4]

逻辑和推理并不是一回事，在下一章我们会探讨两者的区别。但它们是密切相关的，逻辑规则不能被更多的（以至无限的）逻辑规则执行的原因，也正是不能用更多的理由来证明理由的原因。在任何情况下，终极规则都必须是"去做吧"（Just do it）。在一天结束的时候，讨论者别无选择只能坚守理性，因为他们在这一天开始讨论"为什么我们应该遵循理性"的时候，就是在坚守理性。只要人们在进行争论和说服、评估是接受还是拒绝这些论点，而不是通过贿赂或者威胁对方说特定的话，那么再去询问理性的价值就太晚了。因为他们已经在推理，并且已经心照不宣地接受了它的价值。

假设你是反理性的一员，那么关于反理性的争论，只要你一出场，你就输定了。假设你认为理性是不必要的，那你该怎么回答这个问题：这种说法是理性的吗？如果你回答"不是"，那别人也没有理由相信它了，因为连你自己都这么说了；但如果你回答"是"，执意要我必须相信它，因为这种说法在理性上是令人信服的，那么实际上你已经承认理性是我们应该接受信念的标准。在这种情况下，你的这个信念就一定是错的。同样，如果你宣称任何事物都是主观的，我可以问："这个说法是主观的吗？"如果你回答"是"，那么你可以相信它，但我就不必了。再假设你宣称一切事物都是相对的，那么，这种说法是相对的吗？如果你回答"是"，就表明这种说法此时此刻对你来说可能是正确的，但对其他人来说或者在你不再谈论这件事时就未必如此了。这也是为什么"我们生活在'后真相时代'"这种陈词滥调不可能是正确的。假如这种说法正确，那它就一定是错的，因为，它正在断言我们所处时代的某些情况是正确的。

坦率地说，哲学家托马斯·内格尔（Thomas Nagel）在《理性的权威》（*The Last Word*）一书中提出的论证是非常规的，关于论证本身的任何论证也是这样。[5] 内格尔将其论证与笛卡儿的论证进行了比较：笛卡儿认为我们自己的存在是唯一不能怀疑的东西，因为恰恰是怀疑我们自己存在这一事实，预设了一个怀疑者的存在。恰恰是用理性质疑理性这一事实，预设了理性的有效性。由于这种非常规的存在，"我们应该相信理性"的说法是不完全正确的。正如内格尔指出的那样，这是"一个人想太多了"。普通人和专家都很清楚：我们应该遵循理性。

　　支持真理、客观性和理性的论证可能会令人难以接受，因为它们看上去有些狂妄："你是谁啊，竟敢说拥有绝对真理？"但这不是为理性辩护所涉及的内容。心理学家戴维·迈尔斯曾说过，一神教信仰的本质是：（1）神是存在的；（2）不是我（也不是你）。[6]世俗世界也存在类似的信念：（1）客观真理是存在的；（2）我不知道它（你也不知道）。同样的认知谦卑，也适用于通向真理的理性。完美理性和客观真理是任何一个普通人都无法声称已经获得的。但是，只要坚信客观真理存在，我们就可以制定人人都能遵守的规则，以集体的方式接近真理，而任何个人都无法做到这一点。

　　阻碍理性的认知偏差包括：人性中固有的认知错觉，以及影响一个种族、性别或文明内部所有人的偏执、偏见、恐惧症和各种主义。人们为消除这些偏差设计了各种规则，包括批判性思维的原则，以及逻辑、概率和经验推理的规范系统，我们将在随后几章对它们展开讨论。多种社会机构负责在大众中贯彻这些规则，以防止人们把自己的自我价值感、认知偏差或错觉强加给其他人。"野心必须以野心来制衡。"美国第4任总统詹姆斯·麦迪逊在谈到民主政府内部机关的相互制衡时写道。其他机构或团体也是这样引导有偏见、有野心的群体走向客观真理的，比如说法律上的对抗制、科学上的同行评议、新闻界的编辑与事实核查、大学里的学术自由以及公共领域的言论自由等。普通人之间的讨论，分歧是无法避免的。常言道，我们的分歧越多，我们当中就越有可能至少有一个人是对的。

　　虽然我们永远无法证明推理是可靠的，或者真理可以被知晓（因为我们还需要假设这样做的理性也是可靠的），但我们可以增强自己的信心，相信它们是合理的。理性有效的第一个明证是，当把理性运用于理性自身时，我们发现它既不是一种难以言表的直觉冲动，也不是在我们耳边低语真理的诡秘祭司。我们可以把理性的规则精炼成逻辑和概率的规范模型，甚至可以在复制并超越我们的理性能力的机器上使用它们。实际上，计算机的逻辑是机械化的，它们最小的电路是"逻辑门"。

　　理性有效的第二个明证是它确实管用。（生活不是一场梦，在梦里，我们会突然出现在毫不相干的地方，令人困惑的事情会毫无缘由地发生。）通过爬墙，罗密欧真的可以亲吻到朱丽叶。通过其他方式运用理性，我们登上了月球，发明了智能手机，消灭了天花病毒。当我们把理性应用于世界中的合作时，一个强烈的迹象表明：理性确实离客观真理很近。

　　理性有效的第三个明证是，即便是否认客观真理可能存在并坚持认为所有断言都只是一种文化叙事的相对主义者，也没有勇气坚持自己确信的观点了。那些声称科学真理只是一种文化叙事的人类学家或文学家，还是会让医生用抗生素来治疗他们被感染的孩子，而不是让法师表演疗愈之歌。虽然相对主义常被赋予道德光环，但相对主义者的道德信念取决于他们对客观真理的承诺。奴隶制是一个神话吗？大屠杀只是众多可能的叙事之一吗？气候变化是一种社会建构吗？定义这些事件的痛苦和危险是否真的存在——我们信以为真的断言是因为逻辑、证据和客观的学术研究而为真吗？而今天，相对主义者也不再那么相对了。

　　出于同样的原因，在理性与社会正义、任何其他道德事业或政治事业之间不可能有取舍。对社会正义的追求始于这样一种信念：某些群体受到压迫，而其他人享有特权。这些都是关于事实的断言，当然也可能是错误的，就像社会正义的倡导者在回应白人异性恋男性受到压迫的说法时所坚称的一样。我们肯定这些信念是因为理性和证据表明它们是正确的。

而这种追求反过来又被这种信念所引导，即必须采取某些措施来纠正这些不公正。营造机会均等的环境是否足够？或者，过去的不公正是否让一些群体处于劣势，而这些劣势只能通过补偿性政策来纠正？特定的措施仅仅是一种让人感觉舒服的信号，而不会让被压迫的群体过得更好吗？这些措施会让事情变得更糟吗？社会正义的倡导者需要知道这些问题的答案，而理性是我们了解任何事情的唯一途径。

诚然，为理性做论证的特殊性总会留下漏洞。在为理性做辩护的开始，我写道："只要人们在进行争论和说服……"但这是一个着重强调的"只要"。不接受理性的人可以拒绝加入这个游戏。他们可以说："我不需要向你证明我的信念。你对论证和证据的要求表明你也是问题的一部分。"那些确信自己是正确的人会用武力把自己的信念强加给别人，而不会觉得有说服的必要。

如果你知道自己是对的，为什么不通过理性说服他人呢？为什么不加强政府内部的团结并动员它为正义而战呢？一个原因是，你可能要面对类似这样的问题：你是绝对正确的吗？你确定你在所有事情上都是正确的吗？如果是这样，你跟你的对手有什么不同呢？毕竟他们也确信自己是正确的。历史上是不是有些权威坚持认为自己是正确的，可我们现在知道他们是错误的？如果你不得不让与你意见相左的人噤声，这是否意味着你没有好的理由来解释他们为什么错了？不能对这些问题给出满意答案，就会让那些没有选边站队的人疏远我们，包括那些还没有形成固定信念的几代人。

另外一个不能放弃说服的原因是，它会让那些不同意你的人别无选择，只能跟你博弈，用武力而不是辩论来对抗你。他们可能比你强大，即使不是现在，也会在将来某个时候比你强大。到那时，你成了被封杀的人，再宣称你的观点多么有价值、应该被认真对待，就太晚了。

"别假正经"

我们要永远遵循理性吗？关于为什么要恋爱、爱孩子以及享受生活的乐趣，我需要一个理性的论证吗？我们是不是可以偶尔发发疯、犯犯傻和不讲道理呢？如果理性如此了不起，为什么我们要把它与不快乐联系在一起？英国剧作家汤姆·斯托帕德（Tom Stoppard）的舞台剧《跳跃者》（*Jumpers*）中的哲学教授对"教会是非理性的纪念碑"这一说法的回应是正确的吗？

> 国家美术馆是非理性纪念碑！每个音乐厅都是非理性纪念碑！精心照料的花园、情人的宠爱以及流浪狗之家，都是如此。如果理性是事物被允许存在的标准，那么世界将会是一片大豆！[7]

这一章的其余部分将接受这位教授的挑战。我们会发现，美、爱和善良并不是完全理性的，它们也不是完全非理性的。我们可以将理性运用到情感和道德中，这个世界甚至还存在可以告诉我们"什么时候非理性可能变成理性"的高阶理性。

斯托帕德舞台剧中的教授可能被大卫·休谟的著名论点"理性是且只应当是激情的奴隶，并且除了服从激情和为激情服务之外，不能扮演其他角色"误导了。[8] 作为西方思想史上头脑最冷静的哲学家之一，休谟并没有建议他的读者草率行动、过一天算一天或者为并非真爱的人神魂颠倒。[9] 他的逻辑是：理性是达到目的的手段，但无法告诉你目的应该是什么，甚至不能告诉你必须遵循它。他所说的"激情"，指的是喜欢、欲望、驱动力和情感等目的之根源，没有它，理性就没有了需要想办法去实现的目标。这是思考和愿望之间的区别，也是相信某事正确和希望某事发生之间的区别。他的观点更接近于"人各有所好"，而不是"觉得不错就去做"。[10] 喜欢多层巧克力胜于枫糖核桃，这既不是理性的，也不是非理性的。买入一座花园，坠入爱河，照顾流浪狗，开世界末日派对，唱鲍勃·迪伦的歌，这些都不能说是非理性的。

理性与情感相对立的印象，肯定不会只是一个逻辑错误，一定另有来历。我们远离爱冲动的人，哀求人们通情达理，也会为纵情、发脾气和轻率行为感到后悔。如果休谟是正确的，他的观点的反面"激情必须常常成为理性的奴隶"怎么可能也是正确的呢？

事实上，调和休谟的观点及其反面并不难。我们的一个目标可能与其他目标不一致，我们此时的目标可能与彼时的目标不一致，一个人的目标可能与他人的目标不一致。面对这些冲突，不能说我们应该服务和服从自己的激情。我们必须放弃一些东西，这就是理性必须做出决断的时刻。我们把理性的前两种应用称为"智慧",把理性的第三种应用称为"道德"。后面我们将逐一进行讨论。

目标之间的冲突

人们想要的不只是一样东西。人们想要舒适和快乐,也想要健康、想要孩子们茁壮成长、想要获得同伴的尊重、想要一个令人满意的人生故事。奶酪蛋糕会使人发胖、孩子无人看管会惹上麻烦、太大的野心会招致不服,你并非总能得到你想要的东西。有些目标比其他目标更重要,比如更深层的满足感、更持久的快乐和更引人入胜的故事。我们通过思考确定目标的优先级,为了追求某些目标,我们不惜牺牲其他目标。

事实上,一些表面上的目标甚至根本不是我们的真正目标,而是我们基因的隐喻性目标。进化过程会选择那些能让生命体在与它们祖先相同的生存环境中繁衍更多后代的基因。它们是通过赋予我们渴望、爱、恐惧、舒适、性、权力和地位等动机做到这一点的。进化心理学家称这些动机为直接动机(proximate motive),意思是说这些动机会进入我们的意识经验,而且我们会有意地努力执行它们。与此相对照的是生存和繁殖的终极动机(ultimate motive),这是我们基因的形象化目标:如果基因能说话的话,就会说出它想要的东西。[11]

直接目标和终极目标之间的冲突,在我们的生活中往往表现为不同直接目标之间的冲突。对极具吸引力的性伴侣的欲望是一种直接动机,而终极动机是怀上一个孩子。这种欲望来自我们的祖先,他们欲望更强,而且平均来说会拥有更多的后代。但是，孕育孩子可能不是我们的直接目标，所以我们可以运用理性，通过避孕手段来瓦解这个终极目标。拥有一个我们不会背叛的值得信任的浪漫伴侣，以及赢得同伴的尊重，也是我们的直接目标。我们的理性可能会建议那些不那么理性的官能来追求这些目标，以避免危险的关系。同样，我们为了追求苗条、健康的身材而放弃了另一个直接动机——美味的甜点，该目标来自在能量短缺的环境下囤积卡路里的终极目标。

当我们说某人的行为情绪化或不理性时，我们通常指的是他们在这些权衡中做出了错误选择。当你一时冲动，对反对你的人大发雷霆时，通常感觉很棒。但我们冷静的头脑可能会意识到，克制才是最好的选择，要着眼于那些从长远来看让我们感觉更好的事情，比如良好的声誉和信任关系。

时间框架之间的冲突

并不是所有的事情都同时发生，所以目标之间的冲突往往涉及在不同时间实现的目标。这些冲突又常常让人感觉像是不同自我之间的冲突：一个现在的自我和一个未来的自我。[12]

在 1972 年进行的一个著名实验中，心理学家沃尔特·米歇尔（Walter Mischel）[①]让 4 岁的孩子在以下选项中做出痛苦的选择：现在吃一块棉花糖，还是 15 分钟后吃两块棉花糖。正是在这一实验中，他捕捉到了在不同时间

---

① 美国著名人格心理学家，在人格的结构、过程和发展以及自我控制等领域的研究十分著名。他关于自我控制的经典著作《棉花糖实验》的中文简体字版已于 2016 年由湛庐引进、北京联合出版公司出版。——编者注

实现的目标之间的冲突。[13] 生活是一场永无休止的棉花糖实验，迫使我们在早一点的小奖赏和晚一点的大奖赏之间做出选择。这样的例子比比皆是：现在看一场电影还是稍后通过一门课程考试；现在买个小玩意儿还是稍后支付房租；现在享受 5 分钟的快乐还是将来在个人史书上留下清白的记录。

棉花糖困境有好几个名字，包括自我控制、延迟满足、时间偏好和贴现未来（discounting the future）。[14] 对理性做任何分析都不得不考虑棉花糖困境，因为它有助于解释一种错误认识：太多的理性会导致沉闷的生活。经济学家研究了自我控制的规范基础，我们应该现在放纵还是为将来而延迟满足？这是利率的基础，而利率就是对人们放弃现在的钱以换取将来的钱所做的补偿。他们提醒我们，理性的选择往往是现在就放纵自己，当然这完全取决于等待多久以及将来能收获多少。事实上，这一结论已经成为民间智慧的一部分，格言和笑话中经常出现它们的身影。

比如，一鸟在手胜过双鸟在林。你怎么知道当你在耐心等待的时候，实验者会遵守他的承诺，用两块棉花糖来奖励你呢？你怎么知道你退休时养老金还能正常发放，以及你为退休而存的钱在你需要的时候还能为你所用呢？不只是受托人缺乏诚信可能对延迟满足不利，专家不完善的知识也对延迟满足不利。我们可能会开玩笑说："他们说的一切对你不好的东西都是对你有益的。"今天更完善的营养科学告诉我们，过去几十年里，人们毫无理由地放弃了很多吃鸡蛋、虾和坚果带来的乐趣。

又比如，从长远来看我们都会死掉。你可能明天就被闪电击中，那样的话，所有你延迟到下周、明年或未来 10 年的快乐就都告吹了。汽车保险杠上的贴纸说得好："生命短暂，先吃甜点。"

　　再比如，你只能年轻一次。相对于攒钱到 80 多岁再买房子，你 30
多岁时申请抵押贷款可能要花更多的钱，但是有了抵押贷款，这些年你
都有房子住。且不说能享受的时间更多，你的生活品质也是完全不同的。
正如我的医生在一次听力测试后对我说的那样："人生最大的悲剧是，当
你年纪大到可以买得起真正好的音响设备时，你却听不出不同音质的差
别了。"下面这幅漫画也表达了同样的意思（见图 2-1）：

"明白了吧，延长寿命的弊端在于，所有延长的
时间都在最后到来，也就是当你衰老时。"

图 2-1　延长寿命的弊端

资料来源：*The New Yorker* © Condé Nast。

　　有个故事把这些论证很好地结合在了一起。一名男子因冒犯首领而被

判处绞刑，他向法庭申请：给他一年时间，他将教会首领的马唱歌，以此来获得自由。当他回到被告席时，一个狱友问他："你疯了吗？你只是在延迟不可避免的事情。再过一年，你会有大麻烦。"那人回答说："我想，一年时间里会发生很多事情。也许现在这个首领会死，而新的首领会宽恕我；也许我会死，如果是那样的话，我也没损失什么；也许马会死，那我也就不用教马唱歌了。谁知道呢？也许我能教会马唱歌！"

这是否意味着现在吃棉花糖是理性的呢？不完全是，这取决于你要等多久，以及等待之后你能得到多少棉花糖。为了简单起见，让我们把衰老和其他变化放在一边，假设每一刻都是一样的，假设每年你被闪电击中的概率是 1%，这意味着你有 99% 的概率活过一年。你两年后活下来的概率有多大呢？如果要在第二年活下来，你就得在第二年也躲过闪电，总的概率是 99%×99%，也就是 $99\%^2$ 或 98%（我们将在第 4 章详细讨论这些数学问题）。活过三年的概率是 99%×99%×99%，也就是 $99\%^3$（97%）；活过 10 年的概率是 $99\%^{10}$（90%）；活过 20 年的概率是 $99\%^{20}$（82%），依此类推，呈指数级下降。所以，考虑到你永远也享受不到它的可能性，一颗在手的棉花糖的价值是 10 年后的一颗棉花糖价值的 10/9。

另外一种风险是失信的实验者改变棉花糖的数量，但不改变游戏逻辑，这也会让你失去吃到更多棉花糖的可能性。以指数方式贴现未来是理性的，这就是为什么实验者必须承诺：你等待的时间越长，奖励给你的棉花糖就越多，这就相当于支付利息。利息以指数级复合增长，以补偿对你而言的未来价值在以指数级贬值。

　　这也意味着在两种情况下，我们注重当下可能是不理性的。第一种不理性地欺骗未来自我的方式是，我们可能对未来的回报贴现得太高——在考虑到我们有多大可能活到那个时候，以及它会给我们带来多少快乐的情况下，我们对未来回报的定价可能太低。这种耐心缺乏可以被量化。我们在上一章介绍过的认知反射测试的发明人沙恩·弗雷德里克以现金作为奖励开展了成年人的棉花糖实验。他发现，多数人（特别是对脑筋急转弯问题的诱人错误答案信以为真的那些人）选择现在的3 400美元而不是一个月后的3 800美元，这相当于放弃了一个年回报率约140%的投资机会。[15] 在现实生活中，大约一半的美国人在临近退休年龄时仍没有为退休存一分钱；从他们为自己规划的生活来看，就好像他们退休时就会死去一样（事实上，我们的大多数祖先是不为将来谋划的）。[16]就像霍默·辛普森在玛姬（Marge）[①]警告他会为自己的行为后悔时对她说的那样："这是未来霍默的问题。我也不关心那家伙。"

　　贴现未来的最佳比率不仅是个人面临的问题，也是整个社会面临的问题，因为我们要决定花费多少公共财富来造福老年人和后代。贴现未来是必须的，但是，如果一颗小行星像灭绝恐龙一样灭绝了人类，那么我们现在所做的牺牲将是徒劳的。还有一个问题是，我们不知道未来会带给我们什么，比如如果技术进步将呈指数级增长，那么未来会远远偏离我们的预定计划（谁知道呢？也许我们可以教会马唱歌）。我们的祖先在一个世纪前就为我们的利益而节衣缩食的意义并不大，比如说把建设学校和公路的钱用来制造大量的"铁肺"以应对流行性脊髓灰质炎[②]。我们现在比他们

---

① 美国动画情景喜剧《辛普森一家》中一家五口中的母亲。——编者注
② 脊髓灰质炎俗称"小儿麻痹症"，是一种急性神经系统传染病，重症患者可能出现呼吸困难，"铁肺"可以帮助这类患者呼吸。——编者注

富裕了 6 倍，已经解决了他们的一些问题，同时在面临他们连做梦都不敢想的新问题。与此同时，我们也会抱怨自己前辈的一些目光短浅的选择，因为我们正在咽下这些选择的苦果，比如被破坏的环境、灭绝的物种，以及以汽车为中心的城市规划带来的污染与事故。

我们今天面临的公共选择，比如应该为减少气候变化支付多高的碳税，取决于我们对未来的贴现率，这有时也被称为社会贴现率。[17] 如果社会贴现率是 0.1%，那么它只反映了人类灭绝的概率，这意味着我们对后代的重视几乎与对我们自己的重视一样，因此我们需要把当前收入的相当大一部分用于促进子孙后代的福祉。如果社会贴现率是 3%，这意味着知识和繁荣程度处于增长状态，这就要求把大部分牺牲推迟到更有承受能力的之后几代人身上。不存在"正确"的贴现率，因为它还取决于道德选择：如何权衡现在的人和未出生的人的福利。[18] 但是，我们知道政客们只关注选举周期而不会长远地看问题，我们还有对如飓风和流行病等可预见的灾难没有做好准备的悲惨经历，这表明我们的社会贴现率高得很不理性。[19] 我们把问题留给了未来的霍默，也不关心那个家伙。

第二种不理性地欺骗未来自我的方式，叫短视贴现（myopic discounting）。[20] 通常来说我们完全有能力延迟未来自我的满足感，将其延迟到更未来的自我。当会议组织者提前发布主题晚宴的菜单时，人们往往选择蒸蔬菜和水果，而不是千层面和芝士蛋糕。如果问你：你要 100 天后一顿丰盛晚餐带来的小快乐，还是要 101 天后苗条身材带来的大快乐？你当然会选择大快乐。但是，如果服务员当场就用同样的选择诱惑我们，是要 15 分钟后丰盛晚餐带来的小快乐，还是要明天苗条身材带来的大快乐，我们往往就会改变自己的偏好，向千层面屈服。

　　这种偏好反转被称为短视，因为在时间上靠近我们的诱惑看起来非常清晰，而时间上距我们较远的选择在情感上是模糊的，所以我们会更客观地判断它们。指数贴现的理性过程，即使贴现率的陡峭程度超出合理范围，也不能解释偏好反转，因为如果即将到来的小奖励比之后的大奖励更诱人，那么当两种奖励都被推到未来时，小奖励仍然会更诱人。如果现在千层面比蔬菜更诱人，那么几个月后吃千层面的前景应该比几个月后吃蔬菜的前景更诱人。社会科学家认为，偏好反转表明，贴现的函数是双曲线，它比指数下降更像 L 形：先是陡峭地下降，然后趋于平缓。两条不同高度的指数曲线永远不会相交，如果一个奖励现在更诱人，那它以后也会更诱人；两条不同高度的双曲线可以相交。图 2-2 与图 2-3 显示了二者之间的差异。注意，图中画的是跟用时钟或日历表示的一样的绝对时间，而不是相对于现在的时间，所以现在正在经历这一切的自我是沿着横轴滑动，而贴现显示在从右到左的曲线上。

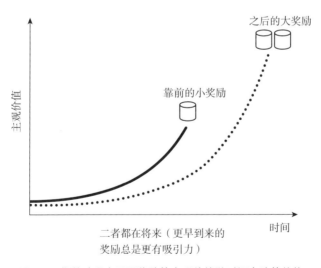

图 2-2　指数贴现中不同奖励的主观价值随时间变动的趋势

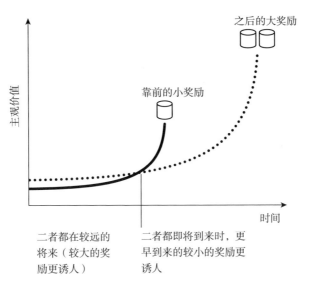

图 2-3　双曲贴现中不同奖励的主观价值随时间变动的趋势

应该说，用双曲贴现来解释奖赏越来越近时的意志薄弱情况，就像用催眠效力来解释安眠药效一样。双曲线所呈现出的形状告诉我们，这可能真的是两条曲线的复合体。一条曲线画的是不可抗拒的美事，如面包房的香味、迷人的眼神以及展厅的闪光，你无法不去想它；另一条曲线画的是对假想未来中的成本和效益的冷静评估。通过成人版的棉花糖实验诱惑志愿者，并对他们的大脑进行扫描，研究结果证实，即将到来的食物和远在将来的食物会激活不同的大脑模式。[21]

虽然双曲贴现并不像经过校准的指数贴现那样理性（因为它没有捕捉到未来无限复合的不确定性），但它确实提供了一个理性自我战胜冲动自我的开端。我们可以在双曲线的最左边看到这个开端，此时两种奖赏都在遥远的未来，从主观价值来看大奖赏比小奖赏更具吸引力。我们冷静的自我清楚地知道随着时间的流逝会发生什么，它可以去掉图2-3的右半部分，永远不允许反转出现。喀耳刻（Circe）[①]向奥德修斯（Odysseus）[②]道出了这个技巧：[22]

> 你首先将会见到塞壬们，她们迷惑
> 所有来到她们那里的过往行人。
> 要是有人冒昧地靠近她们，聆听
> 塞壬们的优美歌声，他便永远不可能
> 返回家园，欣悦妻子和年幼的孩子们；
> 塞壬们会用嘹亮的歌声把他迷惑，
> 她们坐在绿茵间，周围是腐烂的尸体的
> 大堆骨骸，还有风干萎缩的人皮。
> 你可以从那里航过，但需把蜂蜡揉软，
> 塞住同伴们的耳朵，不让他们任何人
> 听见歌声；你自己如果想听歌唱，
> 可叫同伴们让你站立，把手脚绑在
> 快船桅杆的支架上，用绳索牢牢绑紧，
> 这样你便可聆听欣赏塞壬们的歌声。[③]

---

① 希腊神话中的女怪，居于地中海小岛。旅人受她蛊惑，即变成牲畜或猛兽。——编者注
② 希腊神话中的英雄，在特洛伊战争中献木马计，希腊军因而获胜。回国途中，历尽艰险，始得重归故乡，其中包括制服女怪喀耳刻。——编者注
③ 译文采用了王焕生的译本，详见人民文学出版社出版的《荷马史诗·奥德赛》。——编者注

这种方法被称为奥德修斯式的自我控制，它比费力运用意志力更有效，因为意志力很容易在瞬间被诱惑压倒。[23] 在塞壬歌声响起前的珍贵插曲中，我们的理性能力先发制人，用绳子将我们紧紧绑在桅杆上，剥夺了我们屈服的选择，从而避免了欲望将我们引向厄运的任何可能性。吃饱之后去购物，可以从薯片和蛋糕边上淡然走过，而在饥饿的时候，这些美食是无法抗拒的。我们委托雇主从我们的工资中扣下一部分供退休后使用，这样月底就没有多余的钱供你度假。

事实上，奥德修斯式的自我控制可以进一步升级，剥夺自己选择的可能性，或至少使选择更难行使。假设领取全额工资的想法非常诱人，以至于我们无法授权雇主每月扣款。面对这种诱惑之前，我们可以让雇主为我们做这个选择（以及从长远来看其他有利于我们的选择），采取的方式是让我们默认参加"强制储蓄"计划：我们只能"选择退出"该计划而不能"选择加入"该计划。这是治理哲学的基础，行为经济学家理查德·塞勒（Richard Thaler）和法律学者卡斯·桑斯坦（Cass R. Sunstein）①在他们的著作《助推》（*Nudge*）中称之为"自由意志家长制"（libertarian paternalism）。他们认为，让政府和企业把我们绑在桅杆上是理性的，尽管是用松的而不是紧的绳索。通过对人类判断机制进行研究，专家们将设计我们所在环境中的"选择架构"，使我们难以因受到诱惑而做出不好的事情，比如消费、浪费和偷窃等。我们所在的机构会像家长一样行事，好像他们知道什么对我们来说是最好的，而当我们愿意付出努力时，他们也会允许我们自由地解开绳索（事实上很少有人这么做）。自由意志家长制，连同来自认知科

① 哈佛大学法学院教授，行为经济学与公共政策研究项目创始人兼主任，主要研究领域为政策制定方面。他的著作《助推 2.0》的中文简体字版已于 2022 年由湛庐引进、浙江教育出版社出版。——编者注

学的其他"行为洞见"，越来越受政策分析人士的欢迎，因为自由意志家长制只需很小的成本，并且在不违反民主原则的情况下，就能产生更有效的结果。这可能是迄今为止认知偏差和认知谬误研究成果最重要的实际应用（尽管这种方法受到了其他认知科学家的批评，他们认为人类比研究表明的更加理性）。[24]

理性无知

当奥德修斯被绑在桅杆上，理性地放弃了"行动"这个选项时，他的水手们用蜂蜡堵住了耳朵，理性地放弃了"知晓"这个选项。起初，这似乎令人困惑。有人可能认为知识就是力量，知识越多越好，就如同富有总比贫穷好一样，因为如果你是富人，你可以选择放弃自己的钱财成为穷人。你可能会认为知晓一些事情总没有什么坏处，因为你总可以选择不据此采取行动。但理性的矛盾之处在于，事实并非如此。有时用蜂蜡堵住耳朵是很合理的。[25]无知也可能是一种福气，有时，不知晓就不会受伤害。

一个典型的例子就是剧透警告。我们喜欢看情节的展开，包括悬念、高潮和结局，可能会选择不事先知道结局以免毁了兴致。不能实时观看比赛的体育迷们，如果打算观看一场比赛的录像，就会远离所有媒体，甚至远离那些可能会泄露比赛结果的球迷。许多父母在孩子出生前不想知道孩子的性别，以增加孩子出生那一刻的快乐。在这些情况下，我们理性地选择了无知，因为我们知道自己下意识的积极情绪是如何起作用的，所以通过周密筹划让事物给我们带来更多的快乐。

　　根据同样的逻辑，为了摆脱负面情绪对自己的不利影响，我们会让自己不去想那些我们认为会给自己带来痛苦的信息。许多基因检测的消费者都知道，如果不知晓那个自称是他们父亲的人是否与他们有生物学上的关系，他们的境况会更好。许多人有意不去知晓自己是否遗传了导致父母死亡的不治之症的显性基因，音乐家阿洛·古瑟瑞（Arlo Guthrie）就是这样做的，他的父亲、同为音乐家的伍迪·古瑟瑞（Woody Guthrie）死于亨廷顿病①。得遗传病的人对此无能为力，而且得知自己可能早亡会给他们的余生蒙上阴影。因此，如果神谕要告诉我们哪一天会死，大多数人都会堵住自己的耳朵。

　　我们提前获得的信息，还会让我们的认知能力产生偏差。陪审团被禁止从传闻、逼供、无证搜查中获得不可采信的证据，也就是所谓的"毒树之果"，因为人类的大脑无法忽视这类证据。为了保证最大程度的客观性，优秀的科学家往往会进行双盲研究，不去"知晓"哪些患者服用了药物，哪些患者服用了安慰剂。科学家把论文提交给匿名的同行评审，这样就消除了对差评进行报复的任何引诱；对于一些期刊，投稿人还会隐去自己的名字，这样审稿人就不会经受报恩或报仇的引诱。

　　在这些例子中，理性行为人选择用无知来对抗不那么理性的偏见。但有时，我们选择无知是为了防止自己被理性的对手利用，以确保他们不能向我们提出一个无法拒绝的提议。如果黑手党成员要给你打威胁电话，或者警察要给你送传票，你可以特意不在家。布林克公司的卡车司

---

① 又称亨廷顿舞蹈症。一种常染色体显性遗传病，多在中年发病，以舞蹈样不自主运动和进行性痴呆为特征。——编者注

机① 很愿意把他的无知——"司机不知道保险箱密码"写在贴纸上，因为这样的话强盗就不确信能否威胁他说出密码。如果一个人质看不到绑架者的脸，他的处境会更好，因为这样绑架者有可能放走他。即使是品行不端的孩子也知道，他们最好不要直面父母的怒视。

理性的"自废武功"和理性的非理性

理性无知是政治学家托马斯·谢林（Thomas Schelling）在他 1960 年出版的经典著作《冲突的战略》（*The Strategy of Conflict*）中举的一个例子，用来解释理性令人费解的矛盾之处。[26] 在某些情况下，不仅无知是理性的，无能为力也是理性的，而且最不合常理的是，就连非理性也是理性的。

在美国著名演员詹姆斯·迪恩（James Dean）的经典电影《无因的反叛》（*Rebel Without a Cause*）中，两位少年司机驾车高速行驶并狭路相逢，谁先避让谁就丢脸，谁就是"懦夫"。[27] 由于彼此都知道对方不想在一场迎面相撞的事故中丧生，因此，双方都按原有路线继续行驶，因为彼此都知道对方必须先避让。当然，如果两个司机都是如此"理性"，那将导致一场灾难（这是博弈论中的一个悖论，我们将在第 8 章详细讨论）。是否有一种策略能在这场"懦夫博弈"中胜出呢？没错，通过让对方明显地看到你锁死方向盘或者在油门上放一块砖头，然后你爬到后座上，放弃自己的转向能力，来让对方别无选择而只能转向。也就是说失去控制权的玩家会

---

① 布林克公司是全球知名的安保公司，于 1859 年成立于美国芝加哥市。该公司因用防弹装甲车运送金钱和贵重物品而广为人知，此处的"卡车司机"即布林克公司驾驶运输车的司机。——编者注

获胜。更准确地说，第一个失去控制权的玩家会获胜。如果双方同时锁死方向盘，会怎么样呢？

虽然懦夫博弈看起来像是年轻人才能干出的傻事，但无论在商业领域还是在日常生活中，它都是讨价还价时常见的困境。假设你愿意花 3 万美元买一辆车，而且你知道经销商是花 2 万美元进的货。2 万美元到 3 万美元之间的任何价格对你们双方来说都是可行的，但在这个价格区间里，你当然希望价格越低越好，而推销员希望尽可能卖个高价。你可以压低价格，因为你知道对他来说成交总比谈崩好；当然，他也可以抬高价格，因为他也知道对你来说成交总比谈崩好。所以，一种可能的情况是，他会先同意你的出价是合理的，不过还需要经过经理的同意，但回来时推销员遗憾地跟你说，经理是个顽固的家伙，他拒绝了这笔交易。另一种可能的情况是，你认为这个报价是合理的，但需要银行的同意，而银行拒绝借给你那么多钱。赢家会是那个束手无策的人。同样的情况也可能发生在友谊和婚姻中，比如双方都乐意一起出去消遣而不是待在家里，但他们出去最想做的事情不一样。完全排除了对方选择的一方会如愿，比如有迷信观念，或者挂掉电话、固执得让人抓狂。

威胁是另一种竞技场，在这个竞技场中，缺乏控制可以带来一种自相矛盾的优势。袭击、罢工或惩罚等威胁的问题在于，实施起来可能代价太大，被威胁者可能将其视为虚张声势。为了让这种威胁可信，威胁者必须让对方知道他一定要干成这件事，因为他已经放弃了控制权，对方已无法通过拒绝服从来反过来威胁他。

实施威胁不仅体现在身体上，而且与精神有关。[28] 自恋狂、边缘型人格障碍患者、急性子、难伺候的伴侣都是你不想惹的人，"荣誉至上者"
也一样，他们认为不被尊重是一种无法忍受的侮辱，这种人会不顾后果地
大发脾气。

缺乏控制可能会变成缺乏理性。根据国际关系中的疯子理论（madman
theory），一个冲动甚至是精神错乱的领导人，可以迫使对手让步。[29]

当然，这种疯子策略的问题在于，双方都可以使用这种策略，从而引
发一场灾难性的懦夫博弈。受到威胁的一方可能觉得别无选择，只能用武
力除掉这个疯子，而不是继续参与一场毫无结果的谈判。在日常生活中，
比较理智的一方有动力摆脱一个疯子，而与更理性的人打交道。这就是并
非所有人一直都是疯子的原因（尽管有些人有时能成功应用疯子理论）。

与威胁一样，承诺也存在信用问题，这可能要求放弃控制权和理性的
自利。在一到承诺的期限就有很多理由违背承诺时，承包商如何让客户相
信他会赔偿所有损失呢？借款人如何让贷款人相信他会偿还贷款呢？解决
办法是交一笔可罚没的保证金，或者立个字据授权贷款人收回房屋或汽
车。通过放弃选择权，他们成为值得信赖的合作伙伴。在个人生活中，我
们如何让自己喜欢的人相信，在更喜欢的人可能随时出现的情况下，自己
不会改变选择，只有死亡才能把我们和他们（她们）分开？我们可以宣称：
我们无法理性地选择一个更好的人，因为我们从一开始就没有做过理性的
选择；我们的爱是不由自主的、非理性的，是由那个人独一无二的、不可
替代的特质引发的。[30] 我爱你欲罢不能，我为你疯狂；我喜欢你走路的样
子，我喜欢你说话的腔调。

非理性情感的矛盾理性总是发人深省的，悲剧、西部片、战争片、黑帮片、间谍惊悚片，以及经典冷战电影《核子战争》（*Fail Safe*）和《奇爱博士》（*Dr. Strangelove*）中的情节，都因此而来。但没有什么能比1941年的黑色电影《马耳他之鹰》（*Maltese Falcon*）更能简明地表达出这种逻辑上的不合理。在这部电影中，侦探萨姆·斯佩德（Sam Spade）知道卡斯珀·古特曼（Kasper Gutman）的追随者不敢杀自己，因为他们只有在自己的帮助下才能找到那只镶有珠宝的鹰。古特曼是这样回答的：

> 这倒是一种态度，先生。这要求双方都做出最周密的判断。你也知道，先生，人们正在激烈交锋的时候，往往容易忘了自己的利益所在，由于情绪冲动而抛弃了利益。[31]

禁忌

有些想法不仅仅意味着战略妥协，而且这样去想本身就是邪恶的。这就是所谓的禁忌（taboo）现象。taboo 这个词源自波利尼西亚语，意思是"禁止"。心理学家菲利普·泰洛克告诉我们，禁忌不仅是古老部落的习俗，而且普遍存在于人类身上。[32]

泰洛克讲述的第一种禁忌是"基础比率禁忌"（forbidden base rate）。它源于这样一个事实：没有两组人在人们想测量的任何特性上有相同的平均值，比如男人和女人、黑人和白人、新教徒和天主教徒、犹太教徒和非犹太教徒等。从技术上来说，这些"基础比率"可以输入到精算公式中，并为有关群体预测未来和制订政策提供指导。对一个群体进行总体描述并不是一件简单的事情。第 5 章讲到贝叶斯推理时，我们会讨论基础比率禁忌的道德问题。

第二种是"权衡禁忌"（taboo tradeoff）。生命中的资源是有限的，权衡是不可避免的。因为不是每个人对每样东西的估值都是相同的，我们可以鼓励人们用交换的方式提升自己的幸福感：用对他们来说不太值钱的东西来换取更有价值的东西。但是这样一个经济现象碰到了一个心理上的阻碍：人们将一些资源视为神圣不可侵犯的，如果把这些资源跟现金或便利设施等庸俗商品做交换，就可能是一种冒犯，即使每个人都能因此而得到好处。

捐献器官就是一个例子。[33] 每个人都有两个肾脏，但实际上，有一个也许就够用了。但是在美国，有 10 万人迫切需要移植一个肾脏。这种需求既不能由死后的捐赠者来满足（即使国家通过助推手段让他们默认同意捐赠），也不能靠活着的利他主义者来满足。如果准许健康的捐赠者卖肾（政府为那些买不起的接受者发放代金券），很多人将免受经济压力之苦，同时很多人会因此保住性命，大家都会得到好处。然而，大多数人不仅反对这个计划，而且会觉得被这种想法冒犯。他们不但不提出反对的理由，而且，甚至在被问到这个问题时都觉得是一种侮辱。把不义之财用于教育、医疗或发放退休金等可以减轻冒犯的程度，但无法消除。当被问及是否应该为陪审义务、兵役或儿童收养提供补贴时，人们同样被激怒了。自由主义经济学家偶尔会提出这些稀奇古怪的想法。[34]

权衡禁忌不仅存在于假想的政策中，也存在于日常的预算决策中。在健康或安全事项上（人行过街天桥、有毒废物清理）多花 1 元钱，就等于在教育、公园、博物馆或养老金上少花 1 元钱。然而，对于环境、孩子、医疗保健或艺术等受尊重的人或物，评论家们却很从容地喊出了这样无意义的口号："在 X 上花多少钱都不过分"，或者，"我们不能用价钱来衡量 Y"，就好像他们要为建污水处理厂而关闭学校，或者为建学校而关闭污水处理厂一样。把一个人的生命价值高看 1 元钱让人难以接受，但这也没办法，因为如果不这样做，政策制定者可能会把大量的钱花在分肥拨款项目（pork-barrel project）[①] 上，而使更严重的危险得不到处理。说到安全支出，目前在美国，一个人的生命价值约为 700 万至 1 000 万美元（尽管规划者很乐意让这个价格被众多的技术文件埋在下面而不为人所知）。关于健康费用，价格极为混乱，这是美国医疗保健系统如此昂贵和无效的原因之一。

为了证明仅仅考虑权衡禁忌就会被认为具有道德破坏性，泰洛克向实验参与者展示了这样一个场景：一位医院管理者面临的选择是花费 100 万美元拯救一个生病的孩子的生命，或者把它用于一般的医院开支。如果这位管理者考虑太久而不是快速做出决定，人们就会谴责他。如果管理者在一个悲剧而不是权衡禁忌中挣扎：是把钱花在挽救一个孩子的生命上，还是花在挽救另一个孩子的生命上。人们就会做出相反的判断，更尊重三思而后行而不是迅速反应。

在政治方面，人们巧妙地将权衡禁忌隐藏起来，或者是委婉地表达出来，甚至会重新定义权衡禁忌。财政部长们会将关注点转向一次预算决策

---

① 或称政治分肥，指议员在法案上附加对自己的支持者或亲信有利的条款，从而使他们受益。——编者注

将挽救的那些人身上，而忽略要为此花钱的那些人。改革派可以以一种以牙还牙的方式重新描述交易，例如人寿保险（曾经是禁忌）的广告商将保单描述为对家庭的保护，而不是夫妻中的一方赌另一方会死。[35]

泰洛克描述的第三种禁忌是"极端反事实"（heretical counterfactual）。思考在某一假想条件下什么事情会发生的能力，是我们的理性天生就有的。只有这样，我们才能思考抽象的法则，而不是具体的当下，从而区分开因果关系和相关关系（第9章）。尽管公鸡一打鸣太阳就将升起，但是我们之所以说公鸡打鸣不会导致太阳升起，是因为，如果公鸡没有打鸣的话，太阳照样会升起。不管怎么说，人们通常认为让自己的思想在某些虚构的世界里游荡是不道德的。泰洛克问道："如果约瑟在耶稣还是个孩子的时候就抛弃了玛利亚，耶稣还会成长为自信和有魅力的人吗？"虔诚的基督徒可能会拒绝回答。为了不让这种思维方式显得过于原始和极端，试着在你的下一次晚餐聚会上玩这个游戏："毫无疑问，我们中没有人会对伴侣不忠。但假设我们会，纯粹假设。那么，你出轨的那个人是谁？"或者试试这个："毫无疑问，我们这些人跟种族主义者毫不搭边。但假设我们是种族主义者，你会对哪个群体抱有偏见呢？"我的一个亲戚曾被卷入这种游戏，在她的男朋友回答"犹太人"后，她甩了他。

对这种思维方式的指责怎么可能是理性的呢？毕竟单纯的思考不会损害世界人民的福祉。泰洛克认为，我们判断一个人不仅要看他做了什么，还要看他是怎样的人。一个能接受某些假设的人，即使一直对我们很好，也可能因受到诱惑而在我们的背后捅刀子，或者出卖我们。想象一下如果有人问你：你会为多少钱而卖掉你的孩子？友谊或者公民身份呢？正确的答案是拒绝回答，更恰当的反应是感觉被这个问题冒犯了。就像在讨价还价、威胁和承诺方面存在的理性上的不利因素一样，心理自由上的不利因素也可以成为一种优势。我们信任那些从本质上说不会背叛我们和我们的价值观的人，而不是那些只是迄今为止还没有背叛我们的人。

道德

另一个有时被理性排除在外的领域是道德。我们总能推断出"什么是对、什么是错"吗？我们能用数据来证实吗？做到这一点并不容易。很多人相信"你不能从'是'中得出'应该'"。这种说法有时被归功于休谟，因为这与他的观点"理性是且仅应当是激情的奴隶"类似。他给我们留下这样的著名论断："宁可毁坏整个世界，我也不愿意刮伤自己的一根手指，这并不违反理性。"[36] 这并不是说休谟是冷酷无情的反社会者。反过来也一样，他接着说："为了防止一个印第安人或者一个我完全不认识的人的轻微不快，我愿意选择彻底毁灭自己，这对我来说也并不违反理性。"与其他激情一样，道德信念一定程度上取决于非理性偏好。这与我们的观察不谋而合：素食主义、亵渎神明、同性恋、婚前性行为、离婚和一夫多妻制，哪些是道德的、哪些是不道德的，在不同的文化中是不一样的。在某个特定的文化中，答案也会因历史时期的不同而不同。在过去的某一段时间，人们看到长筒袜都会感到震惊。

道德陈述确实必须与逻辑和经验的陈述区分开来。20 世纪上半叶的哲学家们很重视休谟的论证，他们迫切地想知道，非逻辑或非经验事实的道德陈述可能意味着什么。有些人总结说，"X 是邪恶的"跟"X 违反了规则"或者"我不喜欢 X"甚至"X，呸！"差不多是一个意思。[37] 斯托帕德在《跳跃者》中为此花了不少笔墨。主人公乔治告诉调查枪击案的警探，一位哲学家同行是这么认为的：不道德行为"不是罪恶的，而只是反社会的"。惊讶的警探问道："他认为杀人也没有错吗？"乔治回答说："嗯，这么说吧，当然……在哲学上，他并不认为这原本就是错的，不。"[38]

就像这个惊讶到难以置信的警探一样，很多人都还没有做好将道德还原为习俗或喜好的准备。当说到"大屠杀是坏事"时，我们的理性力量能让我们将这种信念与"我不喜欢大屠杀"或"我的文化不赞成大屠杀"区分开来吗？畜养奴隶跟戴头巾、戴圆顶小帽或戴面纱一样理性吗？如果一个孩子得了重病，而我们知道有一种药可以救他的命，那么，相对于不给孩子服药，给孩子服药并不更理性吗？

面对这种无法忍受的影响，有些人希望赋予道德更高的权力。甚至连斯蒂芬·杰伊·古尔德这样的科学家都说，这就是宗教的意义所在。[39]但柏拉图在 2 400 年前的《欧悌弗戎》（ Euthyphro ）中对此进行了简要的论证。[40]是因为上帝命令做某事所以某事才是道德的呢，还是因为某事是道德的所以上帝才命令做某事呢？如果前者是对的，上帝也没有理由颁布戒律，为什么我们要把他的突发奇想当成一回事儿呢？如果上帝命令你折磨并杀死一个孩子，这样做对吗？"他绝不会这样做的！"你可能会这样反驳。但这又让我们想到了困境的另外一面。如果上帝对他颁布的戒律确实有充足的理由，那我们为什么不跳过中间人而直接诉诸这些理由呢？[41]

事实上，将道德建立在理性之上并不难。休谟的本意可能没错，他说"宁可毁坏整个世界，我也不愿意刮伤自己的一根手指，这并不违反理性"。但是他的理由太不充足了。正如他所说的那样，宁愿让不好的事情发生在自己身上，而不愿让自己经历好的事情，这也并不违反理性，比如说，宁愿承受痛苦、疾病、贫穷和孤独，也不愿享受快乐、健康、幸福和陪伴。[42]好，我们现在来看看另外一种情形：我们只是非理性地、古怪地、固执地以及缺乏充足理由地想让好事而不是坏事发生在自己身上。我们再做第二个"大胆"假设：我们是与他人生活在一起的社会性动物，而不是生活在荒岛上的鲁滨孙，因此我们的福祉取决于他人怎么做，比如，在我们需要的时候帮助我们、不伤害我们，并且不需要任何理由。

这改变了一切。一旦我们开始对别人提要求："你一定不能伤害我，不能让我挨饿，也不能让我的孩子淹死。"我们就不能再说"但我可以伤害你，让你挨饿，让你的孩子淹死"，并指望他们把我们当回事儿。这是因为，只要我跟你进行关于理性的讨论，我就不能坚持认为只有我的利益才是重要的、你的利益不重要，只是因为我是我。就如同我不能坚持认为我所站立的位置是宇宙中一个特殊的地方，因为我碰巧站在那里。I、me和mine等代词并不存在逻辑上的重要性，在交谈中这些代词所代表的人会不断变化。因此，在其他一切条件都相同的情况下，任何把我的幸福凌驾于你的、他的或她的幸福之上的论点，都是不理性的。

当你把自利和社会公平结合在一起时，你就理解了道德的核心。[43]你所理解的黄金法则，脱胎于萧伯纳的建议："你不想别人那样对待你，你也不要那样对待别人，人们可能有不同的喜好。"犹太教著名拉比①大希勒尔（Rabbi Hille）说："不要对你的同伴做你憎恨的事情。"许多不同宗

---

① 希伯来文原意为"教师"，犹太教内负责执行教规、律法并主持宗教仪式的人。——编者注

教和道德法典中，都发现了该规则的不同版本。[44]斯宾诺莎的观点是："那些被理性支配的人如果不希望某些事情发生在自己身上，那么，他们也不希望这些事情发生在别人身上。"康德的定言命令："只依据那些你可以同时愿意它成为普遍法则的准则行动。"还有约翰·罗尔斯（John Rawls）的正义理论："要在'无知之幕'的后面选择正义原则。"因此，即便是最基本的道德陈述，也离不开这一黄金法则，我们可以这样把这个概念教给孩子："如果他那样对你，你会怎么想？"

这些说法都跟喜好、习俗或宗教没什么关系。尽管从严格意义上讲，自利和社会性生活都不是理性的，但它们也很难不被理性所左右。理性行为人最初是如何产生的呢？除非你说的是脱离肉体的理性天使，否则他们都是进化的产物，有着脆弱、耗能多的身体和大脑。为了活到能讨论理性的岁数，他们一定经历了快乐与痛苦，躲过了伤害和饥饿。而且，进化是对群体而不是个体起作用的，所以理性动物必须是群体的一分子，它的所有社会关系促使它合作、保护自己和繁衍。现实生活中的理性行为人必须是有身体的和属于群体的，这意味着自利和社会性生活都是理性的组成部分。道德就是跟自利和社会性生活相伴而生的。

公正是道德的重要构成要素，它不只是一个合理的美好事物或代词的可互换性的问题。实际上，从总体上看，它能让每个人都生活得更好。在现实生活中，我们有很多机会帮助他人，或者不去伤害他人，这样做每个人只需付出很小的代价（第8章）。所以，如果人人都同意帮助而不是伤害他人，那就能实现共赢。[45]当然，这并不是说人们实际上就是完全道德的，而是说，关于人们为什么应该是道德的，有一个理性的论证。

关于理性的理性

尽管理性并不那么酷，我们还是应该以各种各样并非显而易见的方式遵循理性。仅仅是自问一句"为什么应该遵循理性"，就是在承认我们应该遵循理性。追求目标和欲望并非与理性对立，而恰恰是我们诉诸理性的最终理由。我们用理性去实现这些目标，当这些目标不能一次全部实现时，我们要考虑优先级。对于生活在不确定世界中的普通人来说，屈服于当下的欲望是理性的，只要不过分低估未来就好。当欲望出现时，我们当下理性的自我可以通过限制未来自我的选择来战胜那个不那么理性的自我，无知、自废武功、冲动和禁忌就是既理性又不理性的最好例子。作为自利的社会性物种，我们一旦能公正处理彼此间相互冲突和重叠的欲望，道德就不会与理性背道而驰，而能从理性中显露出来。

所有这些对表面上的非理性进行理性化的做法，可能会让人担心：有人可能会曲解怪癖或反常行为，以揭示一些隐藏的理性依据。但这种印象是不真实的：有时候不理性就是不理性。人们可能会被误解或者被事实所误导；可能会忘记哪些目标对他们来说是最重要的，以及如何实现这些目标；可能会错误地进行推理。但更常见的是，人们会追求错误的目标，比如追求赢得争论而不是了解真相。他们可能会让自己陷入困境，比如害人害己、花钱如流水、赢了过程输了结局、不愿面对现实，以及表现得好像这个世界只有他们自己存在。

与此同时，理性并不总是从头到尾认死理的。后退一步，看看理性的应用是否妥当，然后分析成功或失败的原因，这恰恰是理性的本质。语言学家诺姆·乔姆斯基（Noam Chomsky）认为，人类语言的本质是递归：一个短语包含了另一个跟自己类似的短语，并且可以无限地重复进行下去。[46] 我们不但可以说"我的狗"，而且可以说"我妈妈的朋友的丈夫的姑姑的邻居的狗"；我们不但可以说"她知道某事"，而且可以说"他知道她知道，她知道他知道她知道"，直到无穷无尽。递归的短语结构不仅仅是一种炫耀，如果没有思想嵌套思想的思考能力，我们就不会进化出短语嵌套短语的语言能力。

这就是理性的力量：它可以对自己进行推理。当事情看起来疯狂的时候，我们可以看看这种疯狂的来龙去脉。当未来的自己可能做出不理性的行为时，现在的自己可以战胜它。当一个理性的论证陷入谬误或诡辩时，一个更理性的论证就会揭穿它。如果你不认同，如果你认为这一论证有缺陷，那让你这样做的正是理性。

Rationality

What it is
Why it seems scarce
Why it matters

03
逻辑与批判性思维

今天，普通读者在交谈中会表现出一种亲切的态度，对模糊不清、模棱两可的陈述表示赞同。当你说"黑就是黑"时，他会摇摇头，几乎不认同；当你说"黑也不是很黑"时，他会回答："没错。"他会在大庭广众之下毫不犹豫地站起来表达他的信念：有些时候，在一定的范围内，圆的半径有相等的趋势。但是，他又极力主张：几何学的精神可能被过度传播了。

乔治·艾略特[1]

在第 2 章，我们讨论了为什么人类似乎被斯波克先生所说的"愚蠢的情绪"所驱动。在这一章，我们来讨论人类令人恼火的"不合逻辑"。本章内容是关于逻辑的，这里说的逻辑不是宽泛意义上的理性自身，而是专业意义上的从真陈述（前提）推出真陈述（结论）。例如，从"所有人都终有一死"和"赞西佩（Xanthippe）①是人"这些命题中，我们可以推出"赞西佩终有一死"。

演绎逻辑是一个强有力的工具，尽管它只能得出已经包含在前提中的结论，不像第 5 章所讨论的归纳逻辑，能引导我们从证据中得出一般化的结论。由于人们对许多命题都有共识，比如所有人都终有一死、8 的平方数是 64、石头只会掉下来而不会掉上去、谋杀是错误的等，因此，如果能获得新的、并非显而易见的命题，也是一件好事儿。有了这种威力巨大的工具，我们就可以舒适地坐在座椅上，发现关于世界的新真理，解决人们的众多争端。哲学家莱布尼茨曾幻想过，逻辑也许能带给我们一个认识

---

① 苏格拉底的妻子。——编者注

论乌托邦：

> 改进推理的唯一方法，就是要像数学家那样清晰明确地做推理，这样，我们一眼就能发现错误所在。如果大家有争议，可以简单地说：让我们算一算，看看谁是正确的。[2]

显而易见，几百年后的今天，我们仍然不是通过"让我们算一算"来解决争端的。这一章将讨论发生这种情况的原因。一个原因是，逻辑可能真的很难，即使是逻辑学家，也很容易误用规则，导致形式谬误（formal fallacies）。另一个原因是，人们往往根本不按规则行事，从而导致非形式谬误（informal fallacies）。揭示并说服人们放弃这些谬误的目标是使其获得"批判性思维"。但是，我们不立即做计算的一个主要原因是，与其他理性规范模型一样，逻辑是通过某些知识达成某些目标的一种工具，做其他不相干的事情并无助益。

形式逻辑与形式谬误

逻辑之所以被称为"形式的"，是因为它关注的不是陈述的内容，而是陈述的形式。陈述由主语、谓语及且、或、所有、存在、如果、那么等逻辑词汇组合而成。[3]

通常，我们对自己所关心的内容运用逻辑，例如"美国总统因叛国、贿赂或其他重罪和轻罪被弹劾而判罪者，应予罢免"。我们据此推断，要罢免总统，他不仅要被弹劾，还要被判罪，他不需要同时被判叛国罪和贿赂罪，一个就足够了。但是逻辑的法则是通用的：它们适用于任何内容，不管内容是明确的还是模糊的，甚至无意义的内容也可以。基于这一点，刘易斯·卡罗尔在他 1896 年出版的教材《符号逻辑》（*Symbolic Logic*）中创造了"愚蠢三段论"（sillygism）①这个概念，这本教材的许多内容至今仍在逻辑课程中被引用。例如，从前提"如果你借给瘸腿的小狗一根跳绳，它不会对你说'谢谢'"和"你借给这只小狗一根跳绳"，人们可以推断出"这只小狗没有说'谢谢'"。4

逻辑系统被形式化为规则，有了这些规则，人们就可以通过替换一系列符号而从先前的陈述推导出新的陈述。最基本的逻辑系统是命题演算，演算在拉丁语中是"卵石"的意思。这个术语告诉我们，逻辑就是机械地操纵符号，而不用管内容。简单的句子被简化为变量，如 P 和 Q，它们跟真值有关联：要么为真，要么为假。简单陈述通过逻辑连接词且、或、非和如果 – 那么组合为复杂陈述。

你甚至不需要知道逻辑连接词在文中的意思。它们的意义仅在于明确一些规则，这些规则告诉我们一个复杂陈述的真假，取决于它所包含的那些简单陈述的真假。这些规则通过图 3-1 中的真值表得到定义。其中 a 图是定义"且"规则的，可以逐行解释，类似这样：当 P 为真、Q 也为真时，意味着"P 且 Q"为真；当 P 为真、Q 为假时，意味着"P 且 Q"为假；最后两行也可以做类似的解释。b 图与 c 图分别定义了"或"规则与"非"规则。

---

① 对三段论（syllogism）的调侃，因为在有些情况下，看似形式正确的三段论可能推出无意义的结论，例如，大前提：I am a nobody；小前提：Nobody is perfect；结论：Therefore, I am perfect。——编者注

P	Q	P 且 Q
真	真	真
真	假	假
假	真	假
假	假	假

P	Q	P 或 Q
真	真	真
真	假	真
假	真	真
假	假	假

P	非 Q
真	假
假	真

定义"且"规则　　　　　　定义"或"规则　　　　　定义"非"规则
（a）　　　　　　　　　（b）　　　　　　　　（c）

图 3-1　定义"且""或""非"规则的真值表

我们举一个例子。在 1970 年的浪漫悲剧电影《爱情故事》（Love Story）的开场中，詹妮弗·卡维列里（Jennifer Cavilleri）向哈佛大学的学生、她傲慢地称之为"预科生"的奥利弗·巴雷特四世（Oliver Barrett IV）解释，为什么她认为后者上过预科学校："你看上去既笨又富有。"让我们把"奥利弗很笨"标为 P，把"奥利弗很富有"标为 Q。只有"且"规则真值表第 1 行列出的那些简单事实均为真，她对奥利弗的奚落才成立。奥利弗抗议道（说的不完全是真话）："实际上，我聪明但很穷。"我们假设"聪明"的意思是"非笨"，"穷"的意思是"非富有"。我们知道奥利弗在引用同一个真值表的第 4 行来反驳她：如果奥利弗不笨也不富有，那么他就不是"既笨又富有"了。如果只是想反驳詹妮弗，他也可以这么说，"实际上，我聪明又富有"（第 3 行）或"实际上，我又笨又穷"（第 2 行）。不过实际情况是，奥利弗并不穷，他在说谎，这意味着他的"聪明但很穷"的说法是错的。

詹妮弗诚实地回答说："不，我才既聪明又穷呢。"假设我们根据剧本得出这样一个愤世嫉俗的推论："哈佛学生要么有钱，要么聪明。"这个推论不是演绎推理，而是归纳推理，得出的是一个从观察中得出的容易出错的陈述。我们先把"我们是如何得到这个陈述的"这个问题放在一边，现在来看看这个陈述本身，问问是什么使它为真。这是一个析取式，一个带有"或"的陈述，把这对恋人的相关信息带入中间的那个"或"的真值表，就可以验证这一陈述的真假。P 代表"富有"，Q 代表"聪明"。詹妮弗很聪明，尽管她并不富有（第 3 行）；奥利弗很富有，尽管他可能聪明也可能不聪明（第 1 行或第 2 行），所以，上面那个关于哈佛学生的析取陈述，至少在这两个人身上为真。

两人继续开着玩笑：

> 奥利弗：你为什么这么聪明？
> 詹妮弗：我不会跟你去喝咖啡的。
> 奥利弗：我不会邀请你喝咖啡的。
> 詹妮弗：这就是你笨的原因。

让我们把詹妮弗的回答写成："如果你邀请我喝咖啡，我会说'不'。"根据我们所掌握的信息，这一陈述为真吗？这是一个条件句，一个由"如果（前件）"和"那么（后件）"构成的语句。它的真值表是什么呢？回想一下沃森选择任务（第 1 章），"如果 P，那么 Q"为假的唯一方式是当 P 为真而 Q 为假。"如果一封邮件贴上了特快专递的标签，那么它必须贴上一张 10 美元的邮票。"意思是没有 10 美元邮票的特快专递是不可能的。其真值表如图 3-2 所示。

P	Q	如果 P，那么 Q
真	真	真
真	假	假
假	真	真
假	假	真

图 3-2　沃森选择任务的真值表

如果我们相信这两人说的话，那就是奥利弗不会邀请詹妮弗喝咖啡。换句话说，代表着"你邀请我喝咖啡"的 P 是假的，这意味着詹妮弗的如果 - 那么陈述是真的（图 3-2 第 3 列的第 3 行和第 4 行）。真值表告诉我们，奥利弗给詹妮弗的回复是无关紧要的：只要奥利弗没有邀请她喝咖啡，她说的就是真话。按调情场景的套路，奥利弗最终还是邀请她喝咖啡了（P 从假变成了真），她也接受了（代表着"我会说'不'"的 Q 为假）。这意味着她的条件陈述"如果 P，那么 Q"为假，开玩笑通常都是如此。

刚刚进行的讨论告诉我们，逻辑真是挺奇妙的：只要一个条件句的前件为假，整个条件句就为真（只要奥利弗没有邀请詹妮弗喝咖啡，詹妮弗说的就是真话）。这就是说，逻辑上的条件句，不同于日常谈话中带有"如果"和"那么"的陈述句。一般来说，我们用条件句表示有根据的预测，这个预测基于一则可检验的因果律，比如"如果你喝咖啡，你会保持清醒"。但是，如果把从未经过检验的一个条件句判定为真，我们是不会满意的。比如"如果你喝了芜菁汁，就会保持清醒"这种说法，如果你从未喝过芜菁汁，那么这个条件句从逻辑上来看就是正确的。我们希望有理由相信在 P 为真，也就是你喝了芜菁汁的反事实情境下，非 Q，也就是你睡着了这件事不会发生。当一个条件句的前件已知为假或必然为假，我们会忍不住说这个条件句发生的可能性不大，因而不用去考虑它，或者说它是无关紧要的或仅仅是推测性的，甚至是无意义的，而不会说这个条件句为真。但从真值表所规定的逻辑意义上来说，"如果 P，那么 Q" 跟 "非 'P 且非 Q'" 是一个意思，那么奇怪的推论就会出现："如果猪有翅膀，那么 2+2=5" 为真，"如果 2+2=3，那么 2+2=5" 也为真。因此，逻辑学家用一个技术术语来命名真值表意义上的条件句，即 "实质条件句"（material conditional）。

这里有一个真实的例子，可以说明为什么做这种区分很重要。假设我们要给专家的预测准确性打分，我们该如何评估 2008 年的条件句预测 "如果萨拉·佩林（Sarah Palin）成为总统，她将禁止所有堕胎行为" 呢？专家赢得名声是因为从逻辑上说这一陈述为真呢，还是说从逻辑和现实两种意义上说都不为真？对于这个从真实预测中提炼出来的例子，打分者必须首先不把它们看作正确的预测，再确定怎样对待它们：他们往往会从日常生活的角度解释这个条件句，而不是在逻辑意义上将其作为一个实质条件句。[5]

日常用语中的 "如果" 和逻辑意义上的 "如果" 之间的区别，就是以下事实的案例之一：形式逻辑中起连接作用的逻辑连接符在逻辑中的使用方式与日常交谈中的使用方式是不一样的。在日常生活中，一个词可能有多种含义，只有通过上下文才能知道其确切的含义。[6]当我们听到 "他坐下来并给我讲他的生活故事" 这句话时，我们会把 "并" 这个词理解成他先做了第一个动作，然后又做了第二个动作。尽管从逻辑意义上来说，顺序也可能是反过来的。比如，曾流传过这样一个俏皮话："他们结婚了，并生了个孩子，但顺序不是这样的。"当抢劫犯说"你要钱还是要命"时，从技术层面来说，这两样东西你都可以要，因为"P 或 Q"包含了"P 为真且 Q 为真"这种情况。不过，你硬要跟他争论这个问题是不明智的。每个人都会将上下文中的"或"理解为逻辑连接符"异或"，也就是 P 或 Q，但不包括"P 且 Q"。这也是为什么当菜单上写着"汤或沙拉"时，我们并不会与服务员争论，坚称从逻辑上说我们有权同时享用这两种食物。从技术层面来说，像"男孩就是男孩""交易就是交易""情况就是这么个情况""有时雪茄就是雪茄"这样的命题都是空洞的重言式①，它们的形式虽然正确，但缺乏内容。但是，我们会将其解读成具有某种意义。比如，"有时雪茄就是雪茄"这个例子（源于西格蒙德·弗洛伊德）可以理解为：雪茄并不总是男性生殖器的象征。

即使这些词被固定在严格的逻辑意义上，如果逻辑仅仅是检验包含逻辑术语的语句是对是错，那么它也只是一个小练习。逻辑的力量来自有效推理的规则：允许你从真前提跳到真结论的小算法。最广为人知的规则是"肯定前件"（affirming the antecedent）。在下面几个例子中，线上是前提，线下是结论。

$$\frac{\text{如果 P，那么 Q}}{\text{Q}}\ \ \text{P}$$

"如果某个人是女人，那么她终有一死。赞西佩是女人。因此，赞西

---

① 命题逻辑中常真的逻辑形式，不论命题变元取什么值，其值总是真的。——编者注

佩终有一死。"

另一个有效的推理规则被称为"否定后件"（denying the consequent），即换质换位法（the law of centraposition）。

$$如果 P，那么 Q$$
$$\frac{非 Q}{非 P}$$

"如果某个人是女人，那么她终有一死。蛇发女妖丝西娜[①]是永生不死的。因此，蛇发女妖丝西娜不是女人。"

这些规则是最广为人知的，但并不是说有效的推理规则就只有这些。从亚里士多德第一次将逻辑形式化，到 19 世纪末开始的逻辑数学化，逻辑基本上就是对推理方法的分类，人们通过这些方法从前提集中推导出结论。例如，有一个有效的、但多数情况下无用的析取加法。

$$\frac{P}{P 或 Q}$$

"巴黎在法国。因此，巴黎在法国或独角兽确实存在。"

还有一种更有用的析取三段论，或称之为排除法。

---

① 希腊神话中的戈尔贡蛇发女妖三姐妹之一，是海神福耳库斯的女儿。——编者注

$$P 或 Q$$
$$非 P$$
$$\overline{\qquad\qquad}$$
$$Q$$

"受害者是被人用铅管或烛台杀死的。受害者不是被人用铅管杀死的。因此，受害者是被人用烛台杀死的。"据说，逻辑学家悉尼·摩根贝瑟（Sidney Morgenbesser）和他的妻子接受了婚姻咨询，在咨询期间，这对争吵不休的夫妇不停地抱怨对方。恼怒的咨询师最后对他们说："现在，必须有人要做出改变。"摩根贝瑟回答说："好吧，我不会改变，她也不会改变，所以你必须做出改变。"

"爆炸原理"（principle of explosion）更有意思，也就是人们所说的"从矛盾中可以推导出任何命题"。

$$P$$
$$非 P$$
$$\overline{\qquad\qquad}$$
$$Q$$

假设你相信 P：赫克斯泰布尔在英国。再假设你相信非 P：赫克斯泰布尔不在英国。通过析取加法，你可以从 P 推导出"P 或 Q"：赫克斯泰布尔在英国，或者独角兽存在。然后，通过析取三段论，你可以从"P 或 Q"和"非 P"推导出 Q："赫克斯泰布尔不在英国。因此，独角兽存在。"恭喜你！你刚刚从逻辑上证明了独角兽的存在。人们经常错误地引用拉尔夫·沃尔多·爱默生（Ralph Waldo Emerson）的话："僵化地坚持一致性是愚蠢的。"事实上，他说的是那种愚蠢的一致性，他认为

"伟大的灵魂"要超越这种一致性。不过，无论是哪种情况，这种说法都未必可信。[7]如果你的信仰体系中有矛盾，你可以相信任何事情。摩根贝瑟曾经这样评价一个他不喜欢的哲学家："那个家伙有 P 和非 P 两个断言，然后推导出了一切。"[8]

　　有效的推理规则也可能得出荒谬的结论，这是逻辑论证的一个特点。把推理规则正确地应用于前提的论证，我们称之为有效论证（valid argument）。有效论证只是告诉我们：如果前提为真，那么结论一定为真。它不保证前提为真，因此对结论的真实性也无法下定论。这与可靠论证（sound argument）形成了鲜明对比，可靠论证是将规则正确地应用于真前提，从而得出真结论。下面这个论证是有效的："如果希拉里·克林顿赢得 2016 年美国总统大选，那么 2017 年蒂姆·凯恩（Tim Kaine）就任美国副总统。希拉里·克林顿赢得了 2016 年美国总统大选。因此，2017 年蒂姆·凯恩就任美国副总统。"但这不是一个可靠论证，因为希拉里实际上并没有赢得 2016 年的大选。"如果唐纳德·特朗普赢得 2016 年美国总统大选，那么 2017 年迈克·彭斯（Mike Pence）就任为美国副总统。唐纳德·特朗普赢得了 2016 年大选。因此，2017 年，迈克·彭斯就任副总统。"这个论证既有效又可靠。

　　将有效论证呈现为可靠论证，是一个常见谬误。一位政客承诺："如果我们消除官僚机构的浪费和欺诈行为，就可以降低政府税收、增加居民收入，并且实现预算平衡。我要杜绝浪费和欺诈。所以，投我一票吧，一切都会好起来的。"幸好人们经常能发现不可靠的地方，对于从可疑前提推出似是而非结论的诡辩家，人们可以做出各种各样的反驳："那简直是痴人说梦""愿望不等于事实""假设有一头球形的奶牛"[①]。我最喜欢的一个说法来自意第绪语[②]:"如果我祖母有'蛋蛋',她就会是我祖父。"

实际上,许多推断甚至是无效的。古典逻辑学家也收集各种各样的无效推断或形式谬误。在这些陈述句序列中,结论似乎是根据前提得出的,但实际上并非如此。其中最有名的是"肯定后件"(affirming the consequent):"如果 P,那么 Q;Q 为真;所以 P 为真。"如果下雨了,那么道路就是湿的。道路是湿的,所以下雨了。这一论证不是有效的,因为一辆洒水车可能刚刚经过。一个类似的谬误是"否定前件"(denying the antecedent):"如果 P,那么 Q;非 P;所以非 Q。"没有下雨,所以,街道不是湿的。这一论证同样也是无效的。换一种说法就是,"如果 P,那么 Q"这个陈述成立,并不意味着它的逆命题"如果 Q,那么 P"也成立,也不意味着它的否命题"如果非 P,那么非 Q"成立。

不过,人们是倾向于"肯定后件"的,即把"P 蕴含 Q"和"Q 蕴含 P"二者混淆起来。这就是为什么在沃森选择任务中,许多被要求验证"如果 D,那么 3"的人会翻 3 那张卡片。这就是为什么美国保守派政客鼓动选民从"如果某人是社会主义者,那么他可能是民主党人"这样的推断转向"如果某人是民主党人,那么他可能是社会主义者"。正因为如此,蠢材喜欢说,历史上所有伟大的天才都曾在他们生活的年代被人嘲笑过,但他们忘记了"如果是天才,那么被人嘲笑"这个命题并不意味着"如果被人嘲

---

① 科学圈流传的一个笑话,讲的是有个农场主聘请一位物理学家来帮助他增加牛奶产量,该物理学家做完现场调查后对这个农场主说:"我有办法了,但是这个办法只有当奶牛为球形且处于真空状态时才有效。——编者注
② 属于日耳曼语族,全球大约有 300 万使用者,大部分为犹太人。——编者注

笑，那么是天才"。懒惰的人应该记住这一点，因为他们中有人声称最成功的科技公司都是由从大学退学的人创立的。

好在我们经常能发现这种谬误。欧文是一个疑病症患者，他跟医生说："我确信我患了肝病。""那是不可能的，"医生回答，"如果你有肝病，你是无法知道的，因为这种病不会让你表现出任何不适。"欧文回答说："没有任何不适正是我的症状！"

顺便说一下，如果你特别留意我所举过的例子，你会注意到，我举例的那些 P 和 Q 的表达并不总是一致的；如果逻辑的本质就是操纵符号，那么我就本应该让 P 和 Q 的表达保持一致。相反，我会对主语、时态、数值和助动词做些改变。"某个人是女人"变成了"赞西佩是女人"；"你邀请"和"奥利弗邀请"交替出现；"你必须戴头盔"调换为"这个孩子戴着头盔"。这些编辑工作很重要：在特定语境下，"你必须戴头盔"与"一个没戴头盔的孩子"并不矛盾。逻辑学家因此而创造了更强大的逻辑系统，将命题演算中的 P 和 Q 拆分成了更小的部分。更强大的逻辑系统包括：谓词演算，区分了主词和谓词，以及所有和存在；模态逻辑，区分"巴黎是法国的首都"这类偶然为真的陈述和"2+2=4"这类必然为真的陈述；时序逻辑，区分过去、现在和未来；道义逻辑，研究允许、义务和责任。[9]

形式重建

能识别出哪些论证是有效的和哪些论证是无效的，究竟有什么用呢？用处是，我们常常可以借此揭示日常生活中的谬误推理。要进行理性论证，首先要列出大家都接受为真的前提，这是一个共同的基础。另外，还要列出所有人都认可的条件句，使一个命题可以从另一个命题中推出。然后，通过有效的推理规则，得出这些前提的逻辑蕴涵，且仅是逻辑意义上的蕴涵。通常，一个论证满足不了以上这么多理想要求：它要么使用了错误的推理规则，比如肯定后件；要么所依赖的前提从未被明确列出，将三段论变成了逻辑学家所说的省略推理法（enthymeme）。普通人的时间往往有限，注意力也无法持续太久，因此无法列出论证所需的每一个前提和逻辑蕴涵，所以在实践中几乎所有的论证用的都是省略推理法。尽管如此，把一个论证的逻辑拆分为一组前提和条件句是有启发意义的，这样可以更好地发现谬误和被遗漏的假设。人们把这一过程称为形式重建（formal reconstruction），哲学教授有时会安排自己的学生做这方面的训练，以增强他们的推理能力。

举个例子。2020 年，美国总统大选民主党原候选人杨安泽（Andrew Yang）的竞选纲领是实施全民基本收入计划（UBI）。以下是摘自他网站上的一段话，是他对这一政策所做的辩护，我为这些陈述做了编号：

（1）世界上最聪明的人现在预测，在 12 年内，有 1/3 的美国人将因为自动化而失去工作。

（2）现行的政策不具备应对这场危机的能力。

（3）如果美国人没有收入来源，未来可能会非常黑暗。

（4）用增值税支付每个月 1 000 美元的全民基本收入，将保证所有美国人都能从自动化中受益。[10]

第（1）（2）项陈述为事实前提（factual premise），我们假设它们为真。第（3）项陈述是一个条件句，没有什么争议。从（3）到（4）有一个跳跃，但可以分两步走。这里缺失了一个合理的条件句：（2a）"如果美国人失业了，他们将没有收入来源。"对（3）的后件进行有效的否定，可以推出："如果未来不是黑暗的，美国人必须有收入来源。"然而，经过仔细研究，我们发现（2a）的前件"美国人将失业"从未被提及。我们所知道的是（1）世界上最聪明的人预测美国人将失去工作。要想从（1）得到（2a）的前件，我们需要加上另一个条件句，（1a）："如果世界上最聪明的人做了某种预测，这个预测就会成真。"但我们知道，这个条件句为假。例如，爱因斯坦在 1952 年宣布，只有 P：建立一个世界政府，才能阻止 Q：即将到来的人类自我毁灭，也就是说，如果非 P，那么 Q。[①]然而，结果是，世界政府没有建立（非 P），人类也没有自我毁灭（非 Q，至少在"即将到来"意味着"几十年内"时如此）。相反，有些会变成现实的预测并不是世界上最聪明的人做出的，而是出自相关学科的专家，在本例中，就是自动化史专家。有些专家预测，人们因自动化每失去一个工作岗位，就会有一个我们无法预料的新岗位出现：失业的叉车操作员经过重新培训，可变身为文身去除技师、视频游戏服装设计师、社交媒体内容主持人或宠物精神科医生。如果是这样的话，上述论证将会失效：1/3 的美国人不一定会失去工作，为了应付并不存在的危机而实施全民基本收入计划，有些为时过早了。

这个练习的目的不是批评杨安泽，他的竞选纲领非常明确；也不是说对每个论证我们都要绘制一个逻辑流程图，这样做太乏味。但是，形式重建，哪怕只是部分形式重建，也往往能揭示出隐藏在论证中的谬误推理和未陈述的前提，这种习惯很值得培养。

---

① "只有 P，才 Q"是日常语言中的表达，形式重建后的逻辑表达为"如果 Q，那么 P"。代入爱因斯坦这个例子，"阻止 Q"形式重建后为"非 Q"，因此，"如果非 Q，那么 P"；运用否定后件规则，得到"如果非 P，那么 Q"。——编者注

批判性思维与非形式谬误

虽然对某个论证进行形式重建时，诸如否定前件之类的形式谬误可能会被揭示出来，但推理中更常见的错误往往不属于这一类。相反，论证者不是在命题演算中直截了当地违反论证形式，而是利用一些心理上令人信服但在理智上虚假的诱惑。理性爱好者将其称为非形式谬误，并把若干这类谬误汇总在一起，与形式谬误一同发布在网站上、印在海报上、写在卡片上，甚至写进"批判性思维"课程的教学大纲中。[11]

许多非形式谬误都源于人类推理的一个特征：我们喜欢赢得辩论。按照认知科学家丹·斯珀伯（Dan Sperber）和雨果·梅西耶的说法，这种特征如此深刻地植根于我们的内心，已成了促使推理进化的选择压力。[12]在许多高峰论坛上，辩论的赢家是立场最令人信服的人。但是很少有人有足够的耐心对某个论证进行形式重建，并评估其正确性。普通对话是由直觉连接组织起来的，即便讨论不如《塔木德》那般明确，这些连接也可以连点成线。技巧高超的辩论者可以利用这些习惯来制造一种错觉，好像他们的命题建立在可靠的逻辑基础上，而实际上只是空中楼阁。

稻草人谬误（straw man）是最重要的一种非形式谬误。稻草人即对手的一个画像①，相对于真正的对手而言，击败稻草人更容易。树立稻草人的例子包括，"诺姆·乔姆斯基宣称，孩子一出生就会说话""卡尼曼和特沃斯基却说，人类是低能儿"。咄咄逼人的采访者经常采用的是另一个版本，

---

① 即持某种对立观点的人事实上并不存在，稻草人是辩论者为了驳倒某个观点而对其做出的错误解读，经错误解读的观点往往更容易被驳倒。——编者注

也就是所谓的"所以，你的意思是"策略。比如："统治等级在动物界很常见，即使是像龙虾这样简单的生物也是如此。""所以，你的意思是我们应该像龙虾那样组织我们的社会。"[13]

论证者可以把对手的命题偷偷地换成更容易攻击的命题，把自己的命题换成更容易捍卫的命题。他们可以进行片面辩护（special pleading），比如解释说，某次实验测试失败是因为怀疑论者的负面情绪干扰。再举个例子：民主国家从未发动过战争，除了古希腊，但古希腊实行的是奴隶制；除了乔治王时代的英国，但那时平民不能投票；除了19世纪的美国，但那时妇女没有选举权；除了印度和巴基斯坦，但二者都是新兴国家。他们可以"挪动门柱"（move the goalpost）①，要求"取消对警察的拨款"，但随后又解释说，这只是意味着将部分预算重新分配给其他人员。理性专家称之为"莫特和贝利谬误"（motte-and-bailey fallacy）。这个谬误是这样来的：中世纪城堡拥有狭窄但坚不可摧的塔（the Motte），当入侵者袭击易攻难守的庭院时（the Bailey），人们可以撤退到塔里。[14] 比如他们声称没有苏格兰人往自己的粥里放糖，但是当见到往粥里放糖的安格斯人时，他们说这表明安格斯人不是真正的苏格兰人。"非真正苏格兰人谬误"（no true Scotsman fallacy）也解释了为什么没有真正的基督徒会杀人，没有真正的特朗普支持者会支持暴力。

这些策略逐渐演变成"乞题谬误"（begging the question），哲学家们希望大家不要把这个短语误解为"提出问题"（raising the question），而是把它理解为一种非形式谬误：你试图证明什么，你就假设什么为真。

---

① 一种比喻，源自基于目标的体育运动，指在比赛过程中改变规则或目标。——编者注

乞题谬误包括：循环解释，如催眠效力，这是莫里哀笔下的医生对"为什么鸦片会使人入睡"所做的解释；做有倾向的预设，如经典的"你什么时候不再打老婆了"。有这样一个笑话：当一个男人吹嘘他在教堂领唱的歌声非常悦耳时，另一个男人反驳道："嗨！如果我有他那样的嗓音，我的歌声会同样动听。"

一个人任何时候都可以坚持一种信念，无论这种信念是什么，只要他说举证的责任（burden of proof）在质疑者身上就成。伯特兰·罗素因为无法证明上帝不存在而被要求解释为什么他是无神论者而不是不可知论者，这时他对举证责任谬误做出了回应。他回答说："没有人能证明在地球和火星之间不存在一个沿椭圆轨道旋转的茶壶。"[15] 有时双方都会犯这种谬误，从而导致一种叫作"责任网球"（burden tennis）的辩论方式。"举证的责任在你身上。""不，举证的责任在你身上。"事实上，由于我们开始时对一切都一无所知，举证的责任就落在想要展示任何东西的那个人身上。我们在第 5 章将会看到，贝叶斯推理提供了一种原则性的方法，来确定在知识积累过程中谁应该承担责任。

另一种转移注意力的策略是诉诸虚伪，也被叫作"那又怎么说"（whataboutery）。在一个笑话中，一个女人早早下班回家，发现丈夫正和自己闺蜜躺在床上。男人吓了一跳，说："你这么早回家干什么！"她回答说："你跟我闺蜜在床上干什么呢！"他厉声说："别转移话题！"

杨安泽支持者所说的"世界上最聪明的人"，就是"诉诸权威谬误"（argument from authority）的一个例子。被遵从的权威通常是宗教权威，福音歌曲和保险杠贴纸上经常出现这样的话："上帝既言，吾必信之，然必践之。"政治或学术领域也存在这种情况。知识分子的小圈子通常存在一位大佬,其他人都围绕着他转,他的言论就是世俗生活的福音。许多学术论文都是这样开头的:"正如德里达教导我们的那样……"当然,德里达也可以换成福柯、巴特勒、弗洛伊德、乔姆斯基等。优秀的科学家不喜欢这种说话方式,但他们有时会被别人捧为权威。我经常收到一些信,写信者指责我对人类造成的气候变化的担心。他们说,因为这位有名的物理学家或那位诺贝尔奖得主否认了这一点。爱因斯坦是科学权威,但在他的专业领域之外,他的观点就不那么权威了。像爱因斯坦这样的人还有很多。美国心理学家斯科特·利林菲尔德(Scott Lilienfeld)和他的同事在《诺贝尔奖疾病:当智力无法抵挡非理性》(*The Nobel Disease: When Intelligence Fails to Protect against Irrationality*)这篇文章里,列举了十几位诺贝尔奖得主的古怪信念,包括优生学、大剂量维生素疗法、心灵感应、顺势疗法、占星术、共时性、种族伪科学、冷核聚变、脱氧麻黄碱治疗孤独症,以及否认艾滋病是由 HIV 引起的等。[16]

像诉诸权威谬误一样,"从众谬误"(bandwagon fallacy)利用了人类是社会的、等级分明的灵长类动物这一事实。"我认识的大多数人都认为占星术是科学,所以它肯定有些道理。"虽然"多数人总是错的"这一说法可能不对,但肯定不会总是正确的。[17]历史书中充斥着狂热、经济泡沫、政治迫害以及其他非同寻常的大众幻想与群体性疯狂。社会对知识分子的另一种污染,是试图通过侮辱持有一种观点的人的品质、动机、才能、价值观或政见,来反驳其观点。人们把这种谬误称为诉诸人身谬误(arguing ad hominem),它针对的是人。在漫画《呆伯特》(*Dilbert*)中,呆伯特的同事沃利支持的是一个粗糙但常见的版本(见图 3-3)。

图 3-3 《呆伯特》中的诉诸人身谬误

注：图中首先说话的是呆伯特，另一位是沃利。

资料来源：www.dilbert.com。

诉诸人身谬误的表达方式常常会显得更加文雅些，但同样荒谬。"我们不必认真对待史密斯的论证，因为他是一位在商学院教书的白人直男。""琼斯认可气候变化正在发生的唯一原因，是这让她得到了资助、研究员职位和 TED 的演讲邀请。"一个与此相关的招数是起源谬误（genetic fallacy），它与 DNA 无关，但与词语"起源"和"生成"有关。这个谬误的意思是，评价一个观念，不是根据它的正确性，而是根据它的起源。"布朗的资料来自美国中央情报局的《世界概况》（World Factbook），而中央情报局推翻了危地马拉和伊朗的民主政府。""约翰逊引用了一项由某基金会资助的研究，这个基金会过去曾支持过优生学。"

有时，诉诸人身谬误和起源谬误结合在一起，形成了"关联谬误"（guilt by association）链条："威廉姆斯的理论必须被推翻，因为他在一个会议上做过演讲，这个会议的组织人出版了一本书，其中一章的作者有些种族主义言论。"虽然没有人能否认联合起来对付一个坏人所具有的乐趣，但诉诸人身谬误和起源谬误是真正的谬误。因为，好人可以持有坏的信念，坏人也可以持有好的信念。我们举个具体的例子。在公共卫生领域，"烟草烟雾具有致癌性"这类可以拯救生命的知识，最初是由纳粹科学家发现的，烟草公司据此顺理成章地否认了吸烟与癌症之间的关系，因为这是"纳粹科学"。[18]

还有一些论证的直接目标是大脑边缘系统而不是大脑皮层，其中包括"诉诸情感谬误"（appeal to emotion）："看看这张因孩子死去而悲伤的父母的照片，怎么还能说战争死亡人数下降了呢？"在越来越流行的诉诸情感谬误中，如果某个陈述是"伤感情的""有害的"或可能导致"不适的"，它就可能不被接受。可以说，诉诸情感谬误的发明者就像个孩子（见图 3-4）。

当然，有很多事实都是伤感情的：美国的种族历史、全球气候变暖、确诊癌症等。尽管如此，这些毕竟都是事实，我们必须了解它们，以便更好地应对。

"这可能是错的，但我感觉它是这样。"

图 3-4　表明诉诸情感谬误的例子

资料来源：*The New Yorker* © Condé Nast。

诉诸人身谬误、起源谬误和诉诸情感谬误曾经被认为是愚蠢的错误或肮脏的把戏，批判性思维的老师和高中辩论教练会教他们的学生如何发现和反驳它们。然而，具有讽刺意味的是，在现代智识生活中，它们正在大行其道。在学术界和新闻界，这些谬误大量存在。某些观点受到攻击或压制，只因为其支持者身上可能有这样或那样的污点，而且这些支持者有的是生活在几百年前的古人。[19] 这反映了人们对信念本质的认知转变：从将其看作或对或错的想法转变为一个人道德和文化身份的表达。这表明学者和评论家对自己使命的理解也发生了变化：从寻求知识到促进社会正义以及其他道德和政治事业。[20]

可以肯定的是，有时，一个陈述句的语境确实会影响到对其真实性的评估。这可能会产生一种误解，即非形式谬误总的来说是可以接受的。一个人可以对一项研究表示怀疑，虽然研究表明药物疗效不错，但这项研究是由一个从药物中获利的人进行的。但请注意，利益冲突并非诉诸人身谬误。人们可以反驳基于神启或解经学①的主张，也可以反驳前人对山羊内脏的解释，但这些披露真相的做法不属于起源谬误。我们注意到，科学家们几乎达成了共识，批驳"在某些问题上因为专家互不同意我们就必须成为不可知论者"这样一种论断，而这种批驳不属于从众谬误。如果某一假设为真，我们就需要采取严厉措施的话，那么就可以为这一假设设定更高的证据标准，这不是情感谬误。不同的是，在合法的论证中，人们可以对"语境会影响我们对一个命题是否为真的相信程度"给出理由，比如指明证据的可信程度。而在这些谬误中，人们正在向与真相没有关系的感觉屈服。

---

① 特指从宗教角度对《圣经》进行研究和诠释的学科。——编者注

所有这些形式谬误和非形式谬误都在试图蒙蔽我们，那为什么我们不能一劳永逸地摆脱这些诡辩，并实施莱布尼茨的逻辑话语计划呢？为什么我们不能像数学家那样做推理，这样，我们一眼就能发现自己的错误所在呢？为什么到 21 世纪了，前文所述的酒吧争吵、twitter 大战、夫妻咨询和总统辩论依然存在？我们为何不说"让我们算一算"，看看谁是对的？我们不是生活在莱布尼茨的乌托邦世界，而且我们将来也不会生活在那样的世界。原因至少有三。

逻辑真理与经验真理

莱布尼茨的乌托邦无法成真的第一个原因，也是逻辑永远不会统治世界的一个原因是，逻辑命题和经验命题有根本区别，休谟将二者分别称为"观念的关系"（relations of ideas）和"事实"（matters of fact），还有不少哲学家称之为分析命题和综合命题。要确定"所有单身汉都未婚"是不是为真，你只需要知道这些词语的意思（把"单身汉"替换为"男性、成年人、未婚"），然后检查真值表就可以了。但是要确定"所有的天鹅都是白色的"是否正确，你就必须从扶手椅里站起来，走出去看看。如果你去过新西兰，就会发现这个命题是错误的，因为那里的天鹅就是黑色的。

人们常说，到了 17 世纪，人们第一次认识到关于物理世界的陈述是依赖经验的，只能通过观察而不是学院里的论证来建立，于是科学革命就爆发了。据说，弗朗西斯·培根讲过这样一个很有意思的故事：

　　公元 1432 年，发生了一场关于马有多少颗牙齿的激烈争论，该争论持续了 13 天。所有古书和编年史都被搬了出来，这一领域过去从未听说过的奇妙而又沉重的学问被展现在了人们面前。第 14 天一早，一位风度翩翩的年轻修士请求学识渊博的师长允许他说两句，这让争论者大为惊讶。由于实在受不了他们的"高深智慧"，该修士恳求他们以一种从未听说过的粗鲁方式伸出脖子，朝一匹马张开的嘴巴里看一看，来找出问题的答案。这些学识渊博的人的尊严受到了极大伤害，怒吼着上前把他痛打了一顿，并把他赶了出去。他们说，一定是撒旦诱惑了这个胆大包天的新信徒，让他宣扬不守教规的、从未听说过的寻求真理的方法，违背了祖先们的教导。

　　现在，我们几乎可以肯定这件事从未发生过，培根是否讲过这个故事也值得怀疑。[21] 但是这个故事告诉了我们一个道理：我们永远不可能仅仅通过坐在那里算一算就解决不确定的问题。

形式理性与生态理性

　　莱布尼茨的乌托邦无法成真的第二个原因，在于形式逻辑的本质是形式的，当这些符号摆在推理者面前，除了一堆符号和符号的排列方式，人们看不到任何东西。它无视命题的内容，也就是说，不用关心那些符号以及可能被融入思考过程的语境和背景知识的含义是什么。从严格意义上来说，逻辑推理就意味着要忘记你所知道的一切。一个参加欧几里得几何考试的学生，如果拿出一把尺子去测量等腰三角形的两条边，而不是去证明的话，是拿不到学分的，而这种测量的做法在日常生活中是很容易理解的。同样，学生在做刘易斯·卡罗尔教科书中的逻辑练习时，也不能被像"小狗不会说话"这类无关的知识分散注意力。得出小狗不会说"谢谢"这个结论，唯一的正当理由是：这是条件陈述的后件里明确说明的，而且这个条件陈述的前件为真。

从这个意义上说，逻辑学是不理性的。在我们的进化过程中，以及在现实生活中的大多数情况下，忽视你所知道的一切是没有意义的。[22] 在某些非自然的领域里，它确实有意义，比如逻辑课程、脑筋急转弯游戏、计算机编程、法律诉讼，或者将科学和数学应用到某一常识不存在或具有误导作用的领域。但在自然世界里，通过将逻辑能力和各种各样的知识结合起来，人们会表现得更加优秀，就像我们在第 1 章中所提到的桑人那样。我们还发现，当我们把脑筋急转弯问题跟某些现实场景关联在一起时，人们就会利用他们的专业知识来避免做蠢事。当他们被要求证实"如果卡片的一面是 D，那么另一面一定是 3"时，他们错误地翻了一面是"3"那张卡片，而没有去翻一面是"7"那一张。但是，当提醒他们想象自己是酒吧里的保安，并按"如果顾客喝酒，他必须超过 21 岁"执法时，他们就知道应该检查青少年面前的饮料，并让所有喝酒的人出示身份证。[23]

凭借生态理性（ecological rationality），我们可以在自然环境中生活得更好。形式理性则是形式系统的特殊要求。这两种理性之间的对比，是现代性的一个最典型的特征。[24] 文化心理学家和人类学家对文盲的研究表明，文盲的现实感很强，对接受西方教育的人所熟悉的虚幻世界没有耐心。下面是文化心理学家迈克尔·科尔（Michael Cole）对利比亚克佩尔人

（Kpelle）的采访：

> 问：弗鲁莫和亚克帕罗总在一起喝朗姆酒。现在，弗鲁莫正
> 在喝朗姆酒。亚克帕罗在喝朗姆酒吗？
>
> 答：弗鲁莫和亚克帕罗一起喝朗姆酒，但是这次，弗鲁莫喝
> 第一杯朗姆酒的时候亚克帕罗不在。
>
> 问：但我告诉过你，弗鲁莫和亚克帕罗总在一起喝朗姆酒。
> 一天，弗鲁莫正在喝朗姆酒。亚克帕罗在喝朗姆酒吗？
>
> 答：弗鲁莫喝朗姆酒的那一天，亚克帕罗不在那里。
>
> 问：原因是什么？
>
> 答：原因是亚克帕罗那天去了他的农场，而弗鲁莫那天待在
> 城里。[25]

　　克佩尔人把这个问题看作一个坦率的询问，而不是一个逻辑难题。他
的回答虽然在考试时会被判错，但绝不能说是非理性的：这是利用相关信
息而做出的正确回答。有教养的西方人已经掌握了这样一种本事：忘记他
们所知道的一切而专注于问题的前提，尽管他们也很难将事实知识与逻辑
推理区分开。例如，许多人会坚持认为以下论证在逻辑上是无效的："所
有由植物制成的东西都是健康的。香烟是由植物制成的。因此，香烟是健
康的。"[26] 把"香烟"换成"沙拉"，他们就确信没有问题。哲学教授常给
学生们讲虚构的思想实验，比如，是否允许把一个胖子从桥上推下去，以
阻止失控的电车撞到轨道上的 5 名工人。当学生们找到漏洞，比如说可以
向这些工人大声喊叫让他们离开时，教授们往往会感到困惑。然而，这恰
恰是一个人在现实生活中会做的理性的事情。

在当今社会，随着不关心内容的强大公式与规则的出现，我们参与形式的、受规则支配的游戏的领域正在扩大，比如法律、科学、数字设备和官僚主义等，但这些游戏仍然缺乏生机。莱布尼茨的逻辑乌托邦，要求我们自己把背景知识忘掉，这不仅违背人类的认知，而且不适合"并不是任何事实都可以作为前提"的世界。

经典范畴与家族相似性范畴

莱布尼茨的乌托邦无法成真的第三个原因是，人们所关心的概念与古典逻辑的谓词有着至关重要的不同。以谓词"偶数"为例，它可以由双条件陈述定义："如果一个整数可以被 2 整除，则它是偶数，反之亦然。"该双条件陈述为真，命题"8 可以被 2 整除"也为真，从这些真前提中我们可以推导出真结论："8 是偶数。"类似的例子还有："如果一个人是女性，而且是父亲或母亲的母亲，那么她是祖母或外祖母，反之亦然"和"如果一个人是男性，而且已经成年，但还没有结婚，那么他就是单身汉，反之亦然"。我们可以假设，只要仔细斟酌，人类所拥有的每个概念都可以用这种方式来定义，即列出其为真的必要条件（双条件陈述中的第一个如果－那么）和充分条件（"反之亦然"所表明的反向条件陈述）。

哲学家路德维希·维特根斯坦（Ludwig Wittgenstein）打破了这种幻想。[27] 他认为，可以试着为我们的任意一个日常概念寻找充要条件。我们称之为"游戏"的所有休闲活动的共同点是什么？是体育活动吗？桌游就并非如此。是娱乐性吗？国际象棋就不是娱乐性的。是有竞争者吗？单人纸牌游戏就没有竞争者。是有输赢吗？转圈游戏就没有输赢，一个孩子把球扔到墙壁上再接住也不存在输赢。是有技巧吗？宾戈游戏① 就不需要技巧。是有运气？填字游戏就不存在什么运气。维特根斯坦在世的时候还没见过综合格斗、《宝可梦 GO》② 或者游戏节目《让我们做笔交易》。[28]

问题不在于没有两种游戏具有共同点。有些游戏是快乐的，像捉迷藏和猜字谜游戏；有些有赢家，比如大富翁游戏和足球比赛；有些游戏要进行投射，比如棒球和弹塑料片游戏。维特根斯坦的观点是，"游戏"的概念没有贯穿其中的共同线索，没有可以转化为定义的必要和充分特征。相反，不同的特征贯穿于这个类别的不同子集，就像一个家庭成员的不同组合中可以找到相似的身体特征一样。不是每个罗伯特·卡戴珊（Robert Kardashian）和克丽丝滕·玛丽·詹纳（Christen Mary Jenner）的后代都有卡戴珊翘起的嘴唇、乌黑发亮的头发、焦糖色皮肤或丰满的臀部。但卡戴珊家的女儿大都有其中的一些特征，所以当看到一个卡戴珊家的女儿时，我们能认出她来，即使并不存在真命题"如果一个人有 X、Y 和 Z 特征，这个人就是卡戴珊家的人"。维特根斯坦得出结论：将一个范畴内的成员联系在一起的是家族相似性（family resemblance），而不是必要和充分的特征。

我们日常生活中的大多数概念都是家族相似性范畴，而不是逻辑上容易规定的"经典"范畴或"亚里士多德"范畴。[29] 这些日常范畴通常有模

---

① 美国一种博彩游戏。——编者注
② 任天堂参与开发的基于增强现实的宠物养成对战类游戏。——编者注

式化的定义方法，就像字典里"鸟"的定义旁边有一张鸟的小图片，但是定义本身并不能涵盖全部鸟类，只能举几个鸟的例子。例如，"椅子"这一范畴包括没有腿的轮椅、没有靠背的辗转凳、没有座位的豆袋椅，以及好莱坞打斗场景中使用的一坐就炸的道具。即使是教授们用来说明概念的显而易见的经典范畴，例外的情况也比比皆是。"母亲"的定义是否包括养母？如果"单身汉"指未婚男子，教皇是单身汉吗？一夫一妻制夫妻中的男人呢，如果他从来没去市政厅拿过那一纸婚书？如果现在让你给出定义"女人"的必要和充分条件，也会困难重重。

对泛逻辑的梦想来说，如果说这还不是太坏的消息，那么，概念是由家族相似性而不是充要条件来定义的这一事实，意味着我们甚至无法确认命题为真或为假，这一消息肯定足够糟糕了。在这些命题中，对一个谓词来说，某些主语可能比其他主语更真实一些，这取决于这个主语模式化程度有多高。换句话说，就是它有这个家族的多少典型特征。每个人都同意"足球是一项运动"这个命题为真，但许多人认为，"花样游泳是一项运动"这个命题只能说勉强为真。"欧芹是一种蔬菜""违章停车是一种犯罪""中风是一种疾病"和"蝎子是虫子"等也是类似的情况。在日常判断中，真相可能是模糊的。

并不是所有的概念都是模糊的家族相似性范畴。[30]人们完全有能力把东西放进小盒子里，使其成为一类事物。每个人都知道一个自然数要么是偶数，要么是奇数，在它们之间没有别的什么数。我们开玩笑说，你不可能"有点儿怀孕了"或者"有点儿结婚了"。我们也知道，法律通过划分"成年人""公民""所有者""配偶"以及其他类别，从而避免了关于边缘性案件的无休止争论。

事实上，所有非形式谬误都是由于人们太过热衷于非黑即白的思考模式而产生的。以下是一些错误的二分法："先天 VS 后天""美国——要么热爱它，要么离开它""你要么与我们为伍，要么与恐怖分子为伍""你要么是解决方案的一部分，要么是问题的一部分"。以下是"滑坡谬误"（slippery slope）的例子：如果我们让堕胎合法化，很快我们就会让杀婴合法化；如果我们允许人们与一个非异性的人结婚，我们将来也会允许人们与其他物种的成员结婚。"堆悖论"（paradox of the heap）基于这样一个事实，假设有一堆粒状物，那么，如果你拿走一粒，它仍然是一堆；但是当你拿走了一粒又一粒，你会到达不能称其为堆的那一点，这意味着不存在堆这种东西。同样的逻辑谬误还有："只需延期一天，工作就能完成（'明天谬误'）""多吃一根薯条我是不会长胖的（'节食者谬误'）"。

维特根斯坦对莱布尼茨和亚里士多德的回应，不仅仅是哲学研讨会上的一个争论焦点，许多激烈争论，都是关于如何调和以下二者之间的关系的：模糊的家族相似性概念与逻辑、法律所要求的经典范畴。受精卵是"人"吗？克林顿和莱温斯基"发生关系"了吗？运动型多功能车是"轿车"还是"卡车"？若将其按卡车分类，美国道路上将增加成千上万辆符合较宽松的安全和排放标准的汽车。我曾收到过一封来自美国民主党的邮件：

> 众议院的共和党人本周正在强行促进立法，将比萨归类为学生餐里的"蔬菜"。为什么？因为冷冻比萨行业正在对共和党议

员进行大规模的游说活动……在这个由共和党控制的国会里，几乎任何东西都可以交易给能量无边的游说者，包括"蔬菜"这个词的定义。这次立法，是以牺牲我们孩子的健康为代价的。请签署这份请愿书，并传播以下信息：比萨不是蔬菜。

逻辑计算与模式关联

如果我们的许多判断不容易找到逻辑线索，又该如何思考呢？没有必要条件和充分条件的保护，怎么能说足球是一项运动，克丽丝滕·詹纳是一位母亲呢？又怎么能说比萨不是一种蔬菜呢？如果理性不是通过一系列命题和一串逻辑规则在头脑中被使用的话，那是如何被使用的呢？

答案可以在认知模型家族中找到，这些认知模型包括模式关联器、感知器、联结主义网络、并行分布式处理模型、人工神经网络和深度学习系统。[31] 最关键的一点是，智能系统不是通过规则操纵一系列符号，而是聚合数十、数千甚至数百万计的分级信号，每个信号都能捕捉到某一属性的呈现程度。

以"蔬菜"这个极具争议的概念为例。这显然是一个家族相似性范畴，林奈分类系统中没有能把胡萝卜、蕨菜和蘑菇都包含在内的类别。西兰花、菠菜、土豆、芹菜、豌豆和茄子之间，没有一种植物组织是相同的，甚至味道、颜色或质感也都不一样。但就像卡戴珊家族一样，当我们看到蔬菜时，往往能辨认出来，因为这个家族中不同成员的特征会重叠。生菜是绿色的、脆的、多叶的，菠菜也是绿色的、多叶的，芹菜是绿色的、脆的，紫甘蓝是红色的、多叶的。某样东西类似蔬菜的特征越多、这些特征越明确，我们就越可能称其为蔬菜。莴苣一看就是蔬菜，欧芹就不那么明显了，大蒜就更不像了。有时，有些特征会阻碍某种东西被称为蔬菜：有些蔬菜太甜了，比如橡子南瓜。一旦植物的可食用部分太甜，比如哈密瓜，我们就把它叫作水果。虽然波特贝勒菇是多肉的，意面南瓜像意大利面，但任何用动物肉或面团做成的东西，都不能称为蔬菜。算了吧，比萨怎么能是蔬菜？

这意味着我们可以用一个复杂的统计公式来计算"蔬菜度"（vegetableness）。某种东西的特征，比如说绿色度、脆度、甜度、面团度等都要量化，然后再分别乘以一个权重，就得到了各自的加权值。蔬菜特征越明显，权重就越大：绿色度的权重是个较大的正数，脆度的权重是个较小的正数，甜度的权重是个较小的负数，面团度的权重是个较大的负数。然后，将这些加权值相加，如果总和超过某个阈值，我们就说它是一种蔬菜，数字越高说明蔬菜的特点越突出。

当然，没有人认为我们的大脑真的是通过一些乘法和加法来进行模糊判断的。但是，类似神经元的单元所组成的网络也可以做同样的事情，这些单元以不同的速率"激活"，来表示模糊真值。一个初始版本的网络是这样工作的（见图3-5）：在底部，有一组由感觉器官为其提供信息的输入神经元，它们对"绿色的"和"脆的"等简单特征做出反应。在顶部，输出神经元显示网络对范畴的猜测。输入神经元通过各种强度的"突触"

连接到输出神经元，主要包括兴奋性（相当于正乘数）和抑制性（相当于负乘数）两种状态。被激活的输入单元将按突触强度所加权的信号传递到输出单元，每个输出单元将传入的加权信号相加，并做相应激活。在图3-5中，兴奋性连接用箭头表示，抑制性连接用圆点表示，线条的粗细程度表示突触的强度，为简单起见，只画出了蔬菜输出这一部分。

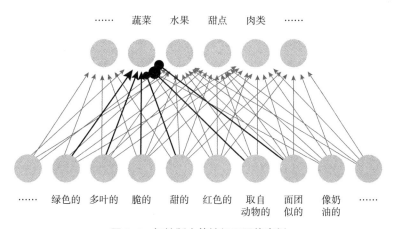

图3-5 初始版本的神经元网络案例

你可能会问，是谁设定了这些非常重要的连接权重？答案是没人设定，是网络自己从经验中学来的。训练网络时，我们向它展示许许多多不同食物的例子，同时，有个老师为它提供正确的分类。初始网络带有较小的随机权重，这时所做的猜测也是随机的，准确度也不高。但它有一个学习机制，采用的是逐渐逼近法。它将每个节点的输出值与老师提供的正确值进行比较，把权重值略微调高或调低以缩小它们之间的差值。经过成千上万的样本训练后，连接权重趋于最佳，网络就善于对事物进行分类了。

但是，只有当输入特征以线性的、"越多越好"的、类似"加法方块"的方式来表示输出类别时，这才是正确的。对于"整体为部分（加权）总和"的范畴，它是有效的，但当范畴通过"权衡取舍"、"最有效点"、"胜利组合"、"毒丸策略"、"交易杀手"、"祸不单行"或"好事过头成坏事"来定义时，它就不灵了。即使是简单的逻辑连接词异或，即"X 或 Y，但不是两者都为真"，也超出了两层神经网络的能力，因为 X 输入要增强输出，Y 输入也要增强输出，但二者合在一起，却要抑制输出。因此，虽然一个简单的网络可以学习识别胡萝卜和猫，但可能无法识别像"蔬菜"这样难以把握的类别。"一种红色、圆形的东西，如果它又脆又有柄、像个苹果，那很可能是水果；但如果它又脆又有根、像棵甜菜，或者多肉又有梗、像个番茄，就可能是蔬菜。"用一个什么样的颜色、形状和质地组合，才能描述清楚蘑菇、菠菜、菜花、胡萝卜和牛排番茄呢？一个两层网络会被交叉模式弄糊涂，其权重会随着每个训练实例上下波动，并且永远不会固定下来以便完美地解决成员归属问题。

这个问题可以通过在输入和输出之间插入一个"隐藏"的神经元层来解决，如图 3-6 所示。形象一点说，此时神经网络从一个刺激 - 反应生物变成了一个具有内部表征（概念）的生物，可用来表示某些东西汇聚在一起的中间范畴，如"卷心菜类"、"美味水果"、"南瓜和葫芦"、"绿色蔬菜"、"真菌"或"根和块茎"；每个类别都有一组输入权重，使其能够挑选出相应的模式，以及在输出层中给予"蔬菜"更大的权重。

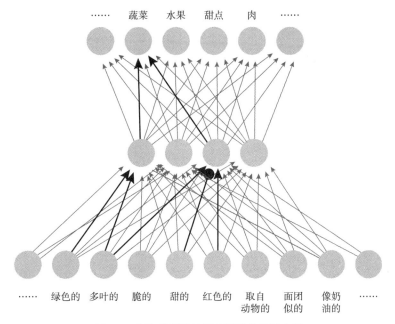

蔬菜　水果　甜点　肉

……　绿色的　多叶的　脆的　甜的　红色的　取自　面团　像奶
　　　　　　　　　　　　　　　　　　　动物的　似的　油的

图 3-6　插入隐藏的神经元层后的网络案例

让这些网络成功运作的关键是如何训练它们。问题在于从输入层到隐藏层的连接：由于这些单元隐藏在环境之外，他们的猜测无法与老师提供的"正确"值相匹配。20 世纪 80 年代的突破性算法——误差反向传播学习算法（error back-propagation learning algorithm）解决了这一问题。[32] 首先，每个输出单元的猜测和正确答案之间的不匹配，被用来调整顶层的隐藏层 - 输出层连接的权重，就像在简单网络中的情况一样。然后，所有这些错误的总和被反向传播到每个隐藏单元，以调整中间层的输入层 - 隐藏层的连接（见图 3-6）。这听起来似乎永远都不会奏效，但经过数百万个实例训练之后，两个连接层的数值会稳定下来，使网络能够做出正确区分。

令人惊讶的是，如果自主地发现抽象的类别，如"真菌"和"根和块茎"，有助于隐藏单元进行分类的话，那么隐藏单元就可以这么做。但更多的情况是，隐藏单元并不代表我们命名的任何东西。它们通过以下复杂公式达到目的："有一点点这个特征，但那个特征不明显，除非该特征足够多。"

在 21 世纪的今天，随着计算机图形处理器的快速发展，成千上万的用户将文本和图像上传到网上，数据规模变得越来越大。计算机科学家可以建立多层网络，插入 2 个、15 个甚至 1 000 个隐藏层，然后用数十亿甚至上万亿个实例训练它们。这种网络被称为深度学习系统，因为在输入和输出之间有许多层，虽然从理解的意义上来说，它们的深度还不够。这些网络正在推动我们亲历的"AI 大觉醒"，使包括具有语音和图像识别、问答、翻译和其他类似人类能力的新产品，开始投入使用。[33]

深度学习网络通常优于经典的 GOFAI（有效的老式人工智能），后者可对手工编码的命题和规则执行类似于逻辑的推理。[34] 它们在工作方式上的差别是鲜明的：与逻辑推理不同，神经网络的内部运作是神秘莫测的。数以百万计的隐藏单元中的大多数，并不支持任何我们能够理解的连贯概念，训练它们的计算机科学家也无法解释它们是如何找到特定答案的。正因为如此，许多技术批评人士担心，一旦人工智能系统被赋予决定人类命运的权力，它们所持有的偏见可能永远没人能识别和消除。[35] 2018 年，美国前国务卿亨利·基辛格（Henry Kissinger）警告说，由于深度学习系统所处理的不是我们可以检验和证明的命题，它们预示着启蒙运动的结束。[36] 这样说有些过头了，但逻辑与神经计算的差别是一清二楚的。

人的大脑是一个巨大的深度学习网络吗？当然不是，原因有很多，但它们之间的相似之处很有启发性。大脑约有 1 000 亿个神经元，这些神经元通过 100 万亿个突触连接在一起。我们一直在从环境中学习实例，到 18 岁时，我们的学习时间累计超过 3 亿秒。所以我们已为数量巨大的模式匹配和关联做好了准备，就像这些网络一样。这些网络是为模糊的家族相似性范畴量身定做的，这些范畴几乎构成了全部概念（conceptual repertoire）。因此，神经网络是人类认知中理性但不符合逻辑（用专业术语来说）的那一部分的来源。它们揭开了我们称之为直觉、本能、模糊概念和第六感等精神力量的神秘面纱：难以表述，有时又不可思议。

尽管 Siri 和谷歌翻译给我们的生活带来了便利，但我们不能认为有了神经网络，逻辑就过时了。这些由模糊关联驱动的系统，不能进行语法分析或规则查询，有时显得非常愚钝。[37] 如果你在谷歌上查询"我附近除麦当劳以外的快餐店"，它会给你反馈 50 英里范围内所有麦当劳的信息。如果你问 Siri："乔治·华盛顿用过计算机吗？"它会跟你谈论乔治·华盛顿的计算机容貌复原和乔治·华盛顿大学的计算机系统服务。也许有一天，视觉模块会驾驶汽车，但今天，它却很难分清哪些是路标、哪些是冰箱、哪些是装有沙袋的侧翻车辆、哪些是消防船或雪橇。

人的理性是一个混合系统。[38] 大脑里有若干模式关联器，吸收着家族相似性并聚合大量的统计线索。不过，大脑还有一个逻辑符号操纵器，可以将概念组装成命题，并得出它们的含义。人们称之为系统 2，或递归认知（recursive cognition），或基于规则的推理（rule-based reasoning）。形式逻辑是可以净化和扩展这种思维模式的一种工具，避免社会性和情感性动物易犯的那些错误。命题推理将我们从相似性和刻板印象中解放出来，这让人类理性取得巨大成就成为可能，比如科学、道德和法律。[39] 虽然海豚跟鱼类具有家族相似性，但林奈分类法定义归属资格的规则告诉我们，"如果一种动物哺育幼崽，那么它就是哺乳动物"，因此，海豚实际上不是鱼类的一员。通过像这样一环扣一环的范畴推理，我们可以确信人是猿类、太阳是恒星、固体中大部分是空的空间。在社会领域，我们的模式发现器很容易看到人与人之间存在怎样的不同：有些人比另外一些人更富有、更聪明、更强壮、更敏捷、更漂亮，有些人跟我们更像一类人。但是，当我们接受"人人生而平等"的命题（如果 X 是人，那么 X 就有权利）时，我们就可以将这些感觉印象从法律和道德决策中分离出去，平等地对待所有人。

Rationality

What it is
Why it seems scarce
Why it matters

04
概率与随机性

无知的人所讲述并相信的一千个故事，一旦被计算专家掌握，就会立刻消失。

塞缪尔·约翰逊（Samuel Johnson）[1]
英国 18 世纪作家、文学评论家

　　虽然爱因斯坦从来没有说过一些据称是他说过的话，但他确实说过不同版本的类似的话："我绝不相信上帝是在掷骰子。"[2]无论他关于亚原子世界的看法是否正确，我们生活的世界确实看起来像一场掷骰子游戏，在各种尺度上都具有不确定性。敏捷的人未必能赢得比赛，强壮的人未必能赢得战斗，智慧的人未必能获得面包，有技能的人未必能获得恩惠，但时间和机会总是降临在所有人身上。理性的一个重要作用就是处理我们生活中的随机性和知识中的不确定性。

什么是随机性，它来自何处

　　在图 4-1 的《呆伯特》漫画中，呆伯特提出的问题让我们意识到，"随机"这个词通常有两个含义：数据缺乏模式，以及过程的不可预测性。当他怀疑巨魔连续生成的"9"不是随机的，他指的是数据的模式。

图 4-1　随机数字生成器生成的数字

注：图中戴眼镜的是呆伯特，另一位是巨魔。

资料来源：www.dilbert.com。

呆伯特认为，数据序列模式并不是他想象出来的，不同于我们在墨迹图案中看到的蝴蝶。非随机模式可以被量化，而简洁是模式的核心特征：当一个数据集存在一个最短可能描述，而它比数据集本身要短，我们就说这个数据集是非随机的。[3] 比如 "6 个 9" 这个描述是 3 个字符长，而数据集本身 "999999" 是 6 个字符长。其他我们认为非随机的字符串也可以被缩写："123456" 被缩写成 "前 6 个数"，"505050" 被缩写成 "3 个 50"。相比之下，我们觉得 "634579" 是随机数据，因为它不能被精简成更简洁的描述，而必须逐字进行解释。巨魔的答案抓住了随机这个词的第二个含义：一个不受任何约束的、不可预测的生成过程。

巨魔是正确的，一个随机过程可以产生非随机模式，至少对于这个例子中的 6 个输出数字是这样的。毕竟，如果没有赋予生成器某种节拍或理由，那么有什么能阻止它偶尔生成 6 个 9，或任何其他非随机模式呢？随着生成器的继续运转和数字序列的变长，我们可以期待随机模式再次出现，因为反常的运行不太可能长久继续下去。

巨魔的最后一句话很深刻。正如我们将看到的，将非随机模式误认为非随机过程，是人类愚蠢行为编年史中最厚重的篇章之一；知道二者之间的区别，正是理性的最大价值之一，而教育在赋予人们理性方面厥功至伟。

所有这些都提出了一个问题：什么样的物理机制可以产生随机事件呢？尽管爱因斯坦并不认同，但大多数物理学家相信在量子力学的亚原子领域存在着不可简化的随机性，就像原子核的衰变，或者电子从一种能态跳到另一种能态时光子的发射。这种量子的不确定性有可能被放大，从而影响我们的生活。当我还是一个动物行为实验室的研究助理时，所使用的冰箱大小的微型计算机速度太慢，无法实时生成看起来随机的数。我的上司当时已经发明了一种小装置，配有一个装满放射性同位素的小胶囊和一个微小的盖革计数器①，通过探测间歇性粒子喷射，触发开关来为鸽子喂食。[4]但是在生活的大多数场景里，量子效应都很微弱，我们甚至可能根本感受不到它们的存在。

这个世界的每个台球的运动都遵从牛顿力学方程，那么，随机性是如何产生的呢？正如美国20世纪70年代带有讽刺意味的限速广告牌所声称的："地心引力，不只是一个好主意，也是法则。"从理论上说，法国著名科学家拉普拉斯在1814年想象的"恶魔"知道宇宙中每个粒子的位置和动量，那么把这些信息代入物理定律的方程，"恶魔"就能完美地预测未来吗？

在现实中，有两种方式可以让一个受法则控制的世界产生事件，而这些事件对于所有意图和目的来说都是随机的。第一种是对科普读者来说很熟悉的蝴蝶效应，这个名字来源于这样一种可能性，即一只蝴蝶在巴西扇

---

① 一种探测电离辐射强度的计数仪器。——编者注

动翅膀可能会在美国得克萨斯州引发一场龙卷风。蝴蝶效应可能出现在确定性的非线性动力系统中，后者也被称为"混沌"。在这种系统中，初始条件的微小差异，即使小到任何仪器都无法测量，也可能自我放大并爆发成巨大的效应。

第二种是，从人类的角度来看，确定性系统似乎是随机的另一种方式，这也有一个为人所熟知的名字：抛硬币。硬币的命运并不是随机的，一个熟练的魔术师可以轻弹一个硬币并按要求得到正面或反面。但是，当结果取决于大量不易追踪的小原因时，比如硬币升空的角度和力，以及在半空中撞击硬币的气流，结果就可能是随机的。

什么是概率

当电视上的气象学家说一个地区明天有 30% 的可能会下雨时，所表达的是什么意思呢？大多数人其实并不清楚。一些人认为这意味着 30% 的区域将会下雨；一些人认为这意味着 30% 的时间会下雨；一些人认为这意味着 30% 的气象学家认为会下雨；还有一些人则认为这意味着在做出下雨预报的所有天数里，该区域有 30% 的天数会下雨。实际上，最后一种理解最接近气象学家的想法。[5]

对此感到困惑的不只是大众。1929 年，伯特兰·罗素指出："概率是现代科学中最重要的概念，尤其是在没有人知道它到底是什么意思的情况下。"[6] 更准确地说，不同的人对它的含义有不同的理解，这跟我们在第 1 章中讨论的蒙提·霍尔问题和琳达问题非常类似。[7] 以下是关于概率含义的五种解释。

第一种解释诉诸概率的经典定义，可以追溯到概率论的起源，后者是理解概率游戏的一种方式。你可以列出一个过程中有相同发生机会的多种可能结果，把那些算作事件例子的结果加起来，然后除以可能性的数量。投掷的骰子可能在 6 个面中的任何一面停下，"偶数"对应的是它降落后上部表面是 2 个点、4 个点或 6 个点。在所有 6 种可能性中，有 3 种掷出"偶数"的可能性，我们说它掷出"偶数"的经典概率是 3/6，或 0.5。在第 1 章中，我用经典的定义解释了蒙提·霍尔问题中的正确策略，并注意到错误计算可能出现的结果数量是吸引一些过度自信的专家选择错误策略的原因。

但是为什么我们一开始就认为任何一面出现的概率都是相同的呢？因为我们评估了骰子的物理倾向，呈现各种结果的物理可能性，包括 6 个面的对称性、投掷时的随意方式，以及关于翻滚的物理学。这是第二种解释。

与之密切相关的是第三种解释：主观主义解释。在你掷骰子之前，基于你所知道的一切，你会如何判断自己对显示偶数点数的信心（可信性的范围是 0～1）？这种可信性评估有时被称为概率的贝叶斯解释（我们将在下一章看到），这有一点误导性。

第四种是证据解释：你对所提供信息的相信程度足以证明结论。想想在法庭上，在判断被告有罪的可能性时，你忽略了不可接受的和有偏见的背景信息，只考虑公诉人案件的说服力。正是这种证据解释，让人们有理由认为，被描述为社会正义战士的琳达更有可能是一名女权主义的银行出纳，而不仅仅是银行出纳。

　　第五种是频率论解释：如果你掷了很多次骰子，比如 1 000 次，然后数结果，你会发现大约 500 次的结果是偶数。

　　这五种解释通常是一致的。在掷硬币的情况下，硬币是对称的；出现正面就是两种可能结果中的一种；你的直觉就在"肯定是正面"和"肯定是反面"之间；正面的论证和反面的论证一样有力；从长远来看，你会看到有一半正面朝上。每次正面朝上的概率都是 50%。但这些解释并不意味着同一件事，有时它们会分道扬镳，这时关于概率的陈述可能会导致混乱、争议，甚至悲剧。

　　最具戏剧性的是，前四种解释适用于单事件概率的模糊的神秘概念。你目前超过 50 岁的概率是多少？下一任教皇会是爱尔兰摇滚乐手博诺吗？美国歌手布兰妮·斯皮尔斯（Britney Spears）和凯蒂·佩里（Katy Perry）是同一个人吗？土星的卫星之一土卫二上有生命吗？

　　你可能会反驳说，这些问题毫无意义：要么你已经 50 多岁，要么你还没有，而"概率"与之无关。但根据主观主义解释，我可以给自己的"无知"加上一个数字。这激怒了一些统计学家，他们想把概率的概念保留在一系列事件的相对频率上，这些事件是真实的、可以计算的。有人打趣说，单事件概率不属于数学，而属于精神分析。[8]

　　外行人在理解单事件的数学概率的概念时也会遇到困难。他们想对天气预报员发火，因为某天天气预报说有 10% 的可能性下雨，而那天他们浑身都被淋湿了；他们还对投票站负责人预测希拉里·克林顿有 60% 的可能性赢得 2016 年总统大选发出嘲笑。这些预言者通过一种最常见的解释来为自己辩护：预测 10% 的可能性下雨，意味着在做出这种预测的 10 天中会有 1 天下雨；预测 60% 的可能性胜选，意味着在 10 次民调显示候选人领先的选举中，领先的候选人 6 次获胜。在图 4-2 这幅漫画中，呆伯特的老板展示了一个常见的谬误。

正如我们在前文所看到的，用一系列事件中某事件的频率来重构单事件概率，可以重新校准人们的直觉。在一座大城市里，如果一位检察官说："受害者衣服上的 DNA 与嫌犯的 DNA 匹配而嫌犯又无辜的概率是十万分之一。"另一位检察官说："在这个城市里，每十万无辜民众当中会有一个人的 DNA 与受害者衣服上的 DNA 相匹配。"那么第一位检察官的说法更有可能给嫌犯定罪。第一种说法感觉像是对主观怀疑的估计，与零没有区别；第二种说法则会让我们想到被诬陷的人。

人们还混淆了频率论意义上的概率和物理倾向。吉尔德·吉仁泽讲述了他参观一家航空航天工厂的经历：解说员告诉参观者，这家工厂的阿丽亚娜火箭有 99.6% 的安全系数。[9] 他们站在一幅描绘 94 枚火箭及其历史的海报前，其中 8 枚火箭在发射时坠毁或爆炸了。当吉仁泽问一个安全系数 99.6% 的火箭为什么会在 9% 的情况下失败时，解说员解释说，安全系数是根据各个部件的可靠性计算出来的，而失败是人为错误造成的。当然，我们最终关心的是火箭有多频繁地滑向地球，而不管原因是什么，所以唯一重要的概率是总体频率。由于同样的误解，人们有时想知道，除了最后一分钟的意外事件能改变结局之外，为什么一个在民意调查中支持率遥遥领先的受欢迎的候选人只有 60% 的概率赢得选举。答案是，这个概率估计是考虑了最后一分钟的意外事件。

图 4-2　呆伯特老板的谬误

资料来源：www.dilbert.com。

概率与可得性

尽管在解释上存在差异，但概率与随机事件的发生是紧密联系在一起的：在经典定义和频率主义定义中是直接相关的，而在其他判断中是间接相关的。毫无疑问，每当我们说某一事件比另一事件更有可能发生时，就意味着我们相信只要给它发生的机会，它发生的次数就会更多。为了评估风险，我们要先统计事件实际发生的次数，然后再用它除以事件可能发生的次数。

然而，关于人类判断的科学有一个重要发现，那就是人类通常并不是这样估算概率的。相反，人们在判断事件发生的概率时，往往会根据脑海中事件出现的难易程度，卡尼曼和特沃斯基将这种习惯称为可得性启发式（availability heuristic）。[10] 我们使用来自大脑搜索引擎的搜索结果排名，内容涉及图片、奇闻轶事和心理视频等，来作为我们对概率的最佳猜测。启发式利用了人类记忆的一个特征，即回忆受到频率的影响。我们遇到某事的次数越多，它在我们大脑中留下的印象就越强烈。因此，根据逆向思维用记忆来评估频率通常是很有效的。当被问及城市中最常见的鸟类是什么时，记忆会告诉我们：鸽子和麻雀的可能性更大，而不是太平鸟和京燕，人们根本不用去看鸟类统计数据。

对于大多数人来说，可得性和道听途说是估计频率的唯一方法。一些政府保存着统计数据库，但它们被视为国家机密，只有行政精英才能知晓。随着 19 世纪自由民主国家的兴起，数据开始成为一种公共产品。[11] 但是，即便在我们只需点击几下鼠标就能得到所需的一切信息的今天，也没有多少人会利用这些数据。我们会本能地利用自己的印象，而当这些印象的力量不能反映频率时，就会扭曲我们对世界的理解。当我们的经历是这些事件的一个有偏差的样本时，或者，当这些印象在我们的心理搜索结果中被心理放大器，如最近性、生动性或悲喜交加放大或缩小时，这种情况就会发生。我们的众多判断与猜测都会受此影响。

除了亲身体验之外，我们也通过媒体了解世界。媒体报道夸大了人们对频率和风险的猜测：人们认为自己更有可能死于龙卷风，而不是哮喘，尽管在致命性上哮喘是龙卷风的 80 倍，这是因为龙卷风更吸引眼球。[12] 与此类似，那些在新闻中频频露脸的群体，在心理人口普查中的占比也会被夸大。全世界每年有多少未成年女孩生育？人们猜测是 20%，而这比事实大约高 10 倍。美国人口中移民所占比例是多少呢？受访者认为是 28%，而正确答案是 12%。[13] 非裔美国人占比有多少？人们说大约有 1/3，比实际数字 12.7% 高出约 1.6 倍。对犹太人占比的估算就更离谱了：受访者认为是 18%，而统计数据告诉我们仅有 2%，相差了 8 倍![14]

可得性启发式让世界在不理性的方向上越走越远。我们知道，除了疾病之外，事故是人类面对的另一个致命风险。目前，在全世界每年 5 600 万人的总死亡人口中，死于事故的人有 500 万左右，其中 1/4 左右死车祸。[15]但是，除非死的是一位名人，否则车祸很少引人关注。相比之下，飞机失事却常见于报端，然而全世界每年只有大约 250 人死于空难。因此，按每位乘客每英里计算的安全性，飞机要比汽车高 1 000 倍。[16]然而，我们都知道有人害怕坐飞机，却没有人害怕开车。一场鲜血淋漓的飞机事故会把乘客吓得在几个月后都跑到高速公路上，从而导致数千人死于车祸。[17]美国网络漫画《周六早晨的谷物粥》(*Saturday Morning Breakfast Cereal*)也表达了类似的观点（见图 4-3）。

图 4-3　《周六早晨的谷物粥》漫画节选

可以想象到的最生动、最可怕的一种死亡方式，是《三便士歌剧》（*The Threepenny Opera*）中的一首歌描述的："当鲨鱼张开血盆大口用牙齿撕咬猎物时，血腥的巨浪将会掀起。"[18] 2019 年，一名冲浪者在美国科德角冲浪时因受到鲨鱼攻击而死，80 多年来，这在美国马萨诸塞州是第一次。自此以后，这个小镇在每个海滩上都配备了大白鲨样子的警告牌以及止血工具箱，并利用灯塔、飞机或无人机、气球，声纳、声学浮标，以及电磁或气味驱逐设施等工具预防鲨鱼对人的攻击。然而，每年在科德角都有15～20 人死于车祸，简单改进交通标志、障碍物摆放方式和交通执法就可以用极小的代价挽救更多的生命。[19]

可得性偏差可能会影响地球的命运。一些杰出的气候科学家在做了数据分析后警告说："如果不能正视核能的巨大作用，就不会有可靠的使气候稳定的途径。"[20]核能是人类使用过的最安全的能源形式。煤矿事故、水力发电大坝坍塌、天然气爆炸和运油火车事故都造成了人员死亡，有时死亡人数巨大。燃烧煤炭的排放物，每年也会致 50 多万人死亡。可是，对核能的利用在美国已经停滞了几十年，在欧洲也遭到了阻力，取而代之的往往是污染严重并且更加危险的煤炭。在很大程度上，反对的依据源于三起著名的核事故：1979 年的三英里岛①事故，无人死亡；2011 年的福岛核事故，在几年后造成一名工人死亡，其他死亡源于海啸和充满恐慌的疏散过程；1986 年的切尔诺贝利核电站事故造成 31 人死亡，还有几千人死于事故导致的癌症，而每天死于煤炭排放物的差不多也有这么多人。[21]

可以肯定的是，可得性并不是扭曲风险认知的唯一因素。美国心理学家保罗·斯洛维奇（Paul Slovic）是卡尼曼和特沃斯基的合作者，他的研究结果告诉我们：人们会高估新出现的威胁，也就是自己不知道的恶，而非已知的恶；会高估自己无法控制的威胁，感觉自己开车比飞行员驾驶飞机更安全；高估人造威胁，拒绝食用转基因食品，却食用很多植物自然进化出来的毒素；以及高估不公平威胁，觉得自己正在为他人的收益承担风险。[22] 当这些扭曲的风险认知与马上就能致使多人死亡的灾难联合在一起时，所有的恐惧就累加成了可怕的危险。飞机失事、核事故和恐怖袭击就是最典型的例子。

跟其他谋杀行为类似，恐怖主义也会制造另外一种恐惧反应。恐怖袭击事件常见于报端，不过伤亡数字并没有那么吓人，所以，数据科学家对因此而导致的强烈社会反应感到非常困惑。历史上最严重的恐怖袭击是"9·11"事件，造成了 3 000 人死亡。在大多数糟糕的年份里，美国每年都会有几十人因遭受恐怖分子的袭击而丧命，这只是谋杀和事故总死亡人数

---

① 也译作三哩岛。1979 年，岛上发生了美国历史上最严重的核能工业事故。——编者注

的零头而已，这个人数要低于雷电击死、蜜蜂蜇死或浴缸溺死的人数。然而，"9·11"事件后，美国联邦政府新成立了一个部门，对公民采取大规模监视行动，对公共设施进行强化。此外，伊拉克战争和阿富汗战争这两场战争导致的美国人的死亡人数是 2001 年美国死亡人数的 3 倍，而死亡的伊拉克人和阿富汗人更是成千上万。[23]

我们再来看看另外一个低死亡、高恐惧的危险：美国校园里的杀戮。据统计，美国每年大约有 35 人在校园死去，相比之下，美国每年大约有 16 000 起普通的谋杀案。[24] 然而，美国的学校已经花费了数十亿美元在可疑的安全措施上，比如安装防弹白板、给老师配备胡椒球枪，同时用可怕的随机犯罪射手训练（active-shooter drill）[①] 给孩子们造成心理创伤。2020 年，手无寸铁的非裔美国人乔治·弗洛伊德（George Floyd）遭一名白人警察暴力执法死亡，引发了民众大规模的抗议活动，大学、报纸和企业突然采用了一种激进的学术理论——"批判性种族理论"（critical race theory）。人们凭印象认为，非裔美国人正面临着被警察杀害的严重危险，这导致了社会的强烈反应，然而，与恐怖主义和校园枪击事件一样，其实际死亡数字是比较小的。在美国，平均每年有 65 名手无寸铁的美国人死于警察之手，其中 23 人是非裔美国人，仅占非裔美国人被害总人数 7 500 的 0.3% 左右。[25]

从心理学角度看，仅仅用被可得性放大的恐惧来解释对公开杀戮的过度反应，肯定是不明智的。与许多显而易见的其他非理性一样，肯定还有别的逻辑在起作用，这些逻辑有自己的目标，而不追求准确的概率。

我们对令人痛恨的谋杀的过度反应，在概率论框架下可能是非理性

---

① 针对无特定目标的随机犯罪射手的训练。——编者注

的，但在博弈论框架下可能就是理性的（见第 8 章）。杀人不同于其他致命危险。飓风或鲨鱼不在乎我们将如何应对它们的伤害，但人类杀手会在乎。因此，当人们以公众的震惊和愤怒来回应一场杀戮，并加倍致力于自我防卫、寻求正义或复仇时，这就向那些有预谋的杀手发出了一个信号，可能会让他们三思而行。

对于由某个特殊事件引发的狂热，我们可以用博弈论进行解释。1960 年，托马斯·谢林把这种事件称为公共暴行（communal outrage）。[26] 公共暴行是一种公然的、目击者众多的袭击，被袭击的目标是某个群体的一员，他代表着自己所在的群体。该群体成员会认为这是一种无法容忍的侮辱，并煽动集体来"公正地"进行报复。典型的例子包括：1898 年导致美西战争的美舰"缅因"号爆炸事件；1915 年由美国开往英国的"卢西塔尼亚"号被德国击沉，美国因此参加第一次世界大战；1933 年的德国国会纵火案，使纳粹政权建立了起来；1941 年的珍珠港事件，让美国卷入了第二次世界大战；"9·11"事件，使美国"顺理成章"地入侵阿富汗和伊拉克。

这些过度反应的逻辑是某种技术上的共同知识（common knowledge）：每个人都知道每个人都知道每个人都知道。[27] 共同知识是协调所必需的，在协调过程中，各方都希望其他各方也会这样做。共同知识可能来自你能看到同时别人也能看到的公共事件。公共暴行就是一种共同知识，它将促使大家在一阵盖过一阵的恼怒之下采取一致行动，否则处理这种恼怒的恰当时机似乎永远不会到来。这种令人难以接受的暴行，会同时激发众多散兵游勇的愤怒，并把他们造就为一个强有力的群体。反击所造成的伤害程度则是无关紧要的。

反击结果不但无关紧要，而且属于禁忌。正是这种公共暴行，让心理学家罗伊·鲍迈斯特（Roy Baumeister）提出了"受害者叙事"（victim narrative）这个概念：在一种道德化的寓言中，有害的行为被神圣化，而造成的伤害被神圣化为不可弥补、不可原谅的。[28] 这种叙事不以准确为目标，让大家齐心协力才是它的真正目的。追究实际发生事情的细节，不仅无关紧要，而且被视为大逆不道。[29]

在最好的情况下，公共暴行可以动员早该采取行动的人来应对趋于激化的矛盾，就像在回应弗洛伊德事件时与系统性的种族主义所做的斗争一样。深思熟虑的领导人可以将愤怒转化为负责任的改革，正如某位政治家所说的"永远不要浪费危机"。[30] 但是，公共暴行的历史表明，它们也会让煽动家们更有力量，让暴民陷入泥潭和灾难。总的来说，我认为更冷静的头脑会带来更多的好处——准确地评估伤害，并相应地做出反应。[31]

没有媒体的报道，暴行就无法公之于众。"缅因"号事件之后，"黄色新闻"（yellow journalism）① 这个词才开始被普遍使用。即使记者没有煽动起读者的沙文主义极端情绪，过度的公众反应也是一种固有的危险。我认为，记者没有充分考虑媒体报道是如何激活人们的认知偏差、扭曲人们的理解的。愤世嫉俗者可能会说，记者根本不在乎，因为对他们来说，唯一重要的是点击率和眼球。但根据我的经验，大多数记者都是理想主义者，他们认为自己是在响应向公众提供信息这一更高的召唤。

印刷机是一种可得性机器。它提供的奇闻轶事塑造了人们关于何为普

---

① 有关凶杀、灾祸、色情、犯罪等刺激性内容的报道。——编者注

遍事件的印象，这肯定会误导人们。由于新闻报道的是发生了什么，而不是没有发生什么，因此，事件真实发生概率这一分数的分母对应的是这一事件的所有机会，包括未发生的机会。这样，该分母就是未知的，这导致人们对某件事到底有多普遍一无所知。

此外，这种扭曲并非偶然，而是会将我们引向不正常的方向。突然发生的事情通常都不是什么好事，比如战争、枪击案、饥荒、金融危机；而什么事情都没发生也可能是好事，比如，一个和平又不引人关注的国家，或者一个衣食无忧而被人遗忘的地区。进步不会在一天内发生，它以几个百分点的年增长率增长，悄悄地改变了世界。正如经济学家马克斯·罗泽（Max Roser）所指出的那样，新闻网站在过去 25 年里每天都可以用"137 000 人脱离了极端贫困"这样的标题。[32] 但是他们从来没有刊登过这样的头条，因为这样的事情不可能在某一天突然发生。因此，"12.5 亿人逃离了肮脏的环境"这一人类历史上的最伟大成就，却没有引起人们的注意。

无知是可以衡量的。民意调查人员一次又一次地发现，人们往往对自己的生活过于乐观，却对社会过于悲观。例如，在 1992 年至 2015 年这段被犯罪学家称为"美国犯罪率大下降"（Great American Crime Decline）时期，大多数美国人认为犯罪率在上升。[33] 通过"无知项目"（Ignorance Project）的研究，瑞典国际卫生学家汉斯·罗斯林（Hans Rosling）和他的儿子欧拉·罗斯林（Ola Rosling）、儿媳安娜·罗斯林－罗朗德（Anna Rosling-Rönnlund）告诉我们，大多数受过良好教育的人认为全球趋势肯定在倒退，他们认为人类寿命、识字能力和极端贫困正在朝着糟糕的方向发展，而事实上，所有这些都显著改善了。[34] 新冠肺炎疫情让 2020 年的经济情况有所退步，不过几乎可以肯定这只是暂时的。

可得性驱动的无知具有腐蚀性。一个在心里循环播放的关于灾难和失败的新闻短片，会让人们对科学、自由民主和全球协作制度改善人类状况的能力产生怀疑。其结果可能是一种沮丧的宿命论或鲁莽的激进主义：倡议捣毁机器、抽干沼泽，或授权给承诺"我一个人可以解决问题"的煽动家。[35] 兜售谣言的新闻也为恐怖分子和滥杀无辜的枪手提供了不正当的动机，他们可以通过钻空子而一举成名。[36] 作家也会成为虚假新闻的制造者。2021 年，一些作家开始撰写有关新冠疫苗的故事，故事的主角是感染了新冠病毒的疫苗接种者。按理说，这不是新闻，因为接种疫苗的人里面肯定有一些会感染病毒。但这样的故事，肯定会吓到成千上万接种疫苗的人，但实际上接种疫苗是让人们免受病毒威胁的最好办法。

我们如何才能认识到世界上真正的危险，同时矫正对现实的错误理解？接收新闻的人应该明白，新闻天生就存在偏差，因此应该做好信息选择：少看 Facebook 的"信息流"，多看《数据看世界》(*Our World in Data*)①。记者应该把耸人听闻的事件放在具体的背景中来报道。死亡、飞机失事或鲨鱼袭击事件，要提供年度比率信息，这样就考虑了概率的分母，而不仅仅是分子。我们应该把挫折或一连串不幸放在长期趋势的背景下考虑。新闻来源要包括国家和全球指标的仪表盘，包括他杀率、二氧化碳排放、战争死亡、民主政体、仇恨犯罪、针对妇女的暴力、贫困等；这样读者就可以自己看到趋势，并了解哪些政策在朝着正确的方向前进。尽管编辑们告诉我，读者讨厌数学，永远不会容忍数字破坏他们的故事和图片，但这些编辑自己的媒体内容证伪了这种屈尊俯就的态度。人们热衷于浏览天气、商务和体育版的数据，那么为什么会不喜欢新闻中的数据呢？

---

① 网络出版物，使用交互式图表和地图来说明研究成果，重点关注诸如贫穷、气候变化和战争之类的全球性大问题。——编者注

合取概率、析取概率与条件概率

电视上的一位天气预报员预告说，周六有 50% 的可能性下雨，周日有 50% 的可能性下雨，因此得出结论：周末有 100% 的可能性下雨。[37] 有这样一种奇怪的论证：教皇几乎肯定是一位外星人，因为在地球上随机选择一个人而这个人恰好是教皇的概率非常小，约为 80 亿分之一，即 0.000 000 001 25。方济各是教皇，因此，方济各可能不是人类的一员。[38]

通过概率进行推理时，很容易走偏。人们之所以会犯错，源于人们对概率的错误理解和应用，例如在以下方面：如何计算合取概率、析取概率、补集概率以及条件概率。如果说这些术语听起来很熟悉的话，那是因为它们与上一章中所讨论的"且""或""非""如果－那么"非常相像。尽管公式看起来很简单，但每个公式都设下了一个陷阱，对概率理解和应用上的偏差，导致了人们对世界的错误认知。[39]

两个独立事件的合取概率 P（A 且 B），是每个独立事件概率的乘积：P（A）$\times P$（B）。如果格林夫妇有两个孩子，两个都是女孩的概率是多少？答案等于第一个孩子是女孩的概率（0.5）乘以第二个孩子是女孩的概率（也是 0.5），也就是 0.25。我们可以把单一事件语言转化为频率语言，这时会发现，在我们所观察的所有拥有两个孩子的家庭中，有 1/4 的家庭有两个女孩。更直观地说，按照概率的经典定义，我们可以列出拥有两个孩子家庭的全部可能组合：男孩—男孩，男孩—女孩，女孩—男孩，女孩—女孩。4 种组合中的一种组合为"女孩—女孩"。

合取概率中的陷阱在于事件独立性这一假设。彼此没有关系的事件，就是独立事件。对于独立事件来说，一个事件发生的概率与另一个事件发生的概率没有关系。我们想象一下，如果在即将到来的新社会，人们可以选择自己孩子的性别；再想象一下，父母有自己的强烈主张，有的只想要男孩，有的只想要女孩。如果第一个孩子是女孩，这就暗示着父母更喜欢女孩，这意味着他们会再次选择生个女孩；如果第一个孩子是男孩，也可以做类似的判断。这些事件不是独立的，那就不存在概率之间的相乘了。如果偏好强烈，技术上又没有问题，那么每个家庭都只有儿子或女儿，两孩家庭中全是女孩的概率将是 0.5，而不是 0.25。

如果没有考虑事件是否独立，那么会引起重大错误。当不常见的事件连续出现时，如果事件主体并没有被隔离开，那么，这组观察实际上就是单一事件，而不是一组反常事件。例如，一栋大楼中有很多人因为彼此传染而患上感冒，同龄人因相互影响而赶时髦，某个被调查者固执己见时给出的若干问题的答案，或者对某一事物进行持续若干天、若干月或若干年的惯性测量。这时，我们就不能将它们的概率相乘。例如，如果在粘贴"邻里监视"标语后的 12 个月里，犯罪率都低于平均水平，我们就此断定这是粘贴标语的结果、绝非偶然，那就错了。犯罪率的变化是个缓慢的过程，一个月的模式会延续到下个月，因此，结果更接近于抛一次硬币，而不是连续抛 12 次硬币。

在法律领域，错误地使用合取概率就不只是数学上的差错，而是会导致冤假错案的发生。一个广为人知的例子就是貌似正确的"梅多定律"（Meadow's Law）。这个定律以一位英国儿科医生的名字命名。梅多定律告诉我们，在调查家庭婴儿死亡案件时，"一个死婴是悲剧，两个死婴很可疑，三个死婴就是谋杀，除非能够证明事实并非如此"。律师萨莉·克拉克（Sally Clark）的案件发生于 1999 年，她的两个孩子均在婴儿期死亡。医生报告说，在家境优越而又不吸烟的家庭，一个婴儿死亡的概率是 1/8 500，两个婴儿死亡的概率是这个数字的平方，约 1/73 000 000。克拉克随后因谋杀罪而被判处终身监禁。震惊的统计学家指出了其中的错误，家庭中婴儿死亡事件不是独立的：兄弟姐妹可能拥有相同的遗传易感性（genetic predisposition）；这个家庭可能经受着较高的风险因素；或者，父母因为经历了第一场悲剧而采取了错误的预防措施，从而增加了第二场悲剧发生的概率。克拉克的第二次上诉使用了不同的理由，随后被释放。在接下来的几年里，数百起基于类似错误的案件不得不重审。[40]

错误计算合取概率的另一个例子是，唐纳德·特朗普和他的支持者无端指控选票造假，试图推翻 2020 年的美国总统大选结果。在向美国最高法院提出的一项动议中，得州司法部长肯·帕克斯顿（Ken Paxton）写道："考虑到特朗普总统在 2020 年 11 月 4 日凌晨 3 点时在佐治亚州、密歇根州、宾夕法尼亚州和威斯康星州等 4 个被告州还处于领先位置，前副总统拜登在这些州赢得普选的概率将小于一千万亿分之一，也就是 1/1 000 000 000 000 000。对于前副总统拜登来说，在 4 州全部胜选这一事件发生的概率将下降到 1/1 000 000 000 000 000[4]。"

帕克斯顿令人瞠目结舌的数学假设是，在计数过程中得到的选票是统计上独立的，就像重复掷骰子一样。但是城市居民的投票方式与郊区居民的投票方式不同；郊区居民的投票方式与乡下人的投票方式不同；亲自投票的选民与邮寄投票的选民也不同，尤其是在 2020 年，特朗普不鼓励他的支持者邮寄投票。在每个部门内，投票不是独立的，而且各个部门的基础比率也不同。由于每个选区的结果是当局一掌握就公布的，邮寄选票是在之后统计的，然后随着不同部分的累加，有利于每个候选人的计数可能上升或下降，所以最终的结果不能从临时的结果中推断出来。当帕克斯顿将 4 个州的虚假概率相乘时，他就会得出"拜登在 4 个州全部胜选的概率是在一州胜选概率的 4 次方"的结论，但这些投票不是独立的，无论在密歇根州影响选民的是什么，它也可能影响威斯康星州的选民。[41]

统计独立性（statistical independence）与因果关系这个概念有紧密关系：如果一个事件的发生会影响另一个事件的发生，从统计上来说两者就不是独立的；我们将会看到，反过来说是不正确的，因为没有因果关系的事件，在统计上可能是相互依赖的。这就是"赌徒谬误"是一种谬误的原因。轮盘的这一次旋转不会影响下一次旋转，所以在一波黑色槽之后押中红色槽的赌徒注定会输得精光：黑色槽和红色槽各自的概率总是略小于 0.5，因为有 0 和 00 两个绿色槽。这表明，关于统计独立性的谬误有两种类型：错误地假设独立（如梅多谬误），或者错误地假设依赖（如赌徒谬误）。

事件是否独立并不总是显而易见的。认知偏差的研究在日常生活中最知名的应用，是特沃斯基与社会心理学家汤姆·吉洛维奇（Tom Gilovich）对篮球中"热手"现象[①]的研究。[42]每个篮球迷都知道，时不时会有球员"手感火热"、"状态极佳"或"一投就有"。尤其是"连中投手"维尼·约翰逊（Vinnie Johnson），这位美国 20 世纪 80 年代 NBA 底特律活塞队的后

---

① "手气"究竟是一种认知错误，还是一种如天赋、机遇、运气一般的存在？《华尔街日报》记者本·科恩在《热手效应》一书中，通过一个个真实发生的小故事说明，人类的每一次事件是如何受到"手气"的深刻影响的。该书中文简体字版已于 2022 年由湛庐引进、浙江教育出版社出版。——编者注

卫因为快速"热手"而赢得了"微波炉"这一绰号。面对球迷、教练、球员和体育记者的质疑，特沃斯基和吉洛维奇认为热手只是一种幻觉，是反向的赌徒谬误。他们分析的数据表明，每一次投篮的结果在统计上与前面的投篮结果无关。

在看数据之前，我们不能以否定赌徒谬误的方式来否定热手效应中因果关系的合理性。与轮盘赌中的轮盘不同，运动员的身体和大脑都是有记忆的，如果说一股能量或信心的迸发可能持续几分钟也不是什么迷信。另有一些统计学家对这些数据进行再次分析后得出结论：研究人员搞错了，运动员是对的，篮球场上确实存在热手效应。这种结论并不违背科学，经济学家乔舒亚·米勒（Joshua Miller）和亚当·圣胡尔霍（Adam Sanjurjo）告诉我们，当你从一系列连续的投篮数据中选择命中或失败的连续数据时，下一次投篮的结果在统计上并不独立于这一连续数据。原因是，如果这次投篮碰巧成功了，并延续了成功，那么，这一投篮就应该被视为连中的一部分。任何在连续进球之后被单独挑出来的投篮都是没有投中的：该投篮没有机会被定义为连中本身的一部分。这种算法把人们期待的偶然性给剔除了，进而推翻了"投篮不比轮盘赌更有规律"的结论。[43]

关于热手的谬误有三个教训。首先，统计上相互依赖的事件，不仅指一个事件对另一个事件存在因果关系上的影响，而且指该事件影响到哪些事件被挑选出来做比较。其次，赌徒谬误可能是由轻微的非理性感知引发的：当我们在长期事件中期待连胜时，给定长度的连胜更有可能被逆转而不是继续。最后，概率可能真的太不直观了，即使专家也可能算错。

下面我们来讨论析取事件的概率 P（A 或 B），它等于事件 A 的概率加上事件 B 的概率，再减去事件 A 和事件 B 的合取概率。如果布朗一家有两个孩子，至少有一个女孩（第一个孩子是女孩或者第二个孩子是女孩）的概率是多少呢？$0.5+0.5-0.25=0.75$。你可以通过计算组合得到相同的结果：在男—女、男—男、女—男、女—女组合这 4 种可能性中，男—女、女—男和女—女组合这 3 种可能性至少有一个女孩，概率是 $3/4=0.75$。另外，也可以采用统计频率的方法：在一个二孩家庭的大型数据集合中，你会发现 3/4 的家庭至少有一个女孩。

"或"算法告诉我们天气预报员所说的"周末一定会下雨"错在哪了：周末每一天下雨的可能性都是 50%，简单地把周末两天的概率相加，就无意中重复计算了周末两天都下雨的概率，忘了减掉 0.25 的合取概率。他所用的规则适用于异或，即 A 或 B 但不包括 A 与 B 同时发生。互斥事件的概率相加得到析取概率，其中所有事件的概率之和肯定为 1。一个孩童是男孩的概率是 0.5，是女孩的概率也是 0.5，概率之和等于 1，因为这个孩童要么是男孩，要么是女孩。如果你忘记了这种差别，混淆了重叠事件与互斥事件，就会得到不可思议的结果。想象一下，天气预报员预告说周六、周日和周一下雨的概率都是 0.5，然后得出结论，整个长周末下雨的概率是 1.5！

A 事件的互补概率就是 A 不发生的概率，它等于 1 减去 A 发生的概率。当我们需要估计"至少有一个"事件的概率时，它就派上用场了。在布朗一家的例子中，因为孩子里"至少有一个女儿"与"孩子里并非都是儿子"的概率是相同的，因此，不用计算"第一个孩子是女孩或第二个孩子是女孩"的析取概率，我们可以取而代之地计算合取概率的互补概率：1 减去"所有孩子都是男孩"的概率（0.25），结果是 0.75。当我们必须计算在大型集合中至少有一个 A 的概率时，析取规则要求对众多的组合做烦琐的加减计算。此时，计算"并非都是非 A"的概率更容易些，我们只需用 1 减去一个大乘积就行了。

举个例子，如果每年爆发一场战争的概率是 0.1，那么 10 年内至少爆发一场战争的概率有多大？假设战争是独立事件，不会相互传染，这差不多是符合实际情况的。[44] 我们不用先计算第 1 年爆发战争的概率，加上第 2 年爆发战争的概率，再减去第 1 年和第 2 年内爆发一次战争的概率，再以此类推计算所有组合。我们可以取而代之地直接计算在整个 10 年期间一场战争也没爆发的概率，再用 1 减去这个概率。每年不会爆发战争的概率是 0.9，10 年内一场战争也不会爆发的概率就是 10 个 0.9 相乘，即 $0.9^{10}=0.35$。1 减去 0.35，结果是 0.65。

最后，我们来讨论条件概率：在事件 B 发生的前提下，事件 A 发生的概率，写成 $P(A|B)$。条件概率从概念上看很简单：就是"如果 – 那么"中的"那么"的概率。在计算上也很简单：就是 A 和 B 同时发生的概率除以 B 发生的概率。但是，概率推理中言之不尽的困惑、错误和互相矛盾，都来自条件概率。我们从《XKCD 漫画》[①]中的那个倒霉的家伙（见图 4-4）开始讨论。

---

① 由美国网络漫画家兰德尔·芒罗（Randall Munroe）创作的网络漫画，作者将其描述为"关于浪漫、讽刺、数学和语言的网络漫画"。——编者注

图 4-4 《XKCD 漫画》中的一个场景

注：在这么认为的人当中，闪电的年致死率为 1/6。

他的错误在于他把被闪电击中的简单概率或者说基础比率 P（被闪电击中），与"如果在暴风雨时外出，那么被闪电击中"的条件概率 P（被闪电击中|暴风雨时外出）弄混了。

尽管条件概率的算法很简单，但在我们将其具体化和可视化之前，它是不直观的。看看图 4-5 的维恩图（Venn diagram）吧，区域大小对应事件发生的数量。矩形面积为 1，包含了事件的所有可能结果。圆形 A 代表事件 A 发生的全部数量，左上图告诉我们，事件 A 发生的概率对应于它的面积占整个矩形的比例，这只不过是"发生次数除以机会数"的另一种说法而已。右上图表示的是"A 或 B"的概率，即圆形 A 的面积加上圆形 B 的面积，再减去中间重叠的那一部分面积（A 且 B 的概率）。重叠部分

面积的概率 P（A 且 B）如左下图所示。

　　图 4-5 中的右下图告诉我们什么是条件概率。我们不该去考虑任何事件都可能发生的广阔空间（整个矩形），而只需把注意力集中在事件 B 发生的空间上。现在我们来仔细看一下，在事件 B 发生的情况下究竟发生了多少事件 A，也就是 A 与 B 重叠部分的面积与圆形 B 面积的比值。在暴风雨中行走（B）时，人们遭受雷电击中（A 且 B）的比例有多少呢？这就是我们在计算条件概率 P（$A\,|\,B$）时，要用 P（A 且 B）除以基础比率 P（B）的原因。

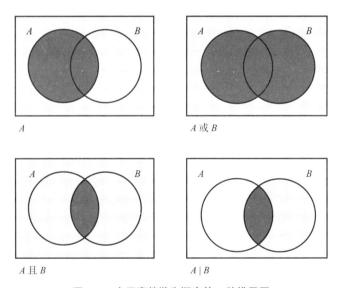

图 4-5　表示事件发生概率的 4 种维恩图

　　再举一个例子。格雷夫妇有两个孩子，已知先出生的是女孩。知道这

一点之后，两个孩子都是女孩的概率是多少呢？我们把问题转化为条件概率，即在第一个孩子是女孩的前提下，第二个孩子仍是女孩的概率，用符号表示就是：P（第一个孩子＝女孩且第二个孩子＝女孩 | 第一个孩子＝女孩）。根据条件概率公式，我们先计算合取概率，得到 0.25，再除以第一个孩子是女孩的概率 0.5，得到结果 0.5。我们也可以通过用经典而具体的方法思考：用"女孩—女孩"（一种可能组合）除以"女孩—女孩"和"女孩—男孩"（两种可能组合），得到的结果也是 0.5。

在前面章节中，我没有详细讨论统计独立性这一概念，而条件概率有助于我们精准地理解它。现在，我们给独立性下个定义：对于所有的事件 B 来说，如果 $P(A|B)$ 与 $P(A)$ 的总体概率相同，我们就说事件 A 与事件 B 是独立的；类似地，我们可以定义事件 B 与事件 A 是独立的。我们知道，当事件不独立时是不能对其概率进行乘法运算的。在这种情况下，我们该怎么办呢？非常简单，事件彼此不独立时，事件 A 与事件 B 的合取概率等于事件 A 的概率乘以事件 A 条件下事件 B 的概率，即 $P(A) \times P(B|A)$。

为了把条件概率这个概念解释清楚，我们有时用文字，有时用数学公式，有时用维恩图，有时通过计算各种可能性来描述。这些不同的解释在逻辑上是相通的。我们之所以这样做，是因为条件概率给人们带来了太多的困惑，因此做怎样细致的解释都不为过。[45]

如果你不相信的话，我们再举一个例子。怀特夫妇有两个孩子，且至少有一个是女孩。那么，两个孩子都是女孩的概率是多少呢？实际上，这就是"至少有一个女孩"条件下"有两个女孩"的条件概率：P（第一个

孩子＝女孩且第二个孩子＝女孩|第一个孩子＝女孩或第二个孩子＝女孩）。能对这一问题给出正确答案的人很少，因此，统计学家称之为"男孩或女孩悖论"（Boy or Girl paradox）。绝大多数人的答案是 0.5，而正确答案是0.33。针对这一问题，具体思维（concrete thinking）将会导致错误答案。人们会想当然地认为，第一个孩子是女孩，她还会有一个妹妹或弟弟，并认为妹妹是这两种可能性中的一种。他们忘记了"至少有一个女孩"还有另外一种情形：这个女孩是妹妹。为了正确计算各种可能性，我们用"女孩—女孩"一种组合除以"女孩—女孩、女孩—男孩、男孩—女孩"三种组合，结果是 1/3。如果用公式计算的话，就是 0.25（女孩且女孩）除以 0.75（女孩或女孩）。

男孩或女孩悖论并不只是措辞上的花招。它来自无法列举各种可能性的想象力，并且会以多种形式出现，包括蒙提·霍尔问题。下面是一个更简单但完全相同的案例。[46] 一些在人行道上玩扑克的人靠骗路人玩"帽子里的三张牌"来谋生。骗子给路人展示三张牌：一张两面都是红色，一张两面都是白色，还有一张一面是红色另一面是白色。他把三张牌混合在一个帽子里，抽出一张，比如说红面向上，然后赌另一面是否也是红色：如果另一面是红色，路人给他 1 美元；如果是白色，他给路人 1 美元。这是一个傻瓜式的赌注：另一面也是红色的概率为 2/3。愚钝的人在心里计算牌数而不是牌面数，他们忘记了如果一张两面都是红色的牌被选中，它有两种可能是红面朝上的。

美国作家约翰·欧文（John Irving）所著的小说《盖普眼中的世界》（*The World According to Garp*）里讲的一个类似笑话也趣味十足。盖普夫妇打算买房，当他们正在看房时，一架小型飞机撞上了这所房子。盖普说："这所房子我要了，再有飞机撞上这所房子的可能性几乎为零了。"

忘记给某个基础比率概率加上一个特殊场景下的限定条件，比如说暴风雨，是人们在概率上常犯的错误。1995 年，美国橄榄球明星 O. J. 辛普森（O. J. Simpson）被控谋杀妻子妮可·布朗（Nicole Brown）。法庭上，一名检察官提请人们注意辛普森殴打妻子的历史。辛普森的其中一位辩护律师说，在虐待妻子的人当中，杀害妻子的人极为少见，大概每 2 500 人中才会有一个。这里的谬误是美国一位英文教授伊莱恩·斯卡里（Elaine Scarry）发现的。妮可受到的可不是一般的虐待，她曾被割喉。相关的统计数据，是"某个人虐待过妻子且妻子也曾被他谋害过"条件下"某个人杀妻"的条件概率。这个概率是 8/9。[47]

条件概率的另一个常见错误是，把 A 条件下 B 的概率和 B 条件下 A 的概率混为一谈，这在统计学上等同于肯定后件（从"如果 P，那么 Q"到"如果 Q，那么 P"）。[48] 还记得疑病症患者欧文吗？他认为自己得了肝病，因为他的症状完全与肝病的症状相符，即"没有不适"。欧文混淆了"患肝病"条件下"无症状"的概率（高）与"无症状"条件下"患肝病"的概率（低）。这是因为，"患肝病"的概率（基础比率）很低，而"没有不适"的概率很高。

只要基础比率不同，两个方向的条件概率就不一样。举一个现实生活中的例子。人们发现，有 1/3 的死亡事故发生在家里，因此，媒体往往用"私人住宅就是危险区"这样的标题来吸引眼球。问题是，我们大部分时间都待在家里，所以即使家里不是特别危险，我们遭遇的很多事故也会发生在家里，因为我们在家里做的事情特别多。媒体起这样的标题，就是混淆了"发生死亡事故"条件下"我们在家"的概率（报道的统计数据），与"我们在家"条件下"发生死亡事故"的概率，而后者恰是读者最感兴趣的。直观地看一下图4-6，我们就可以更好地理解这个问题。在这张图里，圆形的相对大小对应着基础比率，比如，圆形 A 的面积代表发生死亡事故的天数，圆形 B 的面积代表待在家里的天数。

　　a 图表示 B 条件下 A 的概率，即"待在家里"条件下"发生死亡事故"的概率，在数值上等于两个圆重叠的面积（A 与 B 的交集）与大圆形面积（B，"待在家里"）之比，这个数值相对较小。b 图表示 A 条件下 B 的概率，即"发生死亡事故"条件下"待在家里"的概率，在数值上等于两个圆重叠的面积（A 与 B 的交集）与小圆形面积（A，"发生死亡事故"）之比，这个数值是很大的。

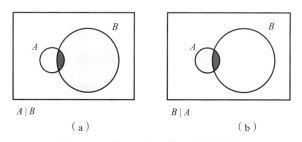

A | B　　　　　　　　　　B | A
（a）　　　　　　　　　　（b）

图 4-6　用维恩图表示的两种条件概率

　　条件概率如此容易被诟病的一个重要原因是，英语这种语言对倾向于哪种情况是模棱两可的。"在家中发生事故的概率为 0.33"可以表示"事故的占比"，也可以表示"待在家中的时间占比"。这种差异可能在文字上体现不出来，从而造成对倾向性的误读。大多数自行车事故都与男孩有关，媒体用"骑自行车的男孩更危险"这样的标题暗示男孩更鲁莽。事实上，他们可能只是更热衷于自行车运动。有一位地方检察官宣称，受害者的血型与被告衣服上的血型偶然匹配的可能性只有 3%，因此被告有罪的可能性是 97%，这就是统计学家所说的"检察官谬误"（the prosecutor's fallacy）。该检察官混淆了（并希望陪审员也混淆）被告在无罪条件下的匹配概率，与匹配条件下被告无罪的概率。[49] 如何正确地进行概率计算是下一章"信念与证据：贝叶斯推理"的主题。

条件概率的模棱两可会引发争议。2019 年，两位社会科学家在《美国国家科学院院刊》（*Proceedings of the National Academy of Sciences*）上发表的一项研究引起了巨大反响。他们引用的数据，与我在前面提到的类似，得出的结论是：警察更有可能枪杀白人而不是黑人，而非因为公认的种族偏见而更有可能枪杀黑人。评论者指出，这一结论适用于"某个被枪杀的人是黑人这个条件概率，确实低于某个被枪杀的人是白人的概率"，但这只是因为美国黑人比白人少，这是基础比率的差异。如果警察有种族偏见，这种倾向会对应以下条件概率：某个黑人被警察枪杀的概率更大，而数据告诉我们确实如此。论文作者认为，合适的基础比率并不能轻易得到：应该是黑人在总人口中的比例，还是在遇见警察的那些人中的比例呢？他们意识到自己在表述概率时含混不清，因此正式对这篇论文做了撤稿处理。[50]

对于"来自天外的教皇"又该怎么解释呢？你一定是把"某人是教皇"与"教皇是人"这两个条件概率弄混了。[51]

先验概率与后验概率

一个男人试穿一套定制西装，对裁缝说："我需要把这只袖子改短一些。"裁缝说："不用，像这样弯肘就行了。看，袖子被拉起来了。"顾客说："那好吧，但是当我弯肘的时候，衣领就升到脖子后面去了。"裁缝说："那又怎样？抬头，再往后仰，相当好！"男人说："但是现在左肩比右肩低 3 英寸[①]。"裁缝说："没问题，把腰弯一下就好了。"这名男子穿着西装离开了，他的右肘弯曲、头向后仰、躯干向左弯、走起路来异常不稳。两个行人从他身边经过，其中一个人说："你看到那个可怜的残疾人了吗？我很同情他。"另一个人说："是的，不过他的裁缝太棒了，这套衣服非常适合他。"

这个笑话指出了另外一类概率错误：混淆了先验概率和后验概率。这种混淆有时被称为"得州神枪手谬误"（Texas sharpshooter fallacy），得名于一名射手将子弹射入谷仓的一侧，然后在洞的周围画上一个靶心。在计算概率时，分数的分母（事件发生的机会数）是否独立于分子（我们感兴趣的事件数），会直接影响到结果。确认偏差导致了这个错误：一旦我们预期到某种模式，我们就会找出支持的例子，忽略反例。比如，我们想计算一位巫师预测的成功概率。我们记下每一个成功的预测，但不除以预测的总数（包括正确的预测和错误的预测），那么，你可以得到任何想要的概率。正如弗朗西斯·培根在 1620 年指出的那样，所有迷信都是如此，包括占星术、梦、预兆。

---

① 1 英寸约等于 0.03 米。——编者注

金融市场中也有类似的例子。某个无德的投资顾问拥有一个 10 万人的邮件列表，他向列表中的一半人发送了预测市场将上涨的简报，向另一半人发送了预测市场将下跌的简报。每个季度结束时，他都会把收到错误预测的人从邮件列表中剔除，然后对剩下的人重复这个过程。两年后，他跟 1 562 名邮件接收者签了约，这些人都对他连续 8 个季度准确预测市场的纪录表示惊讶。[52]

尽管这种骗局如果在知情的情况下实施是非法的，但如果谁真能如此料事如神的话，无疑是金融行业的福音。尽管交易员们能够神速抄底，但是，很少有人能比一篮子证券表现更好。比尔·米勒（Bill Miller）却是个例外。2006 年，他被 CNNMoney 网站评为"这个时代最伟大的基金经理"，因为他创造了连续 15 年跑赢标普 500 指数的纪录。你说神奇不神奇？我们可以设想一下，如果一个基金经理在任何一年跑赢或跑输标普 500 指数的概率都一样，那么，连续 15 年跑赢该指数的概率就只有 1/32 768（2^{15}）。不断创造连胜纪录的米勒成了幸运者。物理学家列纳德·蒙洛迪诺（Leonard Mlodinow）在《醉汉的脚步：随机性如何主宰我们的生活》（*The Drunkard's Walk: How Randomness Rules Our Lives*）中指出，美国有 6 000 多名基金经理，而现代共同基金已经存在了大约 40 年。在这 40 年里，出一个 15 年连胜基金经理的概率不是没有，而是 3/4。CNNMoney 也可以这样来报道米勒的故事：15 年连胜的梦想终于成为现实——比尔·米勒就是那个幸运儿。不过，米勒的好运到此为止了，在接下来的两年里，市场"轻而易举地打败了他"。[53]

除了确认偏差之外，后验概率谬误的另一个重要原因是我们不知道发生巧合的概率有多大。如果让我们事后去识别，那么巧合就绝非不可能，而是几乎肯定会发生。在《科学美国人》(*Scientific American*)的一篇专栏文章中，业余数学家马丁·加德纳(Martin Gardner)问道："如果你前面的汽车车牌上的数字倒过来读就是你的电话号码，你会注意到吗？"除了数字命理学家或逻辑学爱好者，谁会看到 U、S、A 三个字母有规律地出现在单词 LOUISIANA 中，也出现在约翰·菲利普·苏萨(John Philip Sousa)名字的末尾？苏萨可是美国著名的军乐曲作者。只有古怪的人才会发现国际象棋世界冠军鲍比·费舍尔(Bobby Fischer)是双鱼座。[54] 但是这类数字命理学家和各种奇怪的人确实存在，他们"打哪指哪"的说法可以提炼成玄乎的理论。精神分析学家卡尔·荣格(Carl Jung)提出了一种叫作"共时性"的神秘力量来解释不需要解释的精髓，即世界上普遍存在着巧合。

在我小的时候，漫画书和杂志都有模因(meme)流传，其中一个流传甚广的是亚伯拉罕·林肯和约翰·F. 肯尼迪两个人惊人的相似之处。两人都是周五那天遇刺、因头部中枪而身亡，当时，他们各自的妻子都在身边。林肯有个秘书叫肯尼迪，肯尼迪有个秘书叫林肯。他们的继任者都出生于尾数是 08 的年份。这两名刺客都有三个名字，加在一起都是 15 个字母。林肯的刺杀者约翰·威尔克斯·布斯(John Wilkes Booth)从剧院出逃，在仓库被抓；肯尼迪的刺杀者李·哈维·奥斯瓦尔德(Lee Harvey Oswald)从仓库出逃，在剧院被抓。这些诡异的相似之处告诉了我们什么呢？荣格博士告诉我们，除了巧合，绝对没有别的。巧合很常见，只不过我们不擅长统计的心智感受不到这一点。人们一旦碰到感到惊奇的巧合时，往往就会添枝加叶（林肯事实上没有一个叫肯尼迪的秘书），而不会去关注那些无关紧要的非巧合。

科学家也难免陷于"得州神枪手谬误"。21 世纪的第一个 10 年，在生物学、社会心理学、人类遗传学等领域出现的可复制性危机，都可以用这个谬误来解释。[55] 我们都知道，今天的健康食品，很多在过去都被认为是不健康的；有些神奇的药物并不比安慰剂的效果更好；对应某一特质的基因，只不过是 DNA 中的噪声。还有一些新奇的研究结果是这样的：当墙上张贴两只眼睛的图片时，人们就会为咖啡基金捐款更多；刚刚参加完一个与老年时期有关的实验后，人们在走向电梯时动作更缓慢。

现在我们知道了，并不是研究人员在数据上作假，而是因为他们采用的是"歧路花园"（the garden of forking paths）式的有问题做法，进行 P 值操纵（概率阈值 P，代表"统计显著性"）。[56] 设想一名科学家正在做一项艰苦的实验，得到的数据居然与"成功了！"恰好相反。为了减少损失，他特别想知道是否真的有效果：或者仅对男人有效；或者仅对女人有效；或者仅在剔除某些参与者的奇异数据后有效；或者在把实验改为统计实验，只关注数据排序而不去关注精确的数值时有效；或者，你可以继续对参与者进行测试，直到代表统计显著性的星号出现在统计结果中，并"见好就收"。

这些做法都不能说毫无道理，只要在数据收集之前做好规划就行。但如果实验者在事后这样做，一些组合很可能会被利用从而得到虚假的结果。几十年来我们已经知道，这个陷阱源于概率的固有特性。记得我在 1974 年做统计分析时，就有人警告我不要做"数据窥探"（data snooping）[①]。但直到最近，也没有多少科学家能凭直觉认识到，一点点数据窥探就可能导致许多错误。指导我的教授半开玩笑地建议，在做实验之前，科学家应该

---

① 一种统计偏差，指通过操纵数据或分析来人工地得出统计上显著但实际上并不存在的关系。——编者注

把他们的假设和方法写在一张纸上，并放在一个保险箱里，在研究工作完成后，他们再打开保险箱给评审看。[57]他说，唯一的问题是，科学家可能有好几个保险箱，他们会打开与实验数据"相符"的那一个。互联网的出现，解决了这个问题。最新的科学方法论，要求你必须在网络上公开"预先登记"的研究工作的全部细节，供评审和编辑进行事后检查。[58]

有一种后验概率错觉特别常见，就是"集群错觉"（cluster illusion）。[59]我们善于关注集合性事物或事件，它们通常是某一事物或事件的一个组成部分：一只狗叫个不停，天气预报说某个城市连续降雨好几天，小偷疯狂洗劫了一个街区的几个店铺。但并不是所有的集群事件都有根源——事实上，大多数集群事件没有。一连串事件发生后，不可避免地会进入彼此的邻近位置，除非受到某个非随机过程的阻止。

集群错觉让我们认为随机过程是非随机的，反之亦然。卡尼曼和特沃斯基向人们（包括统计学家）展示真实的一连串抛硬币的结果，当不可避免地出现连续的正面或反面时，人们认为硬币被操纵了。他们会说，只有当一枚硬币被人为操纵以防止出现连续的正反面时，看起来才是合理的；比如"正反正反反正反正正反"，虽然"看起来"是随机的，但事实上它不是。[60]当我在一个听觉感知实验室工作时，我也遇到过类似的错觉。参与者必须检测微弱的音调，这些音调是随机出现的，所以他们无法猜出音调何时出现。有人说，随机事件发生器一定是坏了，因为声音是突然出现的。他们没有意识到这就是随机的声音。

太空中也有"幽灵星团"存在。构成白羊座、天蝎座、巨蟹座、处女座、射手座和其他星座的恒星并不是星系中的邻居，从地球的角度看，它们只是随机地散布在夜空中，是我们寻找模式的大脑创造了这些图案。日历上也有并不真正存在的集群。人们惊讶地发现，在有 23 个人的房间里，两个人生日相同的概率超过 50%。如果房间里有 57 人，这个概率会上升到99%。虽然房间里任何一个人跟我生日相同的可能性都很小，但我们所寻找的并不是与我的生日相同的匹配，或者与事先选定的某个人生日相同的匹配。我们计算的是事后匹配，共有 366 种匹配方式。①

集群错觉，就像其他后验概率谬误一样，是许多迷信的来源：祸不单行、生不逢时、一年糟糕万年糟。当一个接一个的灾难降临在我们身上时，并不意味着上帝在惩罚我们的罪恶或考验我们的信念，而是意味着并不存在让这些事件不以这种方式出现的上帝。

即使是对那些熟知概率数学所有反直觉之处的人来说，一连串幸运事件仍能激发他们的想象力。一连串幸事究竟能持续多久由基础比率决定，但运气何时耗尽则是一个深不可测的谜。科普作家和棒球迷斯蒂芬·杰伊·古尔德写了一篇专门讨论这一问题的文章，这篇文章写得非常精彩。[61]

古尔德谈到了体育界最伟大的成就之一，即美国传奇棒球运动员乔·迪马吉奥（Joe DiMaggio）于 1941 年连续在 56 场比赛中打出安打。他解释说，即使考虑到迪马吉奥的高打击率和历史上连续安打的出现次数，这种连续安打在统计上也是非同寻常的。迪马吉奥从好运中受益这件事，不但不会削弱他的成就，而且恰好与他的成就相辅相成。因为无论在

---

① 一年中的每一天都可能是产生相同生日匹配的那一天。——编者注

多么有利的条件下，如果没有幸运女神的眷顾，他都不可能成功。古尔德解释了人们对运气的痴迷：

> 如果能正确理解的话，关于好运和厄运的统计数据确实给我们上了有关认识论和一般生活的重要一课。一个物种也好，任何自然现象也罢，如果需要在一个充满变数的世界中保持不间断的连续性，那么它们的历史就跟连续击球没什么两样。这些都相当于赌徒用有限的赌注与拥有无限资源的庄家之间的博弈。赌徒最终一定会破产。他的目标只能是尽可能长时间地留在赌场，在此过程中获得一些乐趣。如果他碰巧还是一个道德主体的话，他会担心能否体面地坚持下来。迪马吉奥的连续安打是最好的传奇故事，因为它体现了真正定义我们生命的战斗本质。迪马吉奥激活了全人类最难以企及的伟大梦想，以及所有圣贤的希望和幻想：他死里逃生，至少在一段时间内是这样。

Rationality

What it is
Why it seems scarce
Why it matters

05
信念与证据：贝叶斯推理

非凡的主张需要非凡的证据。

卡尔·萨根（Carl Sagan）
美国天文学家、科普作家

在网络上，蔑视理性是很普遍的现象，但有个鼓舞人心的例外，那就是"理性共同体"（Rationality Community）的兴起。理性共同体的成员以避免认知偏差为己任，把批判性思维和"认知谦逊"（epistemic humility）作为行为准则，致力于"更少犯错"。[1] 他们的在线教程中的一段介绍恰好契合本章的主题：[2]

> 贝叶斯定理，是控制证据强度的概率法则，告诉我们当知晓了一个新的事实或观察到新的证据时，该如何修改概率（改变我们的想法）。
>
> 如果你是下面这几类人，你可能想学习贝叶斯定理。
>
> - 使用统计学的专业人士，如科学家或医生；
> - 从事机器学习的计算机程序员；
> - 所有人。

是的，所有人。许多理性主义者认为，贝叶斯定理是日常推理中最常遭到蔑视的规范模型之一，如果得到更好的评价，它可能会对公共理性起到最大的推动作用。近几十年来，贝叶斯定理的地位在各个科学领域都获得了极大提升。虽然很少有外行人能说出贝叶斯定理的名字或解释它的含义，但他们在流行术语"先验概率"中会感受到它的影响，"先验概率"指的是贝叶斯定理中的一个变量。

贝叶斯定理的一个典型应用场景是医疗诊断。假设女性的乳腺癌患病率为1%。再假设乳腺癌检测的敏感性（真阳性率）为90%，假阳性率为9%。如果一个女人的检测呈阳性，她得这种病的概率有多大？

对医生进行抽样调查时，他们给出的直接答案大多为80%～90%。[3] 实际上，我们可以通过贝叶斯定理计算出正确答案：9%。没错，那些我们以命相托的专业人士似乎完全误读了医学检测，而且错得离谱。他们认为：检测结果为阳性的妇女，患乳腺癌的概率高达90%，而实际上90%恰好是她们没有患乳腺癌的概率！设想一下，当你听到这两种不同的说法时，会有怎样的情绪反应，又该如何应对呢？这就是为什么每个人都要学习贝叶斯定理的原因。

做出有风险的决策，既要评估概率（我得癌症了吗？），也要评估每一个选择的后果（如果得了癌症并且不做任何决策，我会死；如果没患癌症却动了手术，我就要承受不必要的痛苦并且留下疤痕）。在第6章和第7章，我们将讨论如何在知道概率的情况下更好地采取有针对性的措施，但出发点一定是概率自身：在有证据的情况下，某一事件为"真"的可能性有多大？

尽管"定理"这个词有些令人生畏，但贝叶斯定理却非常简单，也与

我们的直觉高度一致。托马斯·贝叶斯（Thomas Bayes）是一名英国数学家和牧师，他认为，对假设的相信程度可以量化为概率。这里指主观意义上的"概率"，我们曾在上一章讨论过。我们用 P（假设）来表示假设发生的概率，也就是我们相信"假设"为"真"的程度。在医学诊断中，就是假设病人患有一种病。显然，相信任何一个说法都要有真凭实据。用概率语言来说就是，我们对某个说法的相信程度，是"证据"条件下的概率。我们所需要的是"数据"条件下"假设"的概率，即 P（假设 | 数据）。这个概率叫后验概率，指我们在查看证据之后对某一说法的相信程度。

有了前面这些概念上的准备，我们就可以使用贝叶斯定理了，因为它就是把上一章的条件概率应用于相信程度和证据的公式。我们知道，B 条件下 A 的概率，等于 A 与 B 的合取概率除以 B 的概率。因此，"数据"条件下"假设"的概率（我们想知道的概率），就等于"假设"与"数据"的合取概率（病人患病与检测结果为阳性），再除以"数据"的概率（检测结果为阳性的总人数的比例，包括健康的和患病的），用方程式表示为：

$$P（假设 | 数据）= \frac{P（假设且数据）}{P（数据）}$$

我们在第 4 章讨论过，A 与 B 的合取概率，等于 A 的概率再乘以 A 条件下 B 的概率，做一个简单的替换，我们就可以得到如下的贝叶斯定理：

$$P（假设 | 数据）= \frac{P（假设）\times P（数据 | 假设）}{P（数据）}$$

这是什么意思呢？左边的表达式 P（假设 | 数据）就是后验概率，也就是在看到证据后，我们对假设的相信程度做了更新。因此，这就是在看到检测结果后，我们对疾病诊断的信心。

右边的表达式 P（假设）是先验概率，是我们看到数据之前对假设的信任程度：有多可信或建立得多好；如果手头什么数据都没有，我们就不得不猜测一下。在这个例子里，先验概率就是这种病在人群中的患病率，即基本比率。

P（数据 | 假设）称为或然率（likelihood）。在贝叶斯的理论中，"或然率"不是"概率"的同义词，而是指如果假设为"真"，数据出现的可能性有多大。[4] 如果有人确实患有这种疾病，那么他们有多大可能会表现出特定的症状，或得到阳性检测结果呢？

P（数据）是数据总体上出现的概率，无论假设是"真"还是"假"。人们有时也称之为"边际"概率，这里的"边际"不是"小"的意思，而是指对数据表的每一行或每一列累加后得到的概率："假设"为"真"时得到这些数据的概率，加上"假设"为"假"时得到这些数据的概率。一个更好记的术语是"数据的共性"或"普遍性"。就医学诊断来说，指所有有症状或检测结果为阳性的患者，不管他们是否患病。

用常用术语替换代数式，贝叶斯定理就变成：

$$后验概率 = \frac{先验概率 \times 数据的或然率}{数据的共性}$$

这个公式可以用文字来描述：我们在查看"证据"后对"假设"的相信程度，等于我们事先对"假设"的相信程度，乘以"假设"为"真"条件下"证据"出现的可能性，再根据"证据"的普遍程度做出适当调整。

我们也可以深入浅出地来解释这个公式。现在你已经看到证据了，那么你会在多大程度上相信"患者患病"这个说法呢？

第一，如果事前"患者患病"这个说法就有很好的数据支持，很可信（分子上第一项的先验概率很大），那么，我们就会更相信它：如果你听到窗外有蹄声传来，那更可能是一匹马的而不是斑马的；如果某个人肌肉疼痛，他患流感的可能性远大于患库鲁病（新几内亚福尔部落的一种罕见疾病）的可能性，即使这两种疾病的症状完全一样。

第二，如果"患者患病"这一说法为"真"的条件下"证据"极有可能出现，那么，分子中第二项的或然率就很大，"患者患病"这个说法就更可信。如果一个病人皮肤变蓝，我们有理由相信他患了高铁血红蛋白症，也就是蓝肤症。如果一个来自落基山的病人出现了斑点并且发烧，那么他更有可能患上了落基山斑疹热。

第三，如果证据很常见，也就是说边际概率很高，分数的分母数值很大，那么，我们的相信程度就会降低。这就是为什么我们会嘲笑欧文这个疑病症患者，他因为没有不适感而深信自己患了肝病。的确，患有肝病的人无症状的或然率很高，这会增大分子的数值，但边际概率也很大，因为大多数人大多数时候都没有不适感。分母变大导致后验概率变小，也就是我们不太相信欧文的自我诊断。

　　该如何利用这些数据进行计算呢？在诊断乳腺癌这个例子中，人口的总体患病率是 1%，于是我们设定先验概率：P（假设）=1%。该检测的敏感性，也就是"患者患病"条件下检测结果为阳性的或然率：P（数据 | 假设）=90%。测试结果为阳性的总体边际概率，是患病者确诊的概率（90%的 1%，0.9%）和健康者被误诊的概率（99%的 9%，8.91%）之和，结果为 9.81%，非常接近 10%。把这三个数值代入贝叶斯定理，得到 1% 乘以90%，再除以 10%，即 9%。

　　那么，医生为什么会犯错（实际上，我们大多数人都会犯错）？为什么在几乎可以肯定她没有患病的情况下，我们却认为她一定患病了呢？

基础比率忽视和代表性启发式

　　卡尼曼和特沃斯基指出了我们在运用贝叶斯定理时的一个重大缺陷：我们忽略了基础比率，而基础比率通常是先验概率的最佳估值。[5] 在上一节的医疗诊断问题中，我们的注意力被检测结果阳性（或然率）所吸引，忘记了这种疾病在人群中是多么罕见（先验概率）。

　　卡尼曼和特沃斯基通过进一步研究，建议我们不要做贝叶斯推理。相反，我们应该通过代表性程度来判断一个实例属于一个类别的概率：与那一类别的原型相似程度如何，在认知上，我们用类别来代表彼此具有交叉相似性的模糊一族（第 3 章）。通常，癌症患者的诊断结果是阳性的。但是，这种癌症有多普遍，诊断结果阳性又有多普遍，我们从来没有想过（马，还是斑马，谁在意呢？）。就如同可得性启发式一样，代表性启发式是大脑运用的一个经验法则，用来代替数学运算。[6]

　　卡尼曼和特沃斯基通过让实验室中的人们回答以下问题证明了基础比率忽视的存在。在一个深夜，某个城市发生了一起出租汽车肇事逃逸事故。这个城市有两家出租车公司：绿色出租车公司拥有全市 85% 的出租车，蓝色出租车公司拥有全市 15% 的出租车。这些是基础比率，也就是先验概率。一位目击者说，他看到那辆肇事出租车是蓝色的，测试表明他在夜间识别颜色的准确率为 80%，这是数据的或然率，即当该出租车是某个颜色时，他的证词的或然率。发生事故的出租车是蓝色的概率有多大呢？根据贝叶斯定理，正确答案是 0.41。被试的答案中位数是 0.80，几乎是正确答案的 2 倍。或然率的数值很大，被试把这个数据看得太重了，而淡化了基础比率的作用。[7]

　　人们对基础比率的忽视，很容易表现在疑病症上。在部分记忆缺失后，谁不担心自己患上了阿尔茨海默病呢？谁在感到疼痛时不会担心自己患上某种癌症呢？基础比率忽视还会导致医学上的危言耸听。我有个朋友曾经经历了一段恐慌时期。当医生发现她的学龄前女儿抽搐后，跟她说可能患上了图雷特综合征（Tourette's syndrome）①。她像贝叶斯主义者一样镇定地把事情想了一遍，意识到抽搐是很常见的，而图雷特综合征是罕见的，于是她的心又安定下来了。关于医生在统计方面的无知表现，她也坦率地跟医生聊了几句。

------

① 又称抽动秽语综合征，一种表现为全身多部位不自主运动及发声的运动障碍性疾病。——编者注

　　基础比率忽视往往会导致刻板印象。佩内洛普是个大学生，朋友认为她冷漠且敏感。[8] 她在欧洲旅行过，能说流利的法语和意大利语。虽然职业规划尚不明朗，但她是一位技艺精湛的书法家，还曾写过一首十四行诗送给男朋友作为生日礼物。你认为佩内洛普的专业是什么，心理学还是艺术史？当然是艺术史了！真是如此吗？13% 的大学生主修心理学，只有 0.08% 的学生主修艺术史，几乎是 163 ∶ 1，主修艺术史的学生太少了。无论她在哪里度过暑期、送男朋友什么礼物，佩内洛普都不太可能是艺术史专业的学生。但在我们的心目中，她很像艺术史专业的学生，正是这种刻板印象让人们忽视了基础比率的存在。卡尼曼和特沃斯基用实验证实了这一点。他们要求被试先看看包含 70 名律师和 30 名工程师的一份名单，给名单上的每个人都配一幅特点突出的画像，例如反应迟钝的书呆子，然后要求被试标出这些人拥有某份工作的概率。人们被刻板印象左右，对基础比率却毫不在意。[9] 这也是人们会陷入合取谬误的原因，人们认为琳达更可能是一位女权主义的银行出纳，而不只是银行出纳。因为她很像女权主义者，而且人们忽视了女权主义银行出纳和银行出纳所对应的基础比率是不一样的。

　　对基础比率视而不见也会让公众对不可能的事情提出要求。为什么不能预测谁会自杀呢？为什么没有一个针对校园枪击案的预警系统呢？为什么不能勾勒出恐怖分子或持枪暴徒的特征，并采取预防控制措施呢？答案来自贝叶斯定理：对一个罕见特质的不完美检测往往会出现假阳性。毕竟，小偷、自杀者、恐怖分子或持枪暴徒在人群中只占很小比例，即基础比率很小。只有当社会科学家能像天文学家预测月食一样准确地预测危险行为，他们的检测才不会让无辜者蒙冤。

当对生活进行反思时，考虑一下基础比率的作用会让我们平静下来。我们总是期待一些不容易实现的目标，比如找到满意的工作、获大奖、进贵族学校或者赢得梦中情人的芳心等。如果我们表现很好却没有得到应有的回报，就会感到沮丧甚至开始怨恨。事实上，还有别人在跟我们竞争，不管我们自认为多么优秀，也还有相当多的人同样优秀。评委们也可能因为不了解我们而拒绝为我们点赞。竞争者越多，基础比率就越小。考虑到这一点，我们被拒绝的痛苦就可以减少几分。不管我们觉得自己多么有资格在竞争中胜出，还是要先看一看基础比率：1/5 吗？1/10 吗？还是1/100？基础比率是预测的基础，我们可以根据基础比率调整自己的希望，以合理的概率预测未来。

科学中的先验概率和“教科书”的复仇

对基础比率的忽视，就是对先验概率的忽视。尽管先验概率这一概念模糊不清，但至关重要，它的含义是在查看证据之前我们应该对一个假设的相信程度。在没有证据的情况下就相信某件事，是典型的非理性。这不就是我们鄙视的成见、偏差、教条、正统和先入为主的观念吗？先验概率并不难理解，它就是我们从过去的经验中积累起来的知识，尽管并不十分可靠。我们可以把从当前证据中获得的后验概率，当成下一轮贝叶斯推理的先验概率，这样的推理循环就是贝叶斯更新（Bayesian updating）。无论如何，我们都要通过贝叶斯定理解决问题。在不确定的世界里，人们对世界的认识有正确的一面也有错误的一面，确证的信念不等同于最终的事实。正如英国生物学家弗朗西斯·克里克（Francis Crick）喜欢说的那样：“任何一种能解释所有事实的理论都是错的，因为有些事实本身就是错的。"[10]

这就是为什么说我们对奇迹、占星术、顺势疗法、心灵感应和其他超自然现象说法持怀疑态度是理性的，即便一些目击者或实验室研究声称这些都是事实。那为什么不说这种怀疑是固执己见呢？理性英雄大卫·休谟阐述了其中的理由。休谟和贝叶斯生活在同一时代，虽然他们没能了解对方的思想，但一位共同的朋友可能帮助他们了解了对方的思想。[11]休谟反对奇迹的著名论点完全就是贝叶斯式的：

> 只要事情是自然发生的，世界上就不存在奇迹这种事。一个看起来很健康的人突然死亡，这不是奇迹，因为这样的死亡虽然相对来说并不常见，却也时有发生。死人复活却是一个奇迹，因为任何时候、任何地方都没有发生过这样的事。[12]

换句话说，必须赋予像复活这样的奇迹以很小的先验概率。休谟的说法很有意思：

> 任何证据都不足以支持奇迹的存在，除非此类证词的虚假程度比它努力支持的事实有过之而无不及。[13]

用贝叶斯的术语来说，我们感兴趣的是在"有证据的条件下奇迹存在"的后验概率。我们可以把它和"有证据的条件下奇迹不存在"的后验概率做一个对比。进行贝叶斯推理时，用假设的可信度与替代情况的可信度之比来计算概率往往更省事，因为这免去了计算边际概率的麻烦，两个后验概率的分母是一样的，因此在算比值时可以直接约去。

"它努力支持的事实"是指奇迹，奇迹较低的先验概率拉低了后验概率。"此类证词"指奇迹为真条件下数据出现的或然率，而"虚假程度"指没有奇迹发生条件下数据出现的或然率：证人撒谎、看错、记错、添枝加叶或道听途说的可能性。鉴于我们对人类行为的了解，以上错误绝不是什么奇迹！也就是说，这些错误出现的或然率比奇迹的先验概率高。这种较高的或然率提高了没有奇迹的后验概率，与没有奇迹相比，出现奇迹的总体概率较低。换一种说法就是，下面哪种情况更有可能：是我们所理解的宇宙法则错了，还是某些人弄错了什么？

美国天文学家和科普作家卡尔·萨根在本章开头的话语中提出了一个更简洁的反对超自然现象的贝叶斯式论证："非凡的主张需要非凡的证据。"非凡的主张具有较低的贝叶斯先验概率，为了使其后验可信度高于其反面主张的后验可信度，假定数据为真的可能性必须远远高于假定数据为假的可能性。换句话说，证据必须是非凡的。

科学家自己没有应用好贝叶斯定理，是我们在第 4 章中所讨论的可重复性危机的一个重要原因。2010 年，著名社会心理学家达里尔·贝姆（Daryl Bem）在权威期刊《人格与社会心理学杂志》（*Journal of Personality and Social Psychology*）发表的关于 9 个实验结果的文章惹了大麻烦。文章称，参与者事前成功地预测到了随机事件（以高于随机的比率），比如预测电脑屏幕上的两个遮盖区域的哪一个下面是一幅色情图片，而这种预测是在计算机选择把图片放在哪里之前进行的。[14] 毫无疑问，这些结果是无法复制的，但这是一个先验概率极小的预测性结论：社会心理学家通过给一些大学生看色情图片就推翻了物理定律。当我向一位社会心理学家同事指出这一点时，他反驳说："也许平克不理解物理定律！"但是真正的物理学家，比如肖恩·卡罗尔（Sean Carroll）在他的著作《大图景》（*The Big Picture*）中解释了为什么物理定律确实能否定未卜先知和其他形式的超感知力的存在。[15]

关于贝姆的争议引发了一个令人不安的问题。如果一个著名的心理学家可以在权威期刊上发表一个用最先进的科学方法得出的荒谬主张，并经过了严格的同行评审，那么对于权威、卓越、严谨等行为规范以及最先进的科学技术，我们该说些什么呢？我们可以看出，一个方面是人为设定的后验概率的害处：科学家们低估了数据窥探和其他有问题的研究工作可能带来的危害。另一个方面就是人们对贝叶斯定理的违背。

大多数心理学发现都是可重复的。和许许多多的心理学教授一样，每年我都会给学生演示一些关于记忆、感知和判断的经典实验，每年都会得到相同的结果。你可能没有听说过这些可重复的发现，因为它们都是不足为奇的。比如，在一列清单中，相对于清单中间的内容来说，人们更容易记住清单末尾的内容；人们在大脑中旋转一个倒立的字母，要比旋转一个侧立的字母花费更长的时间。那些声名狼藉的重复失败，来自因为极端反直觉而引人关注的研究：拿一个温暖的水杯会让你显得更友好，"温暖"，你明白它的意思吧？看到快餐标志会让你不耐烦；用牙衔着笔作画会让你的卡通画看起来更好笑，因为它迫使你的嘴唇露出了一丝微笑；被要求以书面形式撒谎的人会对洗手液有好感，被要求大声说谎的人对漱口水有好感。[16] 任何一位科普读者都知道一些其他有趣的发现，事实证明，这些发现都适合发表在讽刺刊物《不可复制的结果》（*Journal of Irreproducible Results*）上。

这些研究之所以成为可复制性狙击者的靶子，是因为它们的贝叶斯先验概率较小。当然，没有超感知力那么小，但如果情绪和行为可以轻易地被对环境的微小操纵所左右，这将是一个了不起的发现。毕竟，说服和心理治疗的整个行业都在以巨大的成本努力做到这一点，却收效甚微。[17] 正是这些发现的不同寻常之处，为它们在报纸的科学版面和电视节目上赢得了一席之地，这也是为什么基于贝叶斯定理，我们在相信它们之前应该要求不寻常的证据。的确，对"古怪发现"的偏向，让科学新闻传播了大量的错误。编辑知道他们可以通过下列封面标题来提高读者数量：

> 达尔文错了吗？
>
> 爱因斯坦错了吗？
>
> 年轻科学家改变了世界。
>
> X 领域的一场科学革命。
>
> 关于 Y 你所知道的一切都是错的。

问题是，"惊人的"与"先验概率小"是同一个意思，我们累积的科学理解不会轻易被推翻。这意味着，即使证据的质量没有变化，我们也应该对那些惊人的主张赋予较低的信任度。但问题不仅仅存在于记者身上。医生约翰·约阿尼迪斯（John Ioannidis）在 2005 年发表了一篇文章《为什么大多数发表的研究结果都是假的》（*Why Most Published Research Findings Are False*），这篇文章让他的同事颇为震惊，并预言了可重复性危机。关键问题是，生物医学研究人员寻找的许多现象都很有趣，而且先验假设不太可能为真，需要高度敏感的方法来避免假阳性；而许多真实的发现，包括成功的重复性实验和无效的结果，都被认为太乏味而无法发表。

当然，这并不意味着科学研究就是在浪费时间。与并不完美的科学相比，迷信和民间信仰的历史记录要更糟糕一些，而且从长远来看，对科学的理解正是从科学论战中涌现出来的。正如物理学家约翰·齐曼（John Ziman）在 1978 年指出的那样，"本科生教科书中的物理学内容有 90% 是正确的，核心刊物上的物理学内容有 90% 是错误的"。[18] 这就告诉我们，贝叶斯推理反对将"教科书式的"作为贬义词，而将"科学革命"作为褒义词的普遍做法。

对无聊内容的合理尊重，也会提高政治评论的质量。在第 1 章中，我们看到许多著名预言家的预测结果都是可笑的。一个重要原因是，他们的职业生涯就靠这些引人入胜的预测来吸引人们的关注。也就是说，这些预测的先验概率很小，如果他们再缺乏预言的天赋，后验概率肯定也很小。菲利普·泰洛克对"超级预测者"进行了研究，这些人在预测经济和政治趋势方面确实有着良好的记录。他们的共同做法是贝叶斯式的：从一个先验概率开始，然后再进一步更新。例如，当被要求预测未来一年内发生恐怖袭击的可能性时，他们首先会去找维基百科，计算一下该地区在过去几年遭受恐怖袭击的次数，从而估算出一个基础比率，而这不是你在媒体上将要读到的关于世界将会发生什么的文章会做的事情。[19]

基础比率禁忌与贝叶斯禁忌

基础比率忽视并不总是代表性启发式的典型特征，有时基础比率甚至连提都不能提。"基础比率禁忌"是泰洛克提出的第一种禁忌（见第 2 章），另外两种禁忌分别是权衡禁忌和极端反事实禁忌。[20]

基础比率禁忌与社会科学的研究内容是分不开的。社会科学要测量所有具有社会意义的变量：考试成绩、职业兴趣、社会信任、收入、结婚率、生活习惯和各种类型的暴力犯罪率（街头犯罪、团伙犯罪、家庭暴力、有组织犯罪、恐怖主义等）。现在，标准的人口统计要按年龄、性别、种族、宗教、民族分门别类地统计。不同群体的平均值也不一样，有时差异很大。这些差异是源于自然、文化、歧视、历史，还是它们的某种组合，都无关紧要，重要的是差异确实存在。

这并不难理解，但这里有一个让人多少会感到恐惧的隐含意义。比如，你正在寻找预测一个人前程的最准确方法：这个人在读书或工作方面能取得怎样的成绩？他的信用风险有多高？犯罪的概率有多大？弃保潜逃、再次犯罪或实施恐怖袭击的可能性有多大？如果你是一位很棒的贝叶斯主义者，你就应该从这个人的年龄、性别、阶层、种族、民族、宗教等方面入手，并根据这个人的具体情况做适当调整。换句话说，你要做好基本资料的准备工作。这样，你的预判就不会出于无知、仇恨、权威，或者某某主义、某某恐惧症，而是通过客观努力做出最准确的预测。

当然，大多数人对这种想法感到震惊。泰洛克让参与者考虑保险高管的案例，后者必须根据不同社区的火灾历史为其设定保费，参与者对此没有异议。但是，当参与者了解到社区的种族构成也有所不同，而且设置保费时会被考虑在内时，他们改变了想法，谴责这位高管仅仅是一个优秀的精算师。如果他们也扮演了高管的角色，了解了关于社区统计数据的可怕真相，他们就会通过志愿参加一项反种族主义事业来净化自己的道德。

这是人类非理性的又一个例子吗？种族主义、性别歧视、反犹主义和其他偏见是"理性"的吗？当然不是！原因要追溯到第 2 章我们对理性的定义：利用知识实现目标的能力。如果精算预测是我们唯一的目标，那么我们也许应该利用一切可以利用的信息，获得最准确的先验概率。不过，精算预测当然不是我们的唯一目标。

公正是一个更高的目标。因种族、性别或民族不同而区别对待他人是邪恶的，我们不该以他们的肤色或染色体构成给出判断，品格的优劣才是最好的判断依据。我们中没有谁愿意让别人以这种方式看待自己，所以按照公正的逻辑（第 2 章），我们也必须把这种权利赋予他人。

而且，只有当一个制度被视为"公正的"，它才能赢得公民的信任。所谓公正，就是人们知道自己会受到公平对待，制度不会拿他们无法左右的生物学特征或历史特征说事。如果制度因为你的种族、性别或宗教而对你不公，你为什么还要循规蹈矩呢？

另一个目标是避免自我实现的预言。如果某个民族或某一性别因为过去受到的压迫而处于不利地位，今天，其成员就可能背负着不同的平均特征。如果把这些基础比率输入决定未来命运的预测公式，他们将永远摆脱不掉这些不利因素。这个问题正变得日益尖锐，因为这些公式就埋在深度学习网络中，而后者的隐含层难以被人类破译（第 3 章）。社会本应理性地阻止这种不公正的循环，即便让预测的准确性降低一些也在所不惜。

还要注意的是，政策是一种会产生深远影响的信号。禁止使用民族、性别、种族或宗教等基础比率，是对平等和公正的公开承诺，其影响比政府机构不准许使用某些算法还要大。它的核心思想是：基于任何理由的成见都是不可想象的，如果是出于敌意和无知，那就更不可原谅了。

禁止使用基础比率有着坚实的理性基础。不过定理就是定理，公共机构可以为公众利益而不顾及精算的准确性，其他行业可能就承受不起，比如，第一个领域是保险业。保险公司必须细致估算不同群体的总体风险，否则赔付金会超过保费，保险公司就会破产。利宝互助保险公司（Liberty Mutual）对十几岁的男孩是区别对待的，在计算保费时设定的车祸事故基础比率较大，因为如果他们不这样做，成年女性就会为少年男子的鲁莽行为牺牲一些利益。即便如此，法律也禁止保险公司在计算费率时按不同种族或者性别区别对待。

第二个领域是对社会现象的理解。如果某一专业领域的性别比不是1∶1，这是说该领域的"看门人"正试图将女性拒之门外，还是说女性进入职场的基础比率存在差异呢？如果抵押放贷者以较高的比例拒绝少数族群的贷款申请者，他们是种族主义者吗？泰洛克在研究中所设想的高管，用不同社区碰巧与种族挂钩的违约率作为基础比率，该怎么看这个问题呢？研究这些问题的社会学家，往往被指责为种族主义者和性别主义者。但是，禁止社会学家和新闻工作者研究基础比率，我们就无法认识清楚依然存在的歧视，在群体间的经济、文化或法律差异等历史遗存中，就再也找不到歧视的身影了。

尽管公开的顽固派已在减少，但是种族、性别、民族、宗教等仍是智识生活中火药味儿十足的热点话题。[21] 我认为，一个重要原因就是没有把如何对待基础比率这个问题想清楚：什么时候有理由禁止，什么时候又没有理由禁止。[22] 但是，这就是禁忌的问题所在。正如"别想那只大象"所传达出来的信息一样，讨论何时使用禁忌本身就是禁忌。

做个贝叶斯主义者吧

虽然有许许多多的禁忌、忽视和刻板印象存在，但人类并非毫无希望的非贝叶斯主义者。回想一下，桑人其实就是贝叶斯主义者，在推断野兽脚印是稀有物种所留之前，要确定脚印确实存在。吉仁泽认为，尽管有时普通人并不看好贝叶斯定理，但他们的数学基础是扎实的。[23] 数学家则抱怨说，社会学家经常盲目地使用统计公式：他们输入数字，通过一通机械的运算，就认为正确答案会自动冒出来。在现实中，统计公式与它背后的假设是完全一致的。外行人可能对这些假设很敏感，但如果想要推翻贝叶斯定理，他们也要小心再小心，正像优秀的数学家所建议的那样。这里存在几个问题。

第一个问题是，先验概率与基础比率不是一回事，尽管在相关测试中，人们通常把基础比率看作"正确的"先验概率。但问题是要用哪个基础比率？假设我从前列腺特异性抗原检测中得到一个阳性结果，并想估算我患前列腺癌的后验概率。对于先验概率，我应该使用人群中前列腺癌患者的基础比率吗？美国白人吗？犹太人吗？65 岁以上的犹太人吗？经常锻炼、没有家族病史的 65 岁以上的犹太人吗？这些比率可能差别非常大。当然，参考人群越具体越好，但参考人群越具体，估算所基于的样本就越小，估算的噪声也就越大。最好的参考人群应该完全由像我一样的人组成，准确性和无效性完全一致。为了选择一个合适的先验概率，我们别无选择，只能使用人类的判断来权衡特异性和可靠性，而不是简单采用整个检测人群的基础比率。

第二个问题是，基础比率可能会变化，有时变化很快。40 年前，大约 1/10 的兽医专业学生是女性；今天，这一数据接近 9/10。[24] 最近几十年来，如果拿到以上历史基础比率就将其代入贝叶斯定理，这样做就会比完全忽略基础比率的情况更糟。我们感兴趣的假设有很多，但没有一家记录保存机构专门整理基础比率数据。我们知道兽医专业的学生有多大比例是犹太人吗？左撇子呢？当然，从历史上看，即便是在人类贝叶斯直觉形成的远古时代，我们也都深受基础比率数据缺乏的困扰。

在贝叶斯式的问题中，没有"正确的"先验概率之说，人们不采用实验人员提供的基础比率也不一定是谬误。以出租车问题为例，先验概率是这个城市中蓝色出租车和绿色出租车的占比。被试认为这个简单的基础数据可能没有更具体的差异，比如两家公司的事故率、白天和晚上运营的出租车数量以及他们所服务的社区等。如果是这样，他们会把这些关键数据放在一边，认为蓝色出租车和绿色出租车的先验概率一样，都是 50%。后续研究表明，当给予被试与事故发生更相关的基础比率时，他们确实成了更出色的贝叶斯主义者。[25]

第三个问题是，只有拿到总体数据的一个随机抽样，我们才可以把基础比率设定为先验概率。如果这些数据是根据某个我们感兴趣的特征有意挑选出来的，那就不好说了。以前面提到的原型展示实验为例，在十四行诗作家人群中展示佩内洛普，在律师和工程师人群中展示书呆子，然后要求人们猜这些人的专业或职业。

除非回答者知道佩内洛普是通过抽签从学生中选出来的，而这会让这个问题看起来非常奇怪，否则他们可能会怀疑佩内洛普被选中是因为她的性格特征提供了线索，这就使这个问题成为一个很自然的问题。事实上，这个问题被改编成了经典的游戏节目《我的台词是什么?》(*What's My Line?*),在节目里,一个小组要猜测一个神秘客人的职业。客人当然不是随机选择的,而是工作非常独特,比如酒吧保镖、猎人、哈林篮球队员或肯德基的桑德斯上校。当人们在随机抽样中仔细观察时(比如看到从罐子里拿出的描述),他们的估计更接近正确的贝叶斯后验概率。[26]

第四个问题是,人们对单一事件可信度意义上的概率和长期频率意义上的概率之间的差别是敏感的。许多贝叶斯式问题都模糊而又神秘,关注点往往是单个事件发生的概率:欧文是否患有肝病,佩内洛普是否主修艺术史,肇事逃逸的出租车是否为蓝色。面对这样的问题,人们确实很难立即用所提供的数据计算主观可信度。考虑到统计学家也对这种做法的合理性存在分歧,或许人们是可以被原谅的。心理学家吉仁泽、勒达·科斯米德斯(Leda Cosmides)与人类学家约翰·图比(John Tooby)认为,人们很难把小数和单一事件联系起来,因为现实世界中人们遇见的统计信息都不是这样的。我们经验到的是事件,而不是介于 0 与 1 之间的数值。我们完全可以用这些"自然频率"进行贝叶斯推理,只需用这些术语重新定义问题,我们的直觉就有了用武之地。

让我们回到本章开头提到的乳腺癌诊断问题,把那些抽象的分数转化为具体的频率。别去想一般意义上的"一个女人",而是考虑包含 1 000名女性的一个样本。在 1 000 名女性中,乳腺癌患者有 10 人,这就是患病率或基础比率。在这 10 位乳腺癌患者中,9 位患者的检测结果为阳性,这是检测的敏感度。在 990 名未患乳腺癌的女性中,大约 89 人的检测结果呈阳性,就是误报阳性率。如果一个女人的检测结果呈阳性,她得乳腺癌的概率有多大? 这并不难计算:共有 98 名女性检测结果呈阳性,其中

9 人患有乳腺癌，9 除以 98 大约是 9%，这就是答案。当问题以这种方式描述时，87% 的医生能给出正确答案；相比之下，按原先的方式描述问题，给出正确答案的医生只占 15%，大多数 10 岁的孩子都能做到这一点。[27]

事情为什么如此神奇？吉仁泽指出，条件概率这一概念把我们引向了一个不可计数的新世界。90% 的真阳性加上 9% 的假阳性，不等于 100%；91% 真阴性加上 10% 的假阴性，也不等于 100%。所以，要算出真阳性在所有阳性中的比例（这就是我们要解决的问题），我们必须做 3 次乘法运算。相比之下，自然频率可以让你专注于阳性，并将它们相加：9 个真阳性加上 89 个假阳性等于 98 个阳性，其中 9 个真阳性的占比是 9%。由于采取行动或不采取行动都要付出相应的代价，因此如何利用这一数据至关重要，这将是接下来两章的主题。

我们可以利用灵长类动物的视觉大脑，将数字转换成方格。这可以让贝叶斯定理变得非常直观，我们以教科书上的出租车问题为例，尽管这一问题多多少少脱离了现实生活。我们可以把一个城市的所有出租车想象成一个由 100 个方格组成的阵列（见图 5-1），每辆出租车对应一个方格（见 a 图）。为了描述 15% 的基础比率，我们在左上角用 15 个方格表示蓝色出租车。目击者识别汽车颜色的正确率是 80%，目击者的识别结果有 4 种（见 b 图）：调浅 3 个代表蓝色出租车的方格颜色，这意味着目击者把 15 辆"蓝色"出租车的 20% 错误地识别为"绿色"；调深 17 个代表绿色出租车的方格颜色，这意味着目击者把 85 辆绿色出租车的 20% 错误地识别为"蓝色"。我们知道，如果目击者说他看到的是"蓝色"出租车，我们可以把所有识别为"绿色"的方格去掉，无论是正确识别的"绿色"还是错误识别的"绿色"。这样，c 图仅包含被识别为"蓝色"的出租车。数据图的形状很容易看懂：深色部分代表真正的蓝色出租车，只占整体面积的一小半。如果想要精确计算，那么，计算 12 个方格在 29 个方格中的占比，约为 41%。采用自然频率和视觉形状进行贝叶斯推理非常直观，你只需关注手头数据的核心部分（阳性检测结果或被识别出的"蓝色"方格），并把"真"和"假"区分开。

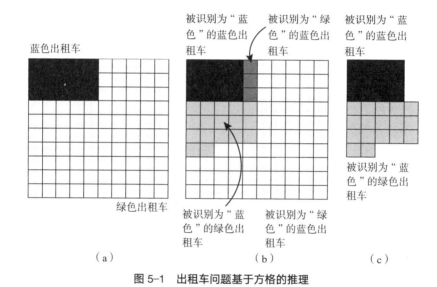

图 5-1　出租车问题基于方格的推理

资料来源：Adapted from Presh Talwalkar's blog *Mind Your Decisions*, https://mindyourdecisions.com/blog/2013/09/05/the-taxi-cab-problem。

把现有的直觉信息转换为容易处理的格式，可以磨炼人们的统计推理能力。我们必须多磨炼。对于医生、法官、决策者和其他我们需要以命相托的人来说，风险素养是至关重要的。我们都生活在一个"上帝掷骰子"的世界里，熟练的贝叶斯推理能力和其他形式的统计能力属于公共产品，在教育上应该得到高度重视。认知心理学告诉我们，与其让多数人长期遭受谬误和偏差的折磨，不如好好利用人们已经拥有的理性并进一步强化它。[28] 民主原则也建议我们去这么做。

Rationality

What it is
Why it seems scarce
Why it matters

06
风险与回报：
理性选择与预期效用

————————————————————————

人人都抱怨自己的记忆力，却无人抱怨自己的
判断力。

拉罗什富科（La Rochefoucauld）
17世纪法国作家

————————————————————————

　　有些理论是不受待见的。没有人喜欢热力学定律，一拨又一拨的狂人满怀希望地为自己设计的永动机申请专利，但都以失败告终。自从达尔文提出自然选择理论以来，神创论者就被"人从猿进化而来"的思想压得喘不过气来，而社群主义者则在寻找"进化由竞争驱动"这一理论的漏洞。

　　我们这个时代最令人讨厌的一个理论在不同的版本中有不同的叫法，分别有理性选择、理性人、预期效用和"经济人"假说。[1] 在 2020 年圣诞节，哥伦比亚广播公司播出了一期暖心的节目，这个节目向大家介绍了一项研究：在世界各地的城市扔下数千个装满钱的钱包，结果发现大多数被退回了，尤其是当这些钱包里装着更多钱时，它们被退回的概率更高。这个结果告诉我们：总的来说人还是非常慷慨与诚实的。故事的核心是"经济学的理性主义方法"，它假设人们的生活信条是"谁捡到就归谁，丢的人活该"。[2]

　　这个格调不高的理论到底在说什么？它告诉我们，当面对一个有风险的决策时，理性行为人应该选择让他们的"预期效用"最大化的选项，预期效用即由概率加权后的可能回报的总和。在经济学和政治科学的几个角落之外，这个理论就像吝啬鬼埃比尼泽·斯克鲁奇（Ebenezer Scrooge）①一样"可爱"。人们将其解释为，人类是或者应该是自私的精神病患者，或者人类是超理性的聪明人，在决定是否坠入爱河之前计算概率和效用。来自心理学实验室的发现表明，人们似乎违反了这一理论。这一发现被吹捧为破坏了古典经济学的基础，并随之破坏了市场经济的基本原理。[3]

然而，理性选择理论（rational choice theory）的最初形式是一个数学定理，这被狂热者认为是相当美丽的，对个体的人如何思考和选择没有直接影响。许多人认为它描述了理性本身最严格的特征，是衡量人类判断的基准。正如我们将要看到的，这是有争议的，有时当人们脱离了这个理论时，我们并不清楚人们是非理性的，还是所谓的理性标准是非理性的。无论如何，这一理论揭示了令人困惑的理性难题，尽管它起源于纯数学，但可以成为深刻的生活教训的来源。[4]

理性选择理论的源头，可以追溯到概率论发展初期和布莱士·帕斯卡尔（Blaise Pascal）的著名论点：如果你相信上帝存在而上帝不存在，你只是浪费一些祈祷；反之，如果你不相信上帝存在而上帝确实存在，你就会招致上帝的永恒愤怒。1944 年，数学家冯·诺伊曼和经济学家奥斯卡·摩根斯特恩（Oskar Morgenstern）正式提出了理性选择理论。冯·诺

---

① 狄更斯的小说《圣诞欢歌》的主角，是一个冷酷无情的守财奴。如今在英语中"Scrooge"一词已成为吝啬鬼的代名词。——编者注

伊曼身边的人认为他可能真的是"外星人"，因为他太有智慧了！冯·诺伊曼还是博弈论、数字计算机、自复制机和量子逻辑的创立者，他还发明了核武器的关键部件，并在数学、物理学和计算机科学领域取得了很多重大成就。

理性选择不是关于人们如何做选择的心理学理论，甚至也不是关于人们应该选择什么的规范理论，而是关于"是什么让选择与选择者的价值观相一致，以及不同的选择相一致"的理论。这与理性就密切相关了，因为理性追求的是"我们的选择与我们的目标相一致"。罗密欧追求朱丽叶是理性的，但铁屑"追求"磁铁不是理性的，因为罗密欧是根据自己的目标选择路径（第 2 章）。与此相反，谁要是做损害自身利益的事，比如花钱买自己并不需要的东西，或者在酷雪寒天里裸奔，我们就说他"疯了"。

这一理论的美妙之处在于，它仅以几个容易接受的公理为基础，而这样宽泛的要求，适合那些我们乐意称之为"理性"决策者的人。然后，这个理论推断决策者应该如何做决定，才能不违背这些要求。这些公理被人们以各种方式拆分与组合，我在这里介绍的版本，是由数学家莱纳德·萨维奇（Leonard Savage）提出，心理学家雷德·海斯蒂和罗宾·道斯（Robyn M. Dawes）整理的。[5]

理性选择理论

第一公理可称为**可公度性**（commensurability）：对于任何选项 A 和 B，

决策者或者更喜欢 A，或者更喜欢 B，或者同等喜欢 A 和 B。[6]这听起来可能很空洞，这不就是逻辑上的各种可能性吗？但这需要决策者对这三个中的一个做出承诺，即便是漠不关心也行。决策者永远不能拿"你不能把苹果和橘子做比较"当借口。我们可以把它理解为这样一种"要求"：理性主体必须在意某些事物，喜好某些事物胜过另外一些事物。但对石头和蔬菜这样的非理性实体，就不能这么说了。

　　第二公理是**传递性**（transitivity），更有意思。当你一次比较两个选项时，如果相对于 B 你更喜欢 A、相对于 C 你更喜欢 B，那么，相对于 C 你一定更喜欢 A。很容易看出，这是一个没商量的要求，任何违背这一准则的人都将陷入"金钱泵"（money pump）[①]。假设，相对于三星的 Galaxy 你更喜欢苹果的 iPhone，而你手里恰好有一部 Galaxy。你现在付我 100 美元，就可以用你的 Galaxy 换走我这部时髦的 iPhone。再假设，相对于 iPhone 你更喜欢谷歌的 Pixel。毫无疑问，你肯定愿意花 100 美元用你那部 iPhone 换一部更高级的 Pixel。这时，如果相对于 Pixel 你更喜欢 Galaxy，这就是非传递性了。你可以看出这是怎么回事：只要付我 100 美元，你就可以用 Pixel 把 Galaxy 换回去。现在，你回到起点了，但是少了 300 美元，如果你愿意的话，还可以再来一轮以旧换新。无论你认为理性应该是怎样的，但肯定不会是这样。

　　第三公理是**封闭性**（closure）。在上帝掷骰子的情况下，选择并不总是像选择冰激凌的口味一样是在不同的确定性之间做选择，而是涉及概率

---

① 一种偏好模式，涉及不可传递的或循环的几个偏好。处在这种偏好模式中的决策者会为这些不可传递的偏好重复地支付金钱，同时却不会获得任何回报。——编者注

不同的多种可能性，很像买彩票。这个公理说的是，只要决策者可以选 A 也可以选 B，那么他也可以选择这样一张彩票，该彩票代表 A 的概率为 p，代表 B 的概率为 $1-p$。

在理性选择理论中，尽管概率选项的结果无法预测，但概率是确定的，轮盘赌就是这样。这被称为风险，与不确定性是不一样的。在不确定情形下，决策者甚至连概率也不知道，所有的赌注都会被输掉。2002 年，美国时任国防部长唐纳德·拉姆斯菲尔德（Donald Rumsfeld）对两者的区别做出了精辟解释："一种是'已知的未知'，我们知道有些事情我们并不知道；另一种是'未知的未知'，我们不知道我们不知道什么。"理性选择理论是"已知的未知"情形下的决策理论，有风险，但未必不确定。

我把第四公理称为**合并性**（consolidation）。[7] 在生活中我们可能会买彩票，有意思的是，有些彩票的奖品也还是彩票。如果第一次偶然的约会进展顺利的话，可能会有第二次约会，而第二次约会又会带来一系列新的风险。这一公理告诉我们，当决策者面临一系列有风险的选择时，要根据第 4 章所讨论的概率法则计算出总体风险。如果第一张彩票有 1/10 的机会中奖，而作为奖品的第二张彩票有 1/5 的机会中奖，那么，决策者可以把这当成一张有 1/50 机会中奖的彩票来看待。我们先把额外的乐趣放在一边，比如又多了一次开奖的机会或者刮彩票的机会。毫无疑问，这肯定是衡量理性的一个准则。就像速度限制和重力一样，概率论也不只是一个好主意，而是法则。

第五公理是**独立性**（independence），也很有意思。如果你相对于 B

更喜欢 A，那么，相对于 B 和 C 的概率组合，你也会更喜欢 A 和 C 的概率组合（概率都是一样的）。也就是说，在两个选项中都增加得到 C 的机会，是不会改变你的偏好的。

如何构建选择的框架，或者说，如何在语境中呈现它们并不重要。玫瑰不管叫什么名字，闻起来都一样香。理性决策者应该专注于选择本身，而不被一些看似相关的因素所干扰。在通用的版本中，独立性就被称为独立于不相关选项（irrelevant alternatives），这是众多理性选择理论中都有的一个要求。[8]

我们举个简单的例子。假设在 A 与 B 之间做选择，相对于 B 你更喜欢 A，那么，现在如果让你在 A、B 和第三个选项 C 之间做选择，你的选择结果应该仍然是"相对于 B 你更喜欢 A"。据说，逻辑学家悉尼·摩根贝瑟（我们在第 3 章介绍过他）去一家餐馆用餐，餐馆有苹果派和蓝莓派供他选择。就在他点了苹果派后不久，女服务员回来告诉他那天的菜单上还有樱桃派。好像一生都在等这个机会，摩根贝瑟说："如果是这样的话，那就蓝莓派吧。"[9] 如果你觉得这很好玩儿，你就会明白为什么独立性是理性的准则。

第六个公理是**一致性**（consistency）：如果相对于 B 你更喜欢 A，那么你一定愿意赌一把，这样就有机会得到你的首选 A。你不会确定性地选择 B，因为，有机会总比没机会好。

第七个公理可称为**可互换性**（interchangeability）：在愿望与概率之间进行权衡。[10] 如果决策者相对于 B 更喜欢 A，相对于 C 更喜欢 B，那么一定存在某个概率，让他觉得以下两种选择没有什么差别：确定性地选择 B，也就是他的中间选择，或者赌一把从而有机会得到他的首选 A，实在不行最后得到 C。

为了理解这一点，我们开始假设有 99% 的机会得到 A，1% 的机会得到 C，这样的概率让人觉得赌一把得到 A 要比确定性地选择 B 好很多。现在考虑另一个极端，只有 1% 的机会得到第一选择 A 和 99% 的机会得到最不理想的 C。毫无疑问，确定性地折中选择 B，肯定胜过最差的选择 C。我们现在可以想象一个概率序列，从几乎确定的 A 到几乎确定的 C。随着概率的逐渐变化，你是否认为自己会坚持赌一把直到概率降到某一数值，这时，你觉得赌一把跟最终选择 B 没什么两样，从而转向确定性的 B？如果是这样的话，就表示你赞同"可互换性是理性的"这一说法。

以下是理性选择理论的用途。为了满足理性的准则，决策者必须在连续尺度上评估每个希望的结果的价值，乘以其概率，然后再将它们相加，得出该选项的"预期效用"（expected utility）。在这里，expected 指的是"平均而言，从长远来看"，而不是"预期的"；utility 指的是"被决策者认为是更好的"，而不是"有用的"或"实用的"。计算不用刻意进行，也不需要数值的加减乘除，凭感觉就好。最后，决策者应该选择具有最高预期效用的选项。这可以确保决策者用这 7 个公理衡量是理性的。理性的选择者就是致力于效用最大化的人，反之亦然。

在掷骰子游戏中，两个骰子掷出的数字之和为"7"的概率是 1/6，如果你掷出"7"，你赢 4 美元，否则你输掉 1 美元。假设效用单位都是 1 美元，那么掷骰子赌"7"的预期效用是（1/6×4）美元＋[5/6×（-1）] 美元，约为 -0.17 美元。我们可以把掷骰子游戏和轮盘赌游戏做个比较。在轮盘赌游戏中，小球落到"7"的概率是 1/38，这种情况下你将赢得 35 美元，否则你将输掉 1 美元，预期效用是（1/38×35）美元＋[37/38×（-1）] 美元，约为 -0.05 美元。

掷骰子赌"7"的预期效用比轮盘赌要低，所以没有人会因为你更喜欢轮盘赌而认为你是非理性的。当然，有人可能会说赌博本身就是非理性的，因为两个赌博游戏的预期效用都是负值，由于庄家占优势，所以你玩得越多，输得越多。如果你是第一次光顾蒙特卡罗赌场[①]，赌场为了吸引你很可能会送你少许正值的预期效用，从而将两种赌博游戏的预期效用提升至正值，这时，就看你选择玩两种游戏中的哪一种了。

概率游戏很适合用来解释理性选择理论，对数字进行或乘或加的计算，非常直观。日常生活中有许许多多的选择，我们只能凭直觉估算它们的预期效用。当我走进一家便利店，但不记得家里的冰箱还有没有牛奶了，我是否应该买一袋牛奶呢？一方面，如果我没买牛奶而家里又没有，明天早上我就只能干吃麦片，那样我会很不开心。另一方面，如果家里有牛奶，而我又买了一些，最坏的情况可能是牛奶会变质，但可能性不大。即使变质了，也不过是几美元的事。所以，总的来说，买比不买要好。正是理性选择理论，为这种推理提供了坚实的基础。

---

① 世界著名的赌场，位于南欧的摩纳哥公国。——编者注

效用的用处有多大

人们很容易认为，在理性公理中确定的偏好模式，与人们对快乐和欲望的主观感受有关。但从技术上讲，这些公理只是把决策者看作黑箱，关注人们选择这个而不选择那个的模式。理性选择理论算出来的效用大小对应的是从偏好模式中重建的一个假想实体，它有助于人们保持偏好的一致性。有了这个理论，决策者就不会陷入"金钱泵"，或者变成一个莫名其妙的"蓝莓派"爱好者。可以这么说，关于如何让行动与我们的价值观保持一致，这个理论并没有向我们传递太多信息，只是告诉我们如何通过观察行为来发现我们的价值观。

人们对理性选择理论的一个误解，就是它把人们描绘成不道德的享乐主义者，或者是希望人们成为享乐主义者。现在好了，这种误解完全可以消除。人们会为自己的孩子或朋友做出牺牲，会照顾病人和施舍穷人，也会把一个装满钱的钱包交还给失主。这表明，爱、慈善和诚实进入了人们的效用天平。关于如何避免挥霍这些东西，理性选择理论提供了建议。

当然，如果我们自己是决策者，就不需要把自己当成黑箱。假设的效用天平，应该与我们内心的快乐、贪心、欲望、温情以及其他情感相对应。金钱是最典型的欲求对象，当我们从金钱开始探索这种关系时，事情变得有趣起来。不管金钱能不能买到幸福，它肯定能买到效用，因为人们会用东西来跟金钱交换，爱心也可以用金钱获得。但是，这种关系不是线性的，而是凹形曲线（见图6-1）。用专业术语来说，它是"边际效用递减"的。

边际效用递减在心理学上的意义是显而易见的：穷人得到 100 美元的快乐，比富人得到 100 美元的快乐多很多。[11] 这就是再分配的道德论证：在所有条件相同的情况下，把钱由富人转移给穷人增加了世界的幸福总量。在理性选择理论中，图 6-1 中的曲线并不是通过询问人们"拥有不同数额的金钱，自己的快乐程度如何变化"而生成的，而是来自对人们偏好的观察。100% 的机会赢得 1 000 美元，或者 50% 的机会赢得 2 000 美元，你选哪一个？它们的期望值是一样的，但大多数人做了确定性的选择，即 1 000 美元。

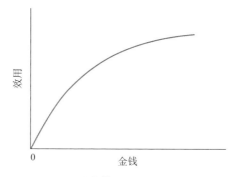

图 6-1　金钱的边际效用递减曲线

这并不表示他们不认同理性选择理论，而是说，效用与用美元衡量的价值不一样。2 000 美元的效用，小于 1 000 美元效用的两倍。幸运的是，就我们的理解而言，人们对自己的满意度和赌博选择的评级指向了与金钱的边际效用递减曲线相同的曲线。

经济学家将凹形效用曲线等同于"风险厌恶"（risk-averse）。这有点令人困惑，因为这个术语跟胆小的张三或胆大的李四没什么关系，而是在考量人们在期望值相同时在确定性和可能性之间的偏好。尽管如此，这些概念往往是相通的。人们购买保险是为了心安，利用凹形效用曲线的理性决策者，也是出于这个目的。

支付保费会让买保险的人存款余额减少，降低他的幸福感，但相比之下，不得不换掉没有保险的特斯拉汽车，他的存款余额会减少更多，幸福感下降幅度更大。理性选择者选择的是，用确定性损失的保费应对可能出现的更大损失，尽管确定性损失的期望值（不要跟预期效用搞混了）一定会比保费稍低一些，因为保险公司还要赚钱呢。

不过，按照理性选择理论的这种逻辑，人们永远都不该赌博、买彩票、创办公司，宁做工作稳定的牙医也不应渴望做明星。当然也有些人偏要这么做，这就是让古典经济学家感到困惑的一个悖论。人类的效用曲线不能既凹又凸：用凹形曲线解释为什么我们用保险来规避风险，用凸形曲线解释为什么我们冒险去赌博。也许我们赌博是为了刺激，就像我们为了心安而买保险一样，但这种诉诸情绪的解释只是把这个悖论推升到了更高的层次：为什么我们经过进化获得了矛盾的动机，它们一会儿让我们冲动亢奋、一会儿又让我们平静，然后我们还要为这两种相互矛盾的权益买单？也许我们是不理性的，仅此而已。

也许，赌场游戏就是一种形式的娱乐，豪赌客们愿意为之花钱。或者，这条曲线可能有第二个弯，并快速拉高，使得头奖的预期效用远非单纯的银行存款所能比。如果人们觉得奖金会让自己的社会阶层和生活方式发生彻底改变，让他们成为令人着迷、无忧无虑的百万富翁，而不仅仅是一个中产阶层的富人，这样的情形就可能出现。许多地方的彩票广告，就是在向人们灌输这种幻想。

当以现金计算效用时，我们很容易理解这一理论的含义，对于任何可以放在同一个天平上的有价值的东西，这一逻辑都适用。这包括对人类生命的公开估值。"一个人的死亡是一场悲剧，100 万人的死亡只是一个统计数字。"这句话正确地捕捉到了我们是如何对待死于战争或流行病的生命的道德代价的，虽然其中的数字不正确。这条曲线是弯曲的，就像金钱的效用曲线一样。[12]在平常日子里，一场恐怖袭击或一个造成十几名受害者食物中毒的事件，都能得到铺天盖地的报道。但是，在战争或流行病期间，每天有上千人死去也让人熟视无睹，这些生命的消逝不同于金钱的减少，他们是真实的人，是热爱他人又被他人所爱的有情人。在《人性中的善良天使》（*The Better Angels of Our Nature*）这本书中，我曾说过：我们在人类生命边际效用递减方面所受的道德误导，是小战争会升级为人道灾难的原因之一。[13]

违反公理有多不理性

你可能会觉得，理性选择的公理如此明显，任何正常人都会尊重它们。事实上，人们经常对它们嗤之以鼻。

就拿可公度性来说，这似乎是显而易见的：只是要求你必须在"相对于 B 更喜欢 A"、"相对于 A 更喜欢 B"和"同等喜欢 A 和 B"之间做出选择。在第 2 章，我们讨论了权衡禁忌这种违背行为。[14]人们把生活中的某些事物视为神圣不可侵犯的，认为将它们与别的事物进行对比是不道德的。他们觉得，任何遵守这一公理的人都像奥斯卡·王尔德（Oscar Wilde）所说的"愤世嫉俗者"：知道所有东西的价格，却不知道任何东西的价值。我们应该花多少钱来拯救一个濒临灭绝的物种呢？为了救一个掉进井里的小女孩，我们又应该花多少钱呢？我们应该通过削减教育经费、养老金或环保基金来平衡预算吗？

另一个时代的笑话是这样开始的，一个男人问："如果给你100万美元，你愿意和我在一起吗？"[15]"苏菲的选择"这个习语源于美国作家威廉·斯泰隆（William Styron）那本令人悲伤的同名小说，书中的主人公不得不交出自己两个孩子中的一个，这个孩子将被送进奥斯威辛集中营用毒气毒死。我们在第 2 章看到，当有人要求你去比较不同的神圣实体时，退缩既可以是理性的，因为它肯定了我们对一段关系的承诺；也可以是非理性的，因为我们逃避痛苦的选择实际上会让这些选择变得反复无常和不一致。

针对违背公理的一系列行为，心理学家赫伯特·西蒙（Herbert Simon）提出了"有限理性"（bounded rationality）这一概念。[16]理性选择理论认为，理想的决策者拥有完美的信息和无限的时间和记忆。对于普通决策者来说，胜算和收益的不确定性，以及获取和处理信息的成本，都是决策时必须考虑的因素。为了节省 10 分钟的时间而花 20 分钟去找一条捷径是没有意义的。

成本并非无足轻重。世界就像一个道路分岔的花园，每一个决策都把我们带入一个新的处境，在这个处境中我们要做出很多新决定，制造许许多多的可能性，合并性公理对这些可能性也无能为力。西蒙认为，普通决策者很少追求"最优"，但必须致力于"满足"最低要求，即接受高于标准的第一个选择。如果考虑信息成本的话，"完美"可能就是"好"的敌人。

然而，一个让生活变得更简单的决策规则可能会违反公理，比如传递性。这怎么会呢？我是否可以通过找到某位"金钱泵"中的人而讨生活，就像苏斯博士（Dr. Seuss）的绘本《史尼奇》（*The Sneetches*）中的西尔维斯特那样，不断向对方出售同一样东西呢？他给史尼奇的肚子上贴一颗星收 3 美元，把这颗星拿掉再收 10 美元。尽管非传递性属于典型的非理性，但有限理性的两个特征是它产生的根源。

一是，我们通常不会做所有必要的乘法和加法，来将一项决策的众多属性综合为总体效用。相反，我们会逐一考虑这些属性，通过排除法来减少选择。[17] 在选择大学时，我们可能首先排除没有曲棍球队的大学，然后排除没有医学院的大学，再排除离家太远的大学，等等。

二是，当其他属性看起来更相关时，我们可能会忽略某个属性值的微小差异。萨维奇给我们出了这样一个题目：有位游客无法决定是去巴黎还是去罗马。[18] 我们稍作改变，让她在去巴黎和去巴黎并得到 1 美元之间做出选择。毫无疑问，"巴黎 +1 美元"比"巴黎"更可取。但这并不意味着"巴黎 +1 美元"一定比"罗马"更受欢迎！这样，一种非传递性就此诞生：相对于 B（巴黎）游客更喜欢 A（巴黎 +1 美元），游客对 B（巴黎）和 C（罗马）的喜欢程度是一样的，但是，相对于 C，游客并不是更喜欢 A。萨维奇的例子被《纽约客》的一名漫画作家重新发现并改编成了漫画（见图 6-2）。

你愿意花多少钱买宇宙的所有秘密？等等，先别回答，你还能得到容量为
6夸脱①的意大利面锅和蛤蜊蒸锅。现在你愿意付多少钱？

图 6-2　《纽约客》上的一幅漫画

资料来源：*The New Yorker* © Condé Nast。

通过排除法进行选择的决策者，可能会陷入非传递性陷阱。[19] 特沃斯基设想了 3 个求职者，他们在能力考试和工作经验上的得分各不相同，见图 6-3。

---

① 液体容量单位，英制中 1 夸脱约等于 1.13 升，美制中约等于 0.94 升。——编者注

姓名	能力	经验
阿彻	200	6
贝克	300	4
康纳	400	2

图 6-3　3 个求职者的能力值和经验值

人力资源经理用下面这种规则同时对两个人进行比较：如果一个人的能力值比另一个人的能力值高 100 多分，那就选择能力更强的求职者，否则就选更有经验的求职者。相对于贝克，人力资源经理更喜欢阿彻（更有经验）；相对于康纳，人力资源经理更喜欢贝克（更有经验）；相对于阿彻，人力资源经理更喜欢康纳（更有能力）。当实验参与者站在人力资源经理的立场上时，很多人做出了非传递性的选择，但他们自己还没有意识到这一点。

那么，行为经济学家能否通过把实验参与者当作"金钱泵"里的人使用来资助自己的研究呢？这种情况很少出现。人们会理解其中的问题，然后会再三考虑他们的选择；另外，人们也不会仅仅因为一时喜欢就去买某种东西。[20] 但是如果没有系统 2 让人们醒悟，漏洞是真实存在的，在现实生活中，如果每次仅从一个方面对选项进行比较，这样的决策过程可能会让决策者陷入不理性的境地。我们都有这样的经历，当在两个以上的选项中做决策时，我们可能会被最后看到的一组选项所左右，或者，因为认为每个选项似乎在某个方面都比其他两个选项更好而绕圈子。[21]

我们真的可以让某些人变成"金钱泵"里的人，至少在一段时间内可以做到这一点：想办法让他们相对于 B 更喜欢 A，然后再给 B 定个高价。[22]

你先用高价把 B 卖给他们，再用 A 把 B 交换回来，最后用低价买回 A，然后重复这一过程。

怎么会有人陷入这种疯狂的矛盾境地呢？这很好解释：当面临两个期望值相同的选项时，人们可能更喜欢概率更大的那个选项，但愿意为回报更高的那个选项付出更多。

举个具体的例子来说。假设有两张轮盘赌的彩票，期望值都是 3.85 美元，但概率和收益的组合并不相同。彩票 A 有 35/36 的机会赢得 4 美元，1/36 的机会输掉 1 美元；彩票 B 有 11/36 的机会赢得 16 美元，25/36 的机会输掉 1.50 美元。[23] 面对这两个选项，人们会选择 A；但当被问到他们愿意为每张彩票付多少钱时，他们给 B 开的价格更高。

这是愚蠢的，当人们考虑价格时，会把关注点放在美元符号前面较大的数字上，而忽视概率。实验者就可以充当一个套利者，不断地赚取一些被试的钱。困惑的受害者说"我就是忍不住"或者"我知道这很傻，你在占我的便宜，但我真的更喜欢这张彩票"。[24]

几轮过后，几乎每个人都变聪明了。真实金融市场的动荡可能是由天真的投资者引发的，投资者被回报的风险或有风险的回报所左右，套利者乘虚而入，利用这种不一致性盘剥天真的投资者。

"独立于不相干选项"的情况又怎么样呢？我们知道，不相干选项是离不开语境和框架的。经济学家莫里斯·阿莱（Maurice Allais）因此提出了"阿莱悖论"。[25] 下面两张彩票你更喜欢哪一张（见图 6-4）？

| 超级现金彩票： | 100% 的概率获得
100 万美元 | 强力球彩票： | 10% 的概率获得
250 万美元
89% 的概率获得
100 万美元 |

图 6-4　确定的超级现金彩票与不确定的强力球彩票

虽然强力球彩票的期望值更大（114 万美元），但大多数人都选择了具有确定性的选项，避开了那一无所得的 1%。这并不违背理性选择公理，因为它们的效用曲线可能会弯曲，使人们厌恶风险。下面两张彩票你更喜欢哪一张（见图 6-5）？

| 百万美元彩票： | 11% 的概率获得
100 万美元 | 美国乐透彩票： | 10% 的概率获得
250 万美元 |

图 6-5　不确定的百万美元彩票与不确定的美国乐透彩票

面对这两个选项，相对于百万美元彩票，人们更喜欢美国乐透彩票，依据是它们的期望值不同，后者的是 25 万美元，前者的是 11 万美元。听起来很合理，对吧？考虑第一个选择题时，你脑子里的小矮人在说："这张彩票奖金很丰厚，但如果你选择它，可能什么也得不到。眼看到手的 100 万美元没有了，你会觉得自己像个白痴！"考虑第二个选择题时，小矮人说："10% 跟 11% 有什么区别吗？不管怎样，中奖机会还是有的，还是选更大的奖吧。"

不幸的是，这些偏好违背了理性选择理论中的独立性公理。为了理解其中的悖论，让我们把两个左列选项的概率分割成几部分，除了呈现方式之外，其他不做任何改变，如图 6-6 和图 6-7 所示。

超级现金彩票：	10% 的概率获得 100 万美元
	1% 的概率获得 100 万美元
	89% 的概率获得 100 万美元

| 强力球彩票： | 10% 的概率获得 250 万美元 |
| | 89% 的概率获得 100 万美元 |

图 6-6　调整呈现方式后的超级现金彩票与强力球彩票

| 百万美元彩票： | 10% 的概率获得 100 万美元 |
| | 1% 的概率获得 100 万美元 |

| 美国乐透彩票： | 10% 的概率获得 250 万美元 |

图 6-7　调整呈现方式后的百万美元彩票与美国乐透彩票

我们现在看到，在超级现金彩票和强力球彩票之间的选择（图 6-6），就如同在百万美元彩票和美国乐透彩票之间的选择（图 6-7）的基础上各自增加额外 89% 的概率赢得 100 万美元。但那额外的概率让你改变了选择。我给每张彩票都加上了樱桃派，你却把苹果派换成了蓝莓派。如果你已经厌倦了有关现金彩票的讨论，卡尼曼和特沃斯基提供了一个与金钱无关的例子。[26] 你想要一张有 50% 的概率去欧洲旅游三周的抽奖票，还是一张肯定让你去英国旅游一周的代金券？人们总是喜欢稳妥的事情。你喜欢一张有 5% 的概率去欧洲旅游三周的抽奖票，还是一张有 10% 的概率去英国旅游一周的抽奖票？这时，人们会选择更长时间的旅行。

从心理上讲，我们很清楚发生了什么。概率为 0 和概率为 1% 之间的差别，不仅仅是 1 个百分点的差别，还是不可能与可能的差别。同样，99% 和 100% 之间的差别，是可能性和确定性之间的差别。这两种情况都不能与其他概率差别相提并论，比如 10% 和 11% 之间的差别。可能性无论多小，它的存在都会让我们有向前看的希望和回头看的遗憾。由这些情绪驱动的选择是否"理性"，取决于你是认为这些情绪就像吃饭和保暖一样，是一种我们应该尊重的自然反应，还是觉得这些情绪是进化而来的干扰因素，我们的理性力量不应理睬它们。

由可能性和确定性引发的情绪，为以概率为基础的选择（如买保险和赌博）添加了额外的因素，而这些因素无法用效用曲线的形状来解释。卡尼曼和特沃斯基指出，没有人会购买仅覆盖这周内特定几天的概率保险，尽管保费很低。人们非常乐意为火灾上保险，却不愿为飓风等整体风险与火灾相当的灾害上保险。[27] 他们购买保险是为了安心，让自己少担心一件事。他们宁愿把对某种灾难的恐惧驱逐出自己的焦虑储存室，也不愿让自己的生活在整体上变得更安全。这也可以解释诸如"禁止核能"这样的社会决策为何得以制定，实际上，核能带来的灾难风险很小，我们更应该减少煤炭的使用，因为煤炭每天都会导致更多的人死亡。

《美国超级基金法》要求彻底消除环境中的某些污染物，尽管消除最后 10% 污染物的成本比消除前面 90% 污染物的成本还要高。在强制清理一家有毒废品站的诉讼会上，美国最高法院大法官斯蒂芬·布雷耶

（Stephen Breyer）曾说："10 年积累的 4 万页资料表明（各方似乎对此都无异议），不需要额外支出，这个足够干净的废料堆就可供孩子们每年玩耍 70 天、食用少量泥土而不会受到显著毒害。但这一带并没有'吃土'的孩子在玩耍，因为这是一片沼泽……花 930 万美元来保护那些根本不存在的'吃土'儿童，这就是我所说的'最后的 10%'问题。"[28]

我曾经问一个每周都买彩票的人："你为什么要把钱浪费掉？"他把我当成一个迟钝的孩子一样解释道："不玩就不会赢。"他的回答并不能说是完全不理性的：持有一个包含意外之财可能性的投资组合，可能会带来心理上的优势，而单纯地将预期效用最大化，是无法获得意外之财的。下面这个故事，进一步阐释了同样的逻辑。一位虔诚的老人向上帝祈求："主啊，我一生都遵守你的律法。我守了安息日，我背诵了祷文，我一直是一个好父亲和好丈夫。我只向你提一个要求：我想中彩票。"天空暗下来，光线穿透云层，一个低沉的声音传来："我看看我能做什么。"这个人很高兴。一个月过去了，六个月过去了，一年过去了，但是财富并没有眷顾他。绝望中，他又一次大声地喊道："主啊，你知道我是个虔诚的人。我祈求过你，你为何不帮我呢？"天空暗下来了，一束光射了出来，一个声音震耳而出："给我个机会，去买一张彩票。"

不仅风险框架能改变人们的选择，奖励框架也能做到这一点。假设有人给你 1 000 美元。现在你必须在两个选项中做出选择，一个选项是肯定再得到 500 美元，另一个选项是抛一枚硬币，如果硬币正面朝上，你还能得到 1 000 美元。这两个选项的期望值是一样的（500 美元），但现在你已经知道，大多数人都是风险厌恶的，因而会做出确定性的选择。接下来，我们稍做些改变。假设有人给你 2 000 美元。现在你必须在返还 500 美元和抛硬币中做出选择，如果硬币正面朝上，你要返还 1 000 美元。这时，大多数人都会选择抛硬币。但是算一下就会发现：就最终结果而言，两个选择是相同的。唯一的区别在于起点，即在第一个选择中呈现出的结果是"收益"，而在第二个选择中呈现出的结果是"损失"。

随着框架的改变，人们的风险厌恶情绪消失了：如果风险能带来避免损失的希望，他们就会冒险而行。卡尼曼和特沃斯基于是得出结论：人们并不总是风险厌恶的，尽管他们是损失厌恶的，但如果风险可以避免损失，他们就会冒险而行。[29]

医疗领域也存在类似的情况。假设你被诊断出患了癌症，有生命危险，可以通过手术或放疗进行治疗，但手术可能会让你在手术台上不治身亡。[30] 实验参与者被告知，在每 100 名选择手术的患者中，90 人手术成功，68 人 1 年后存活，34 人 5 年后存活。相比之下，每 100 名选择放疗的患者中，每个人的放疗效果都不错，77 人一年后存活，22 人 5 年后存活。但只有不到 1/5 的受试者选择放疗，他们更看重长期的预期效用。

现在，我们改变一下对这些选项的描述，看看结果如何。每 100 名选择手术的患者中，会有 10 人死于手术台上，32 人一年后死亡，66 人 5 年内死亡。每 100 名选择放疗的患者中，没有一人在治疗期间死亡，23 人一年后死亡，78 人 5 年内死亡。现在，几乎有一半的人选择放疗。为了确保他们不会因手术治疗而失去生命，他们愿意接受更大的总体死亡概率。但是，两种描述下选项的概率是一样的。唯一不同的是，一种描述框架将存活人数视作"收益"，另一种描述框架将死亡人数视作"损失"。

对理性选择公理的违背，也会从私人选择领域延伸至公共政策领域。在新冠肺炎疫情暴发的 40 年前，卡尼曼和特沃斯基就有一种不祥的预感，并要求人们设想："美国正在为一种不寻常的疾病的暴发做准备。"[31] 现在，我把他们的案例更新一下。如果不及时治疗的话，这种病毒预计将导致 60 万人死亡。疫苗已经研制出 4 种，分别是：Wonderine 和 Miraculon，Regenera 和 Preventavir，而且其中只有一种可以大规模接种。如果 Miraculon 疫苗被选中，20 万人会得救；如果 Wonderine 疫苗被选中，60 万人得救的概率为 1/3，没有人得救的概率为 2/3。大多数人厌恶风险，推荐选择 Miraculon 疫苗。

现在，我们来考虑另外两种疫苗。如果 Regenera 疫苗被选中，40 万人会死去。如果 Preventavir 疫苗被选中，没有人死亡的概率为 1/3，60 万人死亡的概率为 2/3。现在，你已有能力识别理性实验中的陷阱问题了，并肯定会发现这两种描述是一回事儿，不同之处仅在于用什么框架来描述效果：要么用"收益"（保住生命）来描述，要么用损失（死亡）来描述。措辞不一样，人们的偏好就不一样。现在，大多数人都愿意承受风险并力挺 Preventavir 疫苗，这给人们带来了完全避免生命损失的希望。不需要太多想象，我们就能知道这些框架是如何被用来操纵他人的，尽管这可以通过细心地展示数据来避免，比如，总是既提及收益又提及损失，或者以图表的形式呈现数据。[32]

人们对概率的感知很怪异，对"收益"和"损失"的感知也很怪异，卡尼曼和特沃斯基把这两种都很怪异的感知结合起来，形成了他们的前景理论（prospect theory）。[33] 前景理论就是理性选择理论的另一种说法，意在描述人们如何做选择，而不是规定人们应该如何做选择。图 6-8 显示的是我们的"决策权重"，也就是做选择时的主观概率与客观概率的相互关系。[34] 这条曲线在 0 和 1 的附近很陡，并且在这些特殊值附近的边界处不连续；在 0.2 附近基本上是客观的；在二者之间的平坦部分，我们无法区分 0.10 与 0.11 之间的差别。

图 6-9 展示了我们的主观价值。[35] 它的横轴以一个可移动的基线为中心，该中心通常表示现状，而不是 0。该轴表示的不是美元、生命或其他有价物品的绝对数量，而是相对于基线的"收益"或"损失"。收益曲线和损失曲线都是凹形的，每增加一个单位的"收益"，或每减少一个单位的"损失"，主观价值的变动都比先前的小。损失曲线的斜率更大，与同样"收益"带来的快乐相比，"损失"带来的痛苦，要高出两倍。

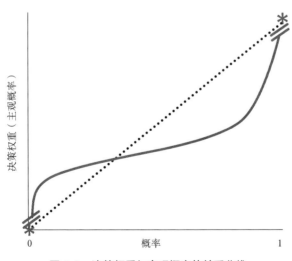

图 6-8　决策权重与客观概率的关系曲线

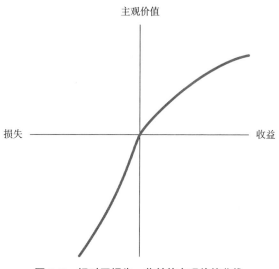

图 6-9　相对于损失 – 收益的主观价值曲线

　　当然，仅仅把现象画成曲线，并不意味着已经解释清楚。不过，那些违背理性公理的行为，告诉了我们很多。认识论上的确定性和不可能性，与"概率很高"和"概率很低"是有本质区别的。这就是为什么在本书中，我们把逻辑学与概率论各写一章的原因。"P 或 Q；非 P；因此 Q"不仅仅是一个概率很高的陈述，而且是逻辑真理。正因为如此，专利官员都会原封不动地把永动机的专利申请书寄回给申请人，而不是冒险相信某个天才已经一劳永逸地解决了我们的能源问题。

　　本杰明·富兰克林有个著名的论述：没有什么事情是确定的，除了死亡和税收。该论述的前半部分是对的。相对而言，不高不低的概率就是一种猜测，赌场之外的情况也大抵如此。猜测就会有误差，有时误差还很大。

在现实生活中，对待 0.10 和 0.11 之间的概率差异，马马虎虎就足够了。

当我们从数学推导转到现实生活时，"收益"与"损失"之间的不对称性就更好解释了。我们的生活充满了大量"不太可能发生的事"，其实，痛苦和死亡离我们仅有一步之遥。特沃斯基曾经问过我："今天发生在你身上的事情有多少会让你过得更好？有多少会让你过得更糟？第二个问题的答案多得数不胜数。"毫无疑问，我们会对将要失去的东西更加警觉，会寻找机会避免幸福生活的水平出现跳崖式下降。[36] 死亡，也不只是一件极其糟糕的事情，这等于宣告游戏结束，没有机会再玩了，这个"奇点"让所有的效用计算都失去了意义。

这也是人们会违反互换性公理的原因。如果相对于 1 美元我更喜欢 1 瓶啤酒，相对于死亡我更喜欢 1 美元，这并不是说，如果概率合适的话，我就愿意花 1 美元为 1 瓶啤酒赌上性命。

理性选择究竟意味着什么

在认知科学和行为经济学中，展示人们违背理性选择公理的种种表现，已经成为一种风潮。而且不仅仅是风潮，目前为止已经有 5 项诺贝尔奖都颁给了那些公理违背行为的发现者。[37]

这种风潮的乐趣在于它展示了：一方面，人类是多么的非理性；另一方面，古典经济学家和决策理论家是多么糟糕的心理学家。

吉仁泽喜欢讲述下面这个真实的故事：

> 两位决策理论家在同一所大学共事。其中一位正在为是否接受另一所大学的诱人工作而苦恼。[38] 他的同事说："你为什么不计算一下留在当前职位和接受新工作的效用，并分别乘以对应的概率，然后，哪个数值大就选哪个呢？毕竟，你的专业工作就是这样建议的。"他不高兴地说："哥们儿，我是认真的！"

当然，冯·诺伊曼和摩根斯特恩还是笑到了最后。所有这些禁忌、有限性、非传递性、180 度的行为改变、后悔、厌恶和框架，只是表明人们公然违背公理了，而不是说他们应该这样做。可以肯定的是，在某些情况下，比如在面对神圣的关系和可怕的死亡时，我们最好不要做理论规定的那些加法。不过，我们确实希望自己的选择与价值观保持一致。

这就是预期效用理论所能提供的一切，这种一致性也不应该被认为是理所当然的。如果决策违背了我们的价值观，就说这是一个愚蠢的决策；如果决策支持我们的价值观，就说这是一个智慧的决策。我们已经看到，一些违背公理的行为确实是有勇无谋的，比如避免艰难的社会权衡、追求零风险以及被措辞所操纵等。对于现实生活中的众多决策，如果采用风险与回报相乘的方法，我们肯定能做出更明智的选择。

你购买小件商品时，是否也应该购买售货员推销给你的延长保修险呢？大约 1/3 的美国人会买，并且每年总共要为此支付 400 多亿美元。但是，为你的烤面包机买一份保险真的有意义吗？这种保险的保障意义不大，不同于给汽车或房子上保险，后者所导致的经济损失会严重影响你的幸福生活。如果粗略算一下期望值，消费者就会注意到延长保修险的保费大概是产品价格的 1/4，这意味着只有当产品有 1/4 的概率出现故障，为它购买延长保修险才合算。

　　看一眼美国非营利消费者机构发布的《消费者报告》（*Consumer Reports*）就会发现，现代家电远没有这么娇气，例如，据统计需要维修的电视机不到 7%。[39] 我们来看一下家庭保险的免赔额[①]。为了让免赔额从 1 000 美元减少到 500 美元，自己少掏腰包，你是否应该为此每年额外支付 100 美元呢？很多人都这么做，但只有当你预期每 5 年做一次索赔时，这才有意义。实际上，家庭财产保险的平均索赔率大约是每 20 年一次，这意味着人们为 25 美元（500 美元的 5%）的期望值支付了 100 美元。[40]

　　将风险与回报进行对比，可以帮助我们更好地进行医疗选择，而医疗选择的后果事关重大。医生和病人都经常从倾向的角度来思考问题：癌症筛查是好的，因为可以检测出癌症；癌症手术也是好的，因为可以切除病灶。但若把成本和收益的概率也考虑在内的话，好也可能变坏。在美国，每 1 000 名接受卵巢癌超声检查的女性中，有 6 人被确诊为卵巢癌；相比之下，每 1 000 名未接受卵巢癌超声检查的女性中，只有 5 人被确诊为卵巢癌。两组人群的死亡人数相同，都是 3 人。收益如此，成本又如何呢？在接受筛查的 1 000 名女性中，共有 94 人得到了可怕的"误报"，其中 31 人遭受了不必要的卵巢摘除，而且这些人中的 5 人得了严重的并发症。在没有接受筛查的女性中，"误报"和不必要手术的数量都是零。不需要很

---

① 保险人与被保险人事先约定的免赔的额度，当损失额在规定数额之内，被保险人自行承担，超出部分由保险人赔付。——编者注

多数学计算就能证明，卵巢癌筛查的预期效用是负数。[41] 筛查男性前列腺癌的前列腺特异性抗原检验，也是同样的情况，我肯定不会做这种筛查。这些都是很容易理解的例子，下一章，我们将深入讨论如何对"正确反应"和"误报"的成本和收益进行比较。

即使没有确切的数字，在心里把概率与结果相乘也是明智之举。有多少人因为大机会赢小钱、小机会输大钱的赌博而毁了自己的生活？他们不惜牺牲自己的名誉和平静的生活，难道只为一次毫无意义的放纵？从看"损失"转到看"收益"：有太多孤独的单身人士，放弃了与灵魂伴侣共度一生的幸福（小机会），只想着跟某个无聊的人一起喝一杯乏味的咖啡（大机会）。性命也可以拿来做赌注：你是否曾为节省 1 分钟时间而超速驾驶？你是否为了消除烦躁而在过马路时查看新信息？发生事故的概率乘以你的生命价格，就是你的损失，与刚才说的那些收益权衡一下，你就知道该怎么做了吧？如果你不这样思考，还能说自己是理性的吗？

Rationality

What it is
Why it seems scarce
Why it matters

07

正确反应与误报：
信号检测与统计决策理论

坐过热炉的猫，不会第二次坐到炉子上，这很好。
但是，即便炉子是冷的，它也不敢再坐了。

马克·吐温[1]

理性要求我们把"什么是对的"和"我们希望什么是对的"区分开来。我们不能像鸵鸟一样把头埋进沙子，不能建造空中楼阁，也不能认为吃不到的葡萄就是酸的。一厢情愿和异想天开的想法总在诱惑我们，因为我们的命运取决于世界的现状，而我们永远无法确切知道世界究竟是怎样的。为了保持勇气以及避免采取不必要的痛苦措施，我们倾向于只看自己想看到的东西，对其他则视而不见。我们轻手轻脚地走上体重秤，幻想理性会让我们的体重变轻；我们拖延结果可能不好的医学检查；并且试图相信人性是无限可塑的。

为了调和我们的无知和期望，人们发明了一种理性工具："信号检测论"（Signal Detection Theory），或者称之为统计决策理论。这个理性工具结合了前两章的主要思想：估计某事为真的概率（贝叶斯定理），并通过权衡预期成本和收益来决定如何应对（理性选择理论）。[2]

信号检测的挑战在于，是将某个迹象看成来自现实世界的真实信号，还是把它看成我们不完美的感知所接收到的噪声呢？在现实生活中，我们经常碰到这样的事情。哨兵在雷达屏幕上看到一个光点：是一队来袭击我们的核动力轰炸机，还是一群飞行的海鸥？放射科医生在 X 光机上看到一个斑点：是病人得了癌症，还是一个无关紧要的囊肿？陪审团在审判中听取目击者的证词：是被告有罪，还是证人记错了？我们遇到一个似乎有点眼熟的人：是以前见过他，还是一种错觉？一组患者在服用药物后病情有所好转：是药物起作用了，还是安慰剂效应？

统计决策理论输出的不是可信的程度，而是一个可执行的决策，例如是否动手术、是否定罪。我们在决定这样做或那样做的时候，并不是在决定应该相信怎样的世界现状。预期到可能的成本和收益，我们才会致力于一种行动。这个认知工具让我们猛然意识到了"何为真"和"做什么"之间的区别。这个理论告诉我们，如果世界现状不同，那么风险选择也不同，但我们不必用掷骰子来欺骗自己。通过清晰地区分对世界现状的评估和决定为此做什么，我们就可以按照"某事似乎为真"来理性地采取行动，而不必相信"某事必然为真"。我们将会看到，这将对理解统计学在科学中的应用产生重大影响，只不过这一点还没有得到充分认识而已。

信号与噪声，"是"还是"否"

我们应该如何看待世界现状的某个不确定指标呢？我们先来讨论统计分布的概念。[3] 假设我们测量的是某个变化莫测的东西，即一个"随机变量"，比如内向程度测试得分，最低是 0，最高是 100。我们把测试分数按 0~9、10~19 等进行分组，然后计算每组的人数。现在我们用直方图展示出来。不同于我们通常看到的图形，这种图中我们感兴趣的变量放在横轴而不是纵轴上，纵向维度表示每组人数。图 7-1 是一个 20 人内向程度测试得分的直方图，每个方格代表一个人。

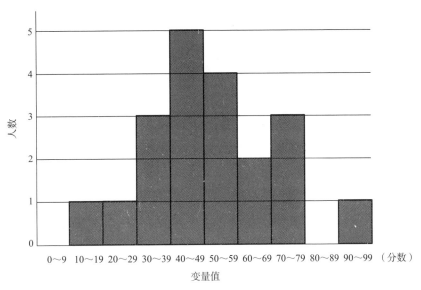

图 7-1　内向程度测试得分情况（20 个人）

现在想象一下，我们测试了几百万人，人数已经多到无须按组分类了，只需按他们的实际分数从左到右排列就可以。当方格堆积越来越多，我们又离得足够远时，图形就逐渐从金字塔演变成一个平滑的山丘，也就是大家所熟悉的钟形曲线（见图 7-2）。分数为平均值（最中间）的人数最多，取得平均值两侧分数的人数逐渐减少，越靠左边分数越低，越靠右边分数越高。钟形曲线最常见的数学模型叫正态分布或高斯分布。钟形曲线在现实世界中很常见，比如人格测试或智商测试得分、男性或女性的身高，以及高速公路上的汽车速度等。

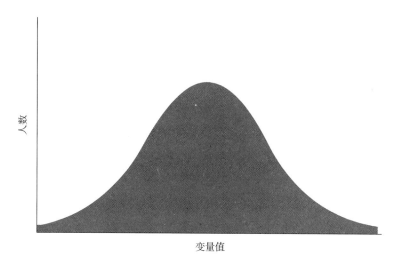

图 7-2　内向程度测试得分情况（几百万人）

钟形曲线并不是观测结果的唯一分布形态。一种分布叫双峰分布（two-humped distribution），比如用来表示男性对女性和男性的相对性吸引程度，在异性恋端有一个大峰值，在同性恋端有一个小峰值，而位于中间的双性恋者则少之又少。还有一种分布叫肥尾分布（fat-tailed distribution），其中的极端值虽然少些，但也不稀奇，比如城市人口、个人收入或网站访问量。许多这类分布，比如幂律分布，左边有一个隆起的部分，表示数量众多的小数值，右边有一个长而粗的尾巴，表示一些极端数值。[4]不过，钟形曲线是现实世界中可以经常看到的，包括单峰的、对称的和细尾的。只要你测量的是众多小原因的总和，比如受环境影响的众多基因，钟形曲线就会出现。[5]

现在，我们回到当前的主题：观察现实世界是否发生了某事。我们不能完美地预测发生了什么事，但测量会告诉我们很多，比如飞机在雷达显示屏上留下的光点，或肿瘤在片子上留下的不透明斑点。我们的测量结果并不是每次都完全一样。相反，它们往往呈钟形曲线分布，如图 7-3 所示。你可以把它看作贝叶斯推理或然率曲线图：在信号出现条件下观测值的概率。[6] 垂直的虚线，就是观测值的均值，不过有时高一些，有时低一些。

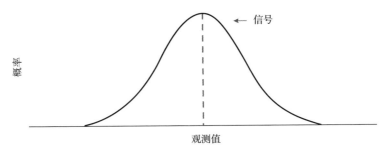

图 7-3　信号出现时观测值的概率曲线

但这里有一个悲剧的转折。你可能会认为，如果现实世界里什么都没有发生，没有轰炸机，也没有肿瘤，观测结果就会是 0。不幸的是，情况从来不是如此。因为观测总会受到无线电静电、鸟群、扫描图上显示的无害囊肿的污染，而且每次观测的结果也不尽相同，从而形成钟形曲线。更不幸的是，由噪声触发的观测的高值部分，会跟现实世界中真实信号所触发的观测的低值部分重叠（见图 7-4）。

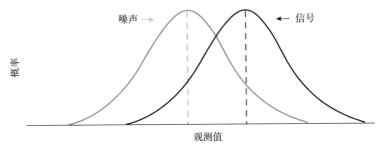

图 7-4　噪声与信号的观测值概率曲线

　　可悲的是，只有神能看到这张图，只有神才能知道观测结果是来自信号还是噪声。我们所看到的都是自己的观测结果（见图7-5）。

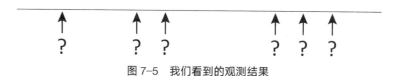

图7-5　我们看到的观测结果

　　当我们不得不猜测一个观测结果是信号（反映真实事物）还是噪声（观测中的干扰因素）时，就必须有个临界值。用信号检测的术语来说，就是标准或响应偏差（the criterion or response bias），用 β 来表示。如果观察值高于这个标准，我们就说"是"，并把它当成信号（事实上是不是信号，我们无法知道）；如果低于这个标准，我们说"否"，并把它当成噪声（见图7-6）。

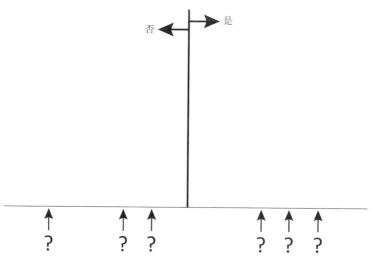

图7-6　用以判定观测结果是噪声还是信号的临界值

让我们以上帝视角做个观察，来看看怎么才能用好这个标准。可能的情形共有 4 种。当我们说"是"而观测结果又真的是信号（轰炸机或肿瘤确实存在）时，就把这种情形称为"正确反应"（hit）。这种我们正确识别信号的情形，就是分布图的深色阴影部分（见图 7-7）。

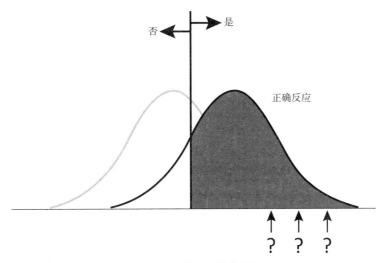

图 7-7 正确反应的分布图

如果我们说了"是"而结果只是噪声呢？当我们对不存在的事情说"是"的时候，这就被称为误报（false alarm）。没有真正的信号而我们却当作"是"所对应的情形，如图 7-8 中的中等灰色部分所示。

观测结果低于标准而我们说"否"的情形是怎么样的呢（见图 7-9）？同样也有两种可能性。如果现实世界中真的发生了某件事，这就被称为漏报（miss）。而如果除了噪声之外什么都没有，这就被称为正确拒斥（correct rejection）。

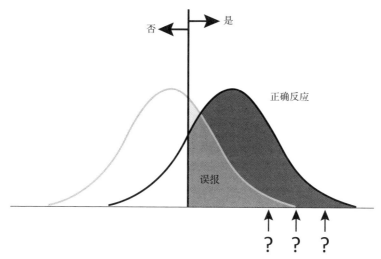

图 7-8　误报的分布图

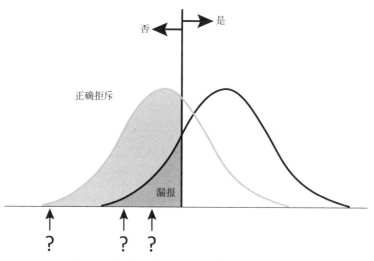

图 7-9　观测结果低于标准而我们说"否"的情形

关于这 4 种可能性是怎样分割事件空间的，见图 7-10：

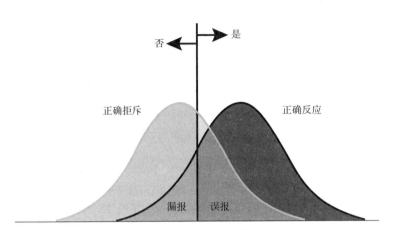

图 7-10　由 4 种可能性分割的事件空间

因为我们每次都说"是"或"否"，所以当有一个真实的信号（右侧钟形曲线）时，正确反应和漏报的比例相加一定是 100%。当只有噪声（左侧钟形曲线）时，误报和正确拒斥的比例相加也一定是 100%。如果将响应偏差线向左移，我们会更爱"抢跑"；如果将响应偏差线向右移，我们会变得"情绪紧张"。这样做，我们就是在用正确反应来换取漏报，或者用误报来换取正确拒斥，这纯属数学问题。不太容易看出的是，由于两条曲线重叠，我们也会用正确反应来换取误报（当我们说"是"时），或者用漏报换取正确拒斥（当我们说"否"时）。

当我们左移响应偏差线时，会更喜欢"抢跑"或者更喜欢"说'是'"，现在来仔细看一下这时会发生什么（见图 7-11）。

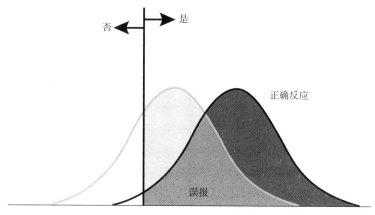

图 7-11 响应偏差线左移后的情况

好消息是我们有了更多的正确反应，几乎能捕捉到所有信号。坏消息是误报增多，我们往往在除了噪声之外什么都没有的时候就抢先行动。如果我们采取一种更严格的响应偏差，跟情绪紧张唱反调，要求承担巨大的举证责任，那又会怎样呢（见图 7-12）?

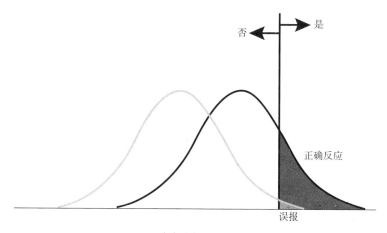

图 7-12 响应偏差线右移后的情况

情况正好相反。我们几乎不会以误报的方式高喊"狼来了"，这是好事，但我们也会漏报相当多的信号，这就不好了。举一个极端的例子，如果我们心不在焉地每次都说"是"，那么，有信号时我们就总是对的，有噪声时我们就总是错的。如果我们每次都说"否"，情况也类似，只不过结果是颠倒过来的。

这听上去是显而易见的，但如果只考虑信号或只考虑噪声，就会混淆响应偏差和准确性，这是一个很常见的谬误。假设一个研究人员进行了一次对错项目测试，并分别对正确项目和错误项目做成绩分析。他以为这可以看出人们在发现真相或者拒绝谎言方面是否做得更好，但他真正看到的是哪些人喜欢说"是"和哪些人喜欢说"否"。有个医生曾给我做过一次听力试验，让我感觉很糟糕。他会播放一串"嘟嘟"声，音量从 0 开始逐渐调大，并要求我在能够听到声音的那一刻伸出一根手指。这不是在测试我的听力，而是对我的耐心和冒险意愿的考验，因为我无法确切地说出我是听到了声音信号还是我有耳鸣。信号检测论提供了很多有助于做出正确判断的方法，比如对误报者进行惩罚，强迫他们在给定时间里说出一定比例的"是"，要求他们进行可信度评级而不是区分好坏，用多项选择取代对错选择等。

成本、收益及标准设定

面对正确反应与误报、漏报与正确拒斥的两难选择，一个理性的观测者应该怎么做呢？现在假设我们有测量仪器，也有判断力，再加上重叠的钟形曲线，我们就可以根据第 6 章讨论过的预期效用理论得到答案：这取决于正确猜测的收益和错误猜测的成本。[7]

　　信号检测论提出时所针对的情形就是用雷达信号检测来袭的轰炸机，我们对这一场景再详细讨论一下。图 7-13 列出了 4 种可能的结果，"信号"和"噪声"代表现实世界的状态，"是"和"否"是雷达操作者的响应，结果列在图中的每个单元格里。

	是	否
信号 （轰炸机）	正确反应 （城市幸免于难）	漏报 （城市被轰炸）
噪声 （海鸥）	误报 （浪费资源，紧张局势升级）	正确拒斥 （平安无事）

图 7-13　用雷达信号检测轰炸机的 4 种可能结果

　　关于如何设定响应标准，决策者必须考虑每一列的综合成本（预期效用）。[8]如果目标城市确实正在受到攻击，响应"是"（正确反应）就会让这个城市幸免于难，这个收益非常大；而如果没有轰炸机来袭，响应"是"（误报）会产生相当高的成本，包括不必要的拦截机紧急升空所造成的浪费，还有因此而导致的国内恐惧情绪和国际紧张局势。如果真有轰炸机来袭，响应"否"（漏报）会让一个城市遭到攻击，这个代价太大了。如果没有轰炸机来袭，响应"否"（正确拒斥）就是保持了幸福的和平与安宁。总之，成本与收益分析告诉我们，可以设置一个较低的或者说倾向于说"是"的响应标准：相对于确保一座城市免于被轰炸，有几天存在不必要的拦截机紧急升空只不过是个小代价。

成本不同，计算结果也会不同。我们假设，响应不是派飞机拦截轰炸机，而是发射装有核弹头的洲际弹道导弹去摧毁敌人的城市，这就可能会导致热核的第三次世界大战爆发。因此，为了避免因误报而付出灾难性的代价，在做出响应之前要绝对确定自己正在受到攻击，这意味着设置的响应标准要相当高。

另外，轰炸机和海鸥触发雷达屏幕上光点的基础比率（贝叶斯先验概率）也很重要。如果海鸥很常见，而轰炸机很少见，就需要一个较高的标准（不草率行事），反之亦然。

在第 6 章我们曾讨论过，在个人层面上，我们也处于同样的两难境地：在癌症检验结果模棱两可的情况下，是否决定做手术呢（见图 7-14）？

	是	否
信号 （癌症）	正确反应 （挽救了性命）	漏报 （死亡）
噪声 （良性囊肿）	误报 （疼痛，外表损伤，花费）	正确拒斥 （生活如常）

图 7-14　对癌症检测结果的不同反应所对应的 4 种可能结果

那么，一个理性的决策者，用专业术语来说叫"理想的观测者"，应该怎样设定标准呢？答案是：找到让观测者预期效用最大化的那个点。[9]这在实验室里很容易计算，实验者在这里可以控制发出"哔哔"声（信号）和不发出"哔哔"声（噪声）的次数、为正确反应和正确拒斥支付奖金、对漏报和误报予以罚款。一个虚构的、想赚最多钱的参与者会根据下面这个公式设定他的标准（这里的值代表奖金或罚款）。

$$\beta=\frac{（正确拒斥值-误报值）\times 噪声的概率}{（正确反应值-漏报值）\times 信号的概率}$$

　　精确的数值计算并不重要，重要的是看谁是比率的分子、谁是比率的分母，以及谁是减数、谁是被减数。如果噪声比信号的可能性大，信号的贝叶斯先验概率较小，那么，优秀的观测者就会把标准设置得更高些（在说"是"之前需要更好的证据）。常识告诉我们：如果信号稀少，你就应该少说"是"。当正确反应的回报较低或正确拒斥的回报较高，而误报的罚金较高或漏报的罚金较低时，你应该设置较高的标准。常识还告诉我们：如果要为误报支付巨额罚款，你应该更谨慎地说"是"，但如果正确反应能带来暴利，你就应该更激进一些。在实验室进行的实验中，参与者凭直觉就会向最佳方案靠拢。

　　当我们的决定涉及生与死、疼痛与外表损伤，以及文明的毁灭或拯救等问题时，估算成本显然是有问题的。然而，如果我们不估算成本，这些困境同样会让人感到痛苦。思考一下 4 种可能结果，哪怕只是粗略地判断一下哪些成本是巨大的，哪些成本是可以承受的，也会让决策更加一致和合理。

敏感性与响应偏差

　　在漏报和误报之间进行权衡是令人痛苦的。难道我们这些凡夫俗子一定要在错误不作为（任由城市被轰炸、任由癌症扩散）导致的巨大代价和错误行动（毁灭性挑衅、外表损伤手术）导致的巨大代价之间做选择吗？

信号检测论告诉我们：确实如此。但这一理论也告诉我们如何减轻这种权衡的痛苦，我们可以通过增加观测的敏感性进行折中。信号检测任务的成本取决于两个参数：我们设定的临界值（响应偏差、标准或 β 值）和信号分布曲线与噪声分布曲线之间的距离，人们称之为"敏感性"，用 d' 来表示。[10]

想象一下，我们对雷达做了改进，因此可以把海鸥排除在外。在最差的情况下，也会把海鸥显示为模糊的雪花印迹，而把轰炸机显示为大亮点。这意味着，噪声的钟形曲线和信号的钟形曲线拉开得更远（见图 7-15）。这时，无论你设定的响应临界值是什么，漏报和误报都会更少。

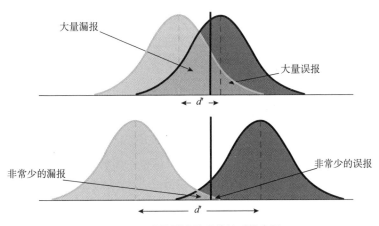

图 7-15　改进雷达前后的敏感性高低

通过计算我们知道，此时，正确反应和正确拒斥的概率将会更大。在通过左右拉动临界值对两类错误做痛苦权衡的同时，把两条曲线分开（更好的仪器、更精确的诊断、更可靠的取证）绝对是一件好事，这样两类错误都会减少。在信号检测过程中，提高敏感性是我们的永恒追求，后面我们将会看到它的一个重要应用场景。

法庭上的信号检测

对不法行为的调查也是一种信号检测。法官、陪审团或纪律委员会，肯定要跟可能存在的不法行为的证据打交道。证据的力度各不相同，林林总总的证据可能来自犯罪的被告（信号），也可能来自别处，比如干坏事的另外一个人或者根本没有犯罪事件（噪声）。

证据分布的重叠比大多数人所能理解的还要多。DNA 指纹技术的出现（敏感性的巨大飞跃）表明，许多无辜的人被判了刑，甚至被判了死刑，而据以定罪的证据差不多有一半来自噪声，一半来自信号。名声最差的当属目击者证词：认知心理学家伊丽莎白·洛夫图斯和其他一些同行的研究表明，人们经常自信地回忆他们所看到的事情，而这些事情实际上从未发生。[11] 美剧《犯罪现场调查》（*Crime Scene Investigation*）和其他法制类电视节目中出现的大多数看起来非常高科技的方法，却从来没有被真正地验证过，是那些自诩为专家的人利用过度自信偏差和确认偏差来骗人的。对子弹、咬痕、纤维、毛发、鞋印、轮胎印、工具印、笔迹、血迹、助燃剂甚至指纹等所进行的分析，几乎都是如此。[12] DNA 是最可靠的法医技术，但请大家记住倾向性与频率之间的差别：一些 DNA 证据会被污染的样本、贴错的标签和其他人为错误所破坏。

面对各种各样的证据，陪审团必须根据标准做出或是或否的裁决。决策矩阵中的成本和收益，可以用实际的货币和道德货币来计算：罪犯失去自由或者继续残害他人，正义得到伸张或发生误判（见图 7-16）。

	犯罪	无罪释放
信号 （有罪）	正确反应 （正义得到伸张；犯人丧失行为能力）	漏报 （非正义；罪犯继续残害他人）
噪声 （无辜）	误报 （审判不公；无辜者被惩罚）	正确拒斥 （正义得到伸张； 尽管经历了审判周折）

图 7-16　陪审团所面对的决策矩阵中的成本和收益

正如我们在基础比率禁忌中（第 5 章）所看到的那样，没人会容忍一个纯粹计算社会实际成本和收益的司法制度，我们要确保个人层面的公正。不过，陪审团也并非全知全能，对错误的定罪和错误的无罪释放这两种难以衡量的不公正，我们该如何取舍呢？用信号检测的术语来说，我们应该把响应标准放在哪里呢？

标准推定认为，误报所付出的道德成本非常高。正如法学家威廉·布莱克斯通（William Blackstone）所说："宁可让 10 个有罪的人逃脱，也不可让一个无辜的人受冤。"因此，刑事审判中的陪审团要做"无罪推定"（presumption of innocence），只有当"排除合理怀疑"（设置较高的 β 值，也就是标准或响应偏差）时，才能对被告定罪。他们不会仅仅根据"优势证据"（preponderance of the evidence，也称为"百分之五十加一根羽毛"）来定罪。

当然，布莱克斯通所说的 10 ∶ 1 也有些武断，但这种不平衡是显而易见的。在一个民主国家里，自由是不言而喻的，而政府强制则是一个负有繁重义务的例外，它必须符合较高的辩护标准。惩罚无辜者，特别是判以死刑，在某种程度上会触动良心，而没有惩罚有罪的人则不会。

跟所有的响应标准设定一样，根据布莱克斯通比率进行的标准设定取决于 4 种结果的估值，而大家对这些估值的意见并不统一。在"9·11"事件之后，乔治·W. 布什政府认为，重大恐怖主义行为所造成的灾难性代价，已经超过了受折磨的无辜受审者的虚假供述所造成的道德代价，因此使用"强化审讯"（酷刑的委婉说法）理所应当。[13] 2011 年，美国教育部出台了一项新的指导方针（现已废除），该方针规定，对于被控不当性行为的学生，学校必须根据"优势证据"进行定罪，这引发了轩然大波。[14] 拥护此类政策的人承认这是一种折中做法，但他们同时认为，性侵是如此令人发指，因此宣判少数无辜者有罪的代价是值得的。[15]

这些道德价值问题没有"正确"答案，但是，我们可以用信号检测论来弄清我们的行为是否与自己的价值观一致。假设我们认为，被无罪释放的有罪的人不应超过 1%，被定罪的无辜者也不应该超过 1%。再假设陪审团是理想的观测者，他们最优地应用了信号检测论。要达到这些目标，证据需要有多充分？准确一点说就是，信号（有罪）与噪声（无辜）分布之间的敏感性必须多大？这个距离可以用标准差来测量，而标准差常用来估计变异性。从视觉上看，它与钟形曲线的宽度一致，也就是从平均值到拐点（由凸变凹）的水平距离。

　　心理学家哈尔·阿克斯（Hal Arkes）和芭芭拉·梅勒斯通过数学计算得出，要达到这些目标，证据强度的敏感性必须达到 4.7，也就是说，把有罪者的证据与无辜者的证据分开几乎需要 5 个标准差的敏感性。[16] 这是奥林匹克级别的敏感性，即便我们采用最先进的医疗技术也无法达到。如果我们愿意放宽标准，将 5% 的无辜者定罪，将 5% 的有罪者无罪释放，敏感性就"只有"3.3 个标准差了，这仍是一个"公主和豌豆"[①]级别的敏感性。

　　这是否意味着我们对正义的道德渴望超过了我们的证明能力？是的，这几乎可以肯定。阿克斯和梅勒斯调查了一群学生，想看看这些渴望究竟是怎样的。学生们大胆地认为，一个公正的社会应该判不超过 5% 的无辜者有罪，判不超过 8% 的有罪者无罪释放。一些法官也有类似的直觉。我们无法判断这比布莱克斯通的比率更严格还是更宽松，因为我们不知道被告中真正有罪的百分比是多少。他们觉得敏感性应该达到 3.0。有罪被告留下的证据，要比无辜被告留下的证据强 3 个标准差。这现实吗？阿克斯和梅勒斯翻阅了关于各种测试和技术的敏感性的文献，得到的答案是：不太现实。当人们被要求区分说谎者和说真话者时，他们的敏感性近似于 0，也就是说，他们无法进行区分。目击者的证词要好一些，但也好不到哪里去，只有 0.8。测谎仪更好一些，也不过在 1.5 左右，但在大多数法庭上是不准使用测谎仪的。[17]

---

① 源于安徒生童话《豌豆公主》中的典故，指公主睡在垫有 20 张床垫和 20 床鸭绒被的豌豆上，却仍能感到豌豆的存在。——编者注

　　把研究范围从法庭取证延展至其他测试后，他们发现了各种不同的敏感性的值：军人屏幕测试约为 0.7，天气预报为 0.8～1.7，乳房 X 光造影检查为 1.3，脑损伤 CT 扫描为 2.4～2.9。这些数据都是根据 20 世纪末的技术获得的，今天的敏感性值要更高一些。

　　假设陪审团审判时的典型证据质量的敏感性为 1.0，也就是说，有罪被告比无辜被告高一个标准差。如果陪审团采用一种严格的响应标准，以"1/3 被告有罪"为先验信念，那么他们将判 58% 的有罪被告无罪释放，判 12% 的无辜被告有罪。如果他们采用一种宽松的方法，将先验信念改为"2/3 被告有罪"，他们将判 12% 的有罪被告无罪释放，58% 的无辜被告有罪。令人心碎的结论是，陪审团把太多的有罪被告判成无罪释放，把太多的无辜被告判成有罪，二者都远远高于我们认为可以接受的比例。

　　现在，刑事司法系统有了一个更好的选择。大多数案件不进入审判程序，要么是因为证据太弱被驳回，要么是因为庭外和解而被驳回（理想情况下）。不过，信号检测论可以引导我们关于审判程序的辩论迈向更大的公正。目前，很多做法都不够成熟，只是在正确反应和误报之间做些取舍，并认为出现错误定罪是不可想象的，就好像事实判定者①就绝对可靠一样。许多正义拥护者主张把判决的标准向下拉：把更多的罪犯关进监狱；相信女人的指控；监视恐怖分子并在他们发动袭击之前把他们抓起来；杀人就该偿命。但从数学上看，降低响应标准只不过是以一种不公正换取另一种不公正。这样做就意味着：把更多无辜的人关进监狱；指控更多无辜的

---

① 在法律程序中，决定哪些事实是可用的以及决定这些事实对于判决的相关性的个人或团体。——编者注

人强奸；把在社交媒体上胡说八道的青年人抓起来；处死更多无辜的人。[18]在一个特定时期，某种制度确实可能会优先考虑被告而不是可能的受害者，或者优先考虑可能的受害者而不是被告，因此要适时做出调整。并非无所不知的人类如果想要拥有一个正义的制度，就必须面对这样一个残酷的现实：一些无辜者会受到惩罚。

但是，注意区分信号和噪声的悲剧性权衡可以带来更大的公正。这迫使我们正视像死刑和长刑期这样的残酷惩罚，它们不仅对有罪的人是残酷的，也不可避免地会对无辜者造成伤害。它告诉我们，对正义的真正追求应该包括提高司法系统的敏感性，而不是偏差：寻求更准确的取证、更公平的审讯和证词协议，限制检察官的狂热，以及防止这两种不公的其他安全措施。

信号检测与统计显著性

任何基于不完善证据的决策，都必须在正确反应和误报之间做取舍，这意味着人们的每一个判断都要受到这种取舍的影响。下面再举一个例子，它涉及的是实证发现是否应该得出某个假设为真的结论。在这一领域，信号检测论以统计决策理论的面目展现在大家面前。[19]

大多数在科学上见多识广的人都听说过"统计显著性"（statistical significance）这个术语，它经常在医学、流行病学和社会科学的新发现故事中出现。它的数学基础跟统计学家耶日·奈曼（Jerzy Neyman）和埃贡·皮尔逊（Egon Pearson）创立的信号检测论基本相同。注意到两者之间的关系将有助于你避免犯错，这种错误甚至连大多数科学家也无法避免。每个统计学学生都被警告，"统计显著性"是一个技术概念，不要跟日常生活中的"重要性"（significance）混淆。但大多数人都被误导了。

假设有个研究人员对现实世界的某些事物进行了观测，并把测量转化为他感兴趣的数据，比如用药组和安慰剂组的症状差异、男孩和女孩在语言能力上的差异、学生参加强化项目后考试成绩的提高等。如果数字是 0，就表示没有影响；如果大于 0，就表示可能有影响。

由于参加实验的人多种多样，数据也就嘈杂许多，平均分数大于 0 可能意味着现实世界确实存在着差异，但也可能是抽样出了差错。让我们回到"上帝视角"，画出两条分布曲线：一条是现实世界没有差异情况下（零假设，null hypothesis）[①]研究人员拿到的成绩分布，另一条是某种程度的效应存在时（备择假设）研究人员拿到的成绩分布。重叠的分布给科学研究带来了麻烦，分布图差不多是这个样子的（见图 7-17）：

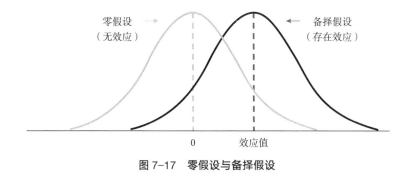

图 7-17　零假设与备择假设

① 进行统计检验时预先建立的假设，若其成立，有关统计量应服从已知的某种概率分布。——编者注

零假设是噪声，备择假设是信号。效应值就如同敏感性，决定了区分信号和噪声的容易程度。研究人员要确定一个标准或响应偏差，也就是临界值：如果低于临界值，无法拒绝零假设；如果大于临界值，就拒绝接受零假设，并宣称：效应具有"统计显著性"（见图 7-18）。

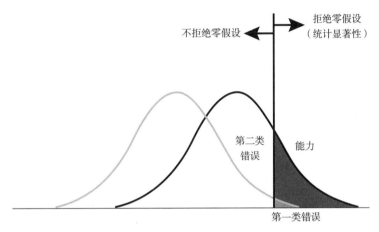

图 7-18　响应偏差与零假设

但临界值应该多大为好呢？研究人员必须在两种错误之间做取舍。他可能在零假设为真时拒绝零假设，这就是误报，或者用统计决策理论的专业术语来说，是第一类错误。他也可能在零假设为假时没有拒绝零假设，这就是漏报，或者用专业术语来说，是第二类错误。两类错误都不好：第一类错误将谬误引入科学记录，第二类错误就是浪费时间和金钱。当设计的方法没有足够的"能力"（正确反应率，或 1 减去第二类错误率）来检测效果时，就会发生这种情况。

历史告诉我们：第一类错误（没效应的时候宣称有效应）对科学事业损害巨大，这种错误只能容许少量存在：确切地说，当零假设为真时，仅能允许5%的第一类错误。因此，作为一个惯例，研究人员所采用的临界水平，应确保零假设为真时拒绝零假设的概率小于5%：梦寐以求的 $P<0.05$。虽然人们可能会认为跟信号检测论中的情形类似，第二类错误的代价也应该考虑在内，但由于历史原因，人们从未这样做过。

这就是"统计显著性"的含义：它是一种将发现的误报比例控制在人为制定的界线之下的方法。因此，如果你在 $P<0.05$ 的情况下取得了具有统计显著性的结果，就意味着你可以得出以下结论，是吗？

- 零假设为真的概率小于0.05；
- 存在效应的概率大于0.95；
- 如果拒绝零假设，你做出错误决策的概率小于0.05；
- 如果重复这项研究，你成功的概率大于0.95。

90%的心理学教授，包括其中80%讲授统计学课程的教授，都这么认为。[20] 但他们是错的，大错特错！如果你已熟知了本章和第5章的讨论，你就会明白为什么。统计显著性就是贝叶斯定理的或然率：在给定假设（在本例中为零假设）条件下得到数据的概率。[21] 但是每个陈述句都是一个贝叶斯后验概率：数据出现条件下假设为真的概率。这才是我们最终想要的，也是我们做研究的目的，但显著性实验给不了我们这些。如果你还记得为什么欧文没有患肝病、为什么私人住宅未必危险、为什么教皇不是外星人，你就知道这两个条件概率不能互换。研究人员不能使用显著性检验来判断零假设是真还是假，除非他在做实验之前还考虑了先验概率：对零假设为真的概率的最好猜测。但在零假设显著性检验的数学计算中，根本看不到贝叶斯先验概率的存在。

在职业生涯早期，大多数社会学家就开始痴迷于形式化的显著性检验，以至于他们忘记了实验的实际逻辑。在与理论语言学家简·格里姆肖（Jane Grimshaw）合作时，我意识到了这一点。格里姆肖自学了统计学，她对我说："我就开门见山了。这些检验唯一能告诉我们的是，当某种效应并不存在时，20个寻找这种效应的研究人员中就会有1个人错误地宣称它存在。你凭什么确定不是你？"最诚实的回答是：什么也凭借不了。她的怀疑预示着对可复制性乱象的另一种解释。就像刘易斯·卡罗尔笔下的蛇鲨猎人[①]一样，20个科学家去研究一个并不存在的事物。19个人把他们的"零效应"（null result）文档放在一个抽屉中，只有1个犯了第一类错误的幸运者（或倒霉蛋）发表了他的"发现"。[22]在《XKCD漫画》中，两位科学家对软心豆粒糖与痤疮之间的相关关系进行了实验研究，研究是针对20种颜色的软心豆粒糖分别进行的，广为人知的研究结果是绿色软心豆粒糖与痤疮在 $P<0.05$ 条件下相关。科学家终于明白，这个笑话就是在讽刺"零效应"的发表，并研究出了解决"文档抽屉问题"[②]的元分析（研究的研究）方法。"零效应"因其缺席而引人注目，但分析人员既可以探测到不存在的"无"，也可以探测到存在的"无"。[23]

---

① 刘易斯·卡罗尔的打油诗《猎鲨记》（*The Hunting of the Snark*）中的一帮古怪船员，他们以猎杀并不存在的蛇鲨为目的。——编者注

② 由心理学家罗伯特·罗森塔尔（Robert Rosenthal）提出，也叫积极效应偏差，指研究者更倾向于提交或期刊编辑更倾向于接受描述积极效应的论文，而非描述消极效应或无效应的论文。——编者注

对显著性检验的严重误解展现了人类的渴求。休谟之后的哲学家们已经注意到，归纳法（通过大量观察得出一般性结论）原本就是一种不确定的推理。[24] 有限的点集可以画出无数条曲线，从逻辑上说可以有无数的理论与某组数据相一致。前面介绍的这些理性工具，可以避免这种重大灾难。统计决策理论虽然不能揭示真相，但可以限制这两种错误所造成的损害。贝叶斯定理可以改变我们对真相的信任程度，但必须从先验概率起步，包括各种各样的主观判断。不过，两者都不能提供人人渴望的东西：一个确定真相的万能算法。

Rationality

What it is
Why it seems scarce
Why it matters

08

自我与他人：博弈论

你的谷物今天成熟，我的谷物明天才能成熟。如果我今天帮助你，你明天再帮助我，那我们双方就都有利可图。我对你并没有善意，而且我知道你对我也没有善意。因此，我就不愿意为你的利益付出任何劳苦；如果我为你劳动，那也是为了我的利益。如果期望回报，那么我知道我会失望，而我寄望于你的感恩也将会落空。因此，我就让你单独劳作，而你也会以相同的方式对待我。错过农时后，我们两人都因为缺乏相互信任和保证而损失了收成。

大卫·休谟[1]

不久前，我与同事 J 教授就大学关于气候变化应该传达的信息进行了友好的争论。J 教授认为，我们只需要说服人们相信减少温室气体排放符合他们的自身利益，因为地球变暖会带来洪水、飓风、野火和其他灾难，使人们的生活变得更糟。我回答说，这不符合他们的利益，因为任何个人的牺牲都无法阻止气候变化，而那些从自身做起的人，只会在酷暑中流汗、在冬天挨冻、在雨中等公交车，而制造污染的那些人却可以过得很舒适。只有当每个人都不再带来污染时，大家才能受益，而这样做又能保证个人利益的唯一方法是，对每个人来说清洁能源都更便宜（通过技术进步来实现），污染能源更昂贵（通过碳定价来实现）。J 教授还有一个观点：从某种意义上说，破坏地球是不理性的。但我无法说服他，因为从另外一种意义上说，这太理性了，尽管很可悲。

在那一刻，我意识到这位仁慈教授的世界观中缺少一个关键概念：博弈论，也就是对"当收益取决于他人的理性选择时，我该如何做出理性选择"这个问题进行分析。

博弈论是冯·诺伊曼和摩根斯特恩在一本讨论预期效用和理性选择的书中提出来的。[2]在玩轮盘赌时，我们计算输赢的概率，最佳策略也与直觉高度一致；但是，博弈论所处理的困境与我们面对轮盘赌时的处境完全不同，因为在这些困境中，不仅有需要做决策的我们，还有跟我们同样聪明的其他决策者，决策结果可能是非常反直觉的。生活中的博弈，有时让理性人别无选择，只能做对自己和他人都没有好处的事情；有时只能让理性人变得随机、武断或失去控制；有时只能让理性人培养同情心或抱怨的情绪；有时只能让理性人甘愿接受惩罚，而且有时只能让理性人拒绝参与博弈。博弈论揭示了社会和政治生活中许多反常现象中的奇怪理性，正如我们将在下一章所看到的那样，它有助于解释本书的核心奥秘：一个理性的物种怎么会如此不理性。

零和博弈——石头剪刀布

石头剪刀布是典型的博弈论困境，它揭示了一个人选择的收益如何取决于另一个人的选择。[3]两个玩家同时展示一个手势，两个手指代表"剪刀"，手掌代表"布"，拳头代表"石头"，赢家由"'剪刀'赢'布'、'布'赢'石头'、'石头'赢'剪刀'"的规则确定。这个博弈可以用一个矩阵来表示（见图8-1），不加黑文字表示第一个玩家阿曼达的可能选择，加黑文字表示第二个玩家布拉德的可能选择，收益写在每个单元格中，阿曼达的收益在每个小框的左下角，布拉德的收益在每个小框的右上角。结果用数值表示：1代表胜利，-1代表失败，0代表平局。

在每个单元格中，阿曼达的收益和布拉德的收益之和为0，于是，我们有了一个从博弈论走入日常生活的技术术语：零和博弈。阿曼达的收益，就是布拉德的损失，反之亦然。他们陷入了完全的冲突状态，为争夺同一块馅饼而战。

阿曼达应该怎样选择呢？博弈论（甚至生活中）的关键技巧是从其他玩家的角度看世界。阿曼达每次都必须查看布拉德的选择。从左向右看，如果布拉德选择"剪刀"，阿曼达应该选择"石头"；如果布拉德选择"布"，阿曼达应该选择"剪刀"；如果布拉德选择"石头"，阿曼达应该选择"布"。不存在下面这种"占优"的选择，即无论布拉德选择什么，阿曼达的这种选择都是更好的，当然她事先并不知道布拉德会选择什么。

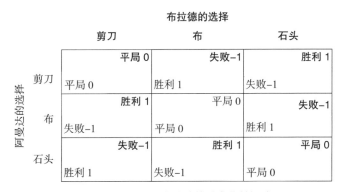

图 8-1　阿曼达和布拉德的博弈收益矩阵

但是，这并不是说阿曼达应该随意做出一个选择，比如"布"，然后一直坚持下去。如果她这样做了，那么布拉德就会明白她的意图，每次都用"剪刀"打败她。事实上，即便阿曼达对"布"稍有偏爱，比如说40%的时间选择它，而其他两种选择各占30%的时间，布拉德也可以选择"剪刀"并在 7 次中战胜她 4 次。阿曼达的最佳策略是将自己变成一个人类轮盘赌，并以完全相同的 1/3 概率做随机选择，不偏爱任何一种选择。

由于上面的博弈收益矩阵图是按对角线对称的，布拉德的选择策略也是同样的。在逐个考虑阿曼达的可能选择后，他找不到理由选择一个优于另外两个选择的选择，只会得出与阿曼达相同的"混合"策略：以 1/3 的概率随机进行选择。如果布拉德偏离这个策略，阿曼达就会改变她的策略，从而在与布拉德的博弈中获得优势，反之亦然。他们被锁定在以数学家约翰·纳什（John Nash）命名的"纳什均衡"（Nash equilibrium）中。如果对手采用最佳策略，你也要采用最佳策略，谁单方面做出改变，谁就要吃亏。

在某些情形下，理性决策者必须做出完全随机的选择，这是博弈论的一个重要发现。这个结论虽然有点儿怪，但这样的事例在现实生活中很常见。石头剪刀布博弈中的均衡称为猜测僵局（outguessing standoff），网球、棒球、曲棍球和足球等体育运动中有很多这方面的例子。足球赛中罚点球的球员，既可能踢向球门的左侧，也可能踢向球门的右侧，而守门员既可能向左扑，也可能向右扑。总而言之，不可预测性是一种基本特征。扑克游戏中的虚张声势和军事战略中的突然袭击也属于猜测僵局。即便不是真正地做随机选择（1944 年，"盟军"在决定是在诺曼底登陆还是在加来登陆之前十有八九没有掷骰子），玩家也必须在选定一张牌时确保不透露任何信息，以让对手感觉到你的选择看起来是随机的。哲学家利亚姆·克莱格（Liam Clegg）和丹尼尔·丹尼特[①]认为，人类行为本质上是不可预测的，

---

① 世界著名哲学家、认知科学家，美国艺术与科学院院士，塔夫茨大学讲席教授。2001 年，荣获被誉为"心灵哲学诺贝尔奖"的让·尼科奖。其著作《直觉泵和其他思考工具》《丹尼尔·丹尼特讲心智》的中文简体字版已由湛庐引进，分别于 2018 年和 2021 年由浙江教育出版社、天津科学技术出版社出版。——编者注

这不仅是因为大脑中的随机神经噪声，还因为这作为一种适应性使我们的对手更难战胜我们。[4]

非零和博弈：志愿者困境

让理性人陷入猜测僵局的不只是零和博弈，还包括那些涉及群体共同利益的博弈。志愿者困境（volunteer's dilemma）就是一例，这可以通过中世纪故事"为猫系铃"来说明。一只老鼠向它的室友提议，派一只老鼠在猫睡觉的时候把一个铃铛挂在它的脖子上，这样老鼠们就会在猫靠近时得到警报。当然，问题在于谁去给猫系铃铛，而且是冒着惊醒它以及被它吃掉的风险。人类面临的类似困境还包括：哪位乘客去制服劫机者，哪位路人去搭救遇险者，哪位上班族在公共厨房里给咖啡壶加满水。[5] 每个人都希望有人帮忙，但又不希望自己是那个施以援手的人。如果把收益和成本用数值来表示，0 代表可能发生的最坏情况，那么我们会得到如下矩阵（见图 8-2）。从技术上说，这应该是一个具有与玩家数量一样多维度的超立方体，但我已经将除自我之外的所有人都折叠成单层。

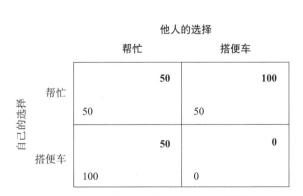

图 8-2 "帮忙 – 搭便车"的博弈收益矩阵

　　这一次，仍不存在任何占优策略可以让选择变得简单。如果一只老鼠知道其他老鼠会搭便车，那么它应该帮忙，反之亦然。但是，如果每只老鼠都以一定的概率决定是否给猫系铃铛（这个概率等于其他老鼠对系铃铛和搭便车的预期回报），那么老鼠们就会陷入猜测僵局，每只老鼠都乐意系铃铛，但同时希望有另外一只老鼠率先行动。

　　与石头剪刀布困境不同，志愿者困境不是零和博弈：对所有人来说，有些结果要好于另外一些。这就是所谓的"双赢"，是博弈论的另一个已经渗透到日常用语中的概念。如果老鼠中没有志愿者出现，那么它们的总体收益就很差。如果有一只老鼠自愿去系铃铛，则它们的总体收益就很好。这样的完美结局未必能达到，因为没有鼠王可以命令某一只老鼠为了群体利益而去冒险。相反，每只老鼠都通过掷骰子做随机选择，因为谁都没有更好的策略。于是，它们进入了纳什均衡，在这种僵局中，所有玩家都坚持自己的最佳选择，以回应其他玩家的最佳选择。

约会及其他协调博弈

　　无论是石头剪刀布这样的激烈比赛，还是志愿者困境这样的紧张、伪善的僵局，都涉及一定程度的竞争。但日常生活中的一些博弈，只要人们能弄清楚该如何做就意味着"赢"。这类博弈叫作协调博弈（coordination game），比如约会。凯特琳和丹享受彼此的陪伴，并计划在某天下午一起喝杯咖啡。是去星巴克，还是去皮爷咖啡呢？约会地点还没确定，不巧的是，这时凯特琳的手机坏了，无法与丹电话沟通。尽管两个人都有自己喜欢的咖啡馆，但只要能一起喝咖啡，定哪个咖啡馆都可以，谁都不想取消这次约会。

这个博弈收益矩阵有两个均衡点，分别在左上角和右下角的单元格，对应于他们在相同选择上的协调（见图 8-3）。从技术上说，他们的不同偏好会带来一点点竞争，但我们现在可以忽略它。

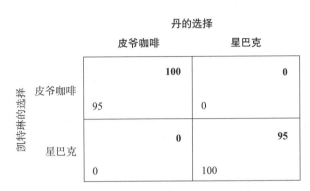

图 8-3 凯特琳与丹的博弈收益矩阵

凯特琳知道丹更喜欢皮爷咖啡，所以决定去那里试试，但丹知道凯特琳更喜欢星巴克，所以打算去那里瞧瞧。凯特琳设身处地地为丹着想，预料到了他的同理心，因此她的目标又转向星巴克。同样，丹对凯特琳的同理心也有了同理心，于是将目标又转向了皮爷咖啡。直到丹意识到凯特琳已经预料到了他的预料，并转回星巴克。以此类推，无穷无尽，双方都没能找到理由确定双方都想去的地方。

他们需要的是共同知识，这是博弈论的一个技术术语，指的是"每个人都知道对方知道他知道的东西"，这个句型还可以无限地扩展。[6] 虽然共同知识听起来会让人的大脑难以应对，但人们不必把长度无限的"我知道他知道我知道他知道……"装进自己的大脑。人们只需知道这些知识是

"不言而喻的"、"存在的"或"记录在案的"就可以了。

　　这种直觉可由以下公开信息生成，即每个人都在对方意识到的情况下感知到的信息，比如他们的直接聊天。在很多博弈中，一个轻率承诺往往只是"空谈"，不必当真。例如，在志愿者困境中，如果一只老鼠宣布它拒绝做志愿者，希望这会迫使某只老鼠去做志愿者，那么其他老鼠会拆穿它的把戏并搭便车，因为它们知道它可能会挺身而出。但在协调博弈中，双方的利益是一致的，因此意向声明是可信的。

　　在没有直接沟通的情况下（例如手机坏了），各方可以集中在一个聚焦点（focal point）上：一个对双方来说都很明显的选择，双方都认为对方一定已经注意到了并且意识到他们也注意到了。[7] 如果皮爷咖啡就在附近，或者最近在双方的谈话中说起过它，或者皮爷咖啡是大家都熟悉的地标，那么这可能就是凯特琳和丹打破僵局所需要的全部信息，而不用考虑哪个咖啡馆拥有更好的拿铁或更舒适的座位。在协调博弈中，随便一句肤浅、没什么意义的妙语，都可能为棘手问题提供理性的解决方案。

　　我们的许多习俗和标准都是协调博弈的解决方案，除了每个人都选定的统一习俗和标准，不建议做其他选择。[8] 右侧通行、星期天休息、接受纸币、采用技术标准（Microsoft Word、按 QWERTY 顺序排列的键盘）都是协调博弈中的均衡。其他均衡可能会有更高的回报，但我们已经被锁定在自己拥有的那些均衡中，因为我们无法做出改变。除非每个人都同意立即改变，否则，应对不协调的代价太大了。

　　讨价还价可以在任何一个聚焦点上进行。一旦买方和卖方对某一范围的价格达成共识，使交易对双方都更有吸引力而不是让他们不感兴趣，他们就处于一种协调博弈中。两个均衡中的任何一个（他们目前各自的提议）都比完全无法协调更有吸引力，但对于两者中的任何一个人来说，两个均衡中的一个也肯定好于另一个。当一方改变权衡并希望把对方吸引进对自己更有利的协调单元时，就是在寻找一个聚焦点。尽管聚焦点是任意的，但提供了达成一致的选项，例如去零头或一个折中的提议。

　　正如在协调博弈中首次发现聚焦点的托马斯·谢林所说："推销员算出他在汽车上的'底价'是 35 017.63 美元，如果让他抹去 17.63 美元的零头，他会欣然接受。"[9] 同样，"如果一方的要求是 60%，并且接受了 50%，那么他就可以坚持住自己的报价；而一旦他接受 49%，对方就可能认为他会接受更低的报价，并进而提出更低的报价"。[10]

懦夫博弈与升级博弈

　　尽管讨价还价具有协调博弈的元素，但任何一方都有能力威胁对方，称谈判破裂会让双方都没有好果子吃。这使其与我们在第 2 章讨论过的另一个著名博弈——"懦夫博弈"颇有几分相像。[11] 其博弈收益矩阵如图 8-4 所示，与过去一样，数值是虚构的，数值差异才有意义。

图 8-4　懦夫博弈收益矩阵

以上玩家的名字来自电影《无因的反叛》，但懦夫博弈不只是供青少年消遣的小把戏。当我们开车或行走在狭窄的小路上，面对迎面而来的旅行者，并需要有人让步时，我们就是在进行懦夫博弈。在进行正式和非正式的讨价还价时，我们也在进行懦夫博弈。公共领域的例子包括：取消抵押品赎回权或拖欠债务，以及像 1962 年古巴导弹危机这样的国际关系中的边缘政策①僵局。懦夫博弈存在一个纳什均衡：每个玩家按某一概率坚持不让步，否则让步。但在现实生活中，这种解决方案可能没有实际意义，因为博弈规则可能更丰富，比如要看信号灯或改变策略集。在第 2 章，我们看到一个玩家可以取得似是而非的优势：极度疯狂，或者失控，他的威胁足够可信从而可以迫使对手让步。但是，如果双方同时发疯或失控，他们就都难逃两败俱伤的厄运。[12]

有些博弈不是玩家同时做出选择然后公布他们的选择，而是他们为了应对彼此的选择而做出一系列选择，最后才能确定谁输谁赢。其中的

---

① 冷战时，美国国务卿杜勒斯率先引用这个概念，主要指通过军事行动来把局势推往战争边缘，以迫使其他国家服从自己的要求。——编者注

一种博弈颇为怪异，这就是升级博弈（escalation game）。升级博弈可以用 eBay 上的"美元拍卖"（Dollar Auction）来说明。[13] 想象一下，如果一场拍卖有一个残酷的规则：输家和赢家都必须支付他们最后的出价。假设正在拍卖的物品是价值 1 美元的小物件。阿曼达出价 5 美分，希望获得 95 美分的收益。布拉德当然会以 10 美分的价格加入，以此类推。直到阿曼达出价 95 美分，这时，她的收益虽少但也有 5 美分。现在，布拉德出价 1 美元以赢得 1 美元似乎很愚蠢，但收支平衡总比损失 90 美分要好，如果他退出，不通情理的拍卖规则仍将迫使他支付 90 美分。更反常的是，阿曼达此时面临的选择是：要么放弃，损失 95 美分；要么加注，损失 5 美分。因此她出价 1.05 美元。布拉德呢，宁愿输 10 美分也不愿输 1 美元，于是出价 1.10 美元。以此类推，他们卷入了疯狂的竞价，出价越来越高，直到其中一个破产，另一个享受着仅仅是输得少一点的"皮洛士式胜利"（Pyrrhic victory）①。

升级博弈中的理性策略，是减少你的损失并以一定的概率选择放弃，同时希望另一个同样理性的竞价者会率先放弃。"不要花冤枉钱"和第一洞穴定律（身处困境时，不要让自己越陷越深），讲的都是同样的道理。最常被引用的一种人类非理性就是沉没成本谬误（sunk-cost fallacy）。这种谬误的含义是，人们之所以继续向亏损的企业投资，是因为自己已经投入了很多，而不是预期将获得什么。继续持有暴跌的股票、看完一场无聊的电影、读完一本乏味的小说、维持不幸的婚姻都是常见的体现沉没成本谬误的例子。人们有可能成为沉没成本谬误的牺牲品，这是参与升级博弈

---

① 指付出极大代价而获得的胜利，皮洛士是古希腊伊庇鲁斯的国王，曾在与罗马的交战中打败罗马军队，但付出了惨重代价。——编者注

和懦夫博弈的后果，因为在这两种博弈中，不惜任何代价地坚持自己立场的名声可以说服其他玩家先让步。

升级博弈并不是有趣的脑筋急转弯。现实生活中这样的困境也不少，俗话所说的"一不做二不休"就是对这一困境的最好描述。长期的劳工罢工、以胜负为目标的诉讼和战场上的消耗战，都是典型的例子。真正的消耗战，意味着每个国家都将投入大量人力和物资，并希望对方先顶不住。[14] 打消耗战的共同理由是："我们这样做，自己的军人就不会白白死去。"这完全是沉没成本谬误教科书式的示例，同时也是寻求皮洛士式胜利的一种可悲策略。历史上有许多最血腥的战争都是消耗战，这再次表明：人类的一些悲惨处境，完全可以用博弈论的逻辑来解释。[15] 如果已经参与了升级博弈，那么，以一定的概率坚持下去可能是最佳选择，但真正理性的策略是一开始就不参与其中。

还有些博弈，我们甚至还没有意识到自己就是玩家。对许多人来说，赢得拍卖的好处之一就是"赢"本身的乐趣。由于胜利的快感和失败的痛苦与成功举牌的金额和拍卖品的价值无关，因此可以将任何拍卖变成升级博弈。一方面，拍卖师通过制造悬念和给获胜者的赞誉来利用这种心理。另一方面，eBay 用户站点建议竞价人事先确定该物品对他们来说价值多少，并且不要出价更高。有些人出售一种奥德修斯式的自我控制：他们朝着竞标人预先设定的限制进行自动竞拍，在竞标人自我升级博弈（ego escalation game）的狂热中，为了他好而把他绑在桅杆上。

囚徒困境与公地悲剧

电视剧《法律与秩序》(*Law and Order*) 中有一个广为人知的情节。一名检察官将犯罪伙伴关押在不同的牢房中，因为缺乏将他们定罪的证据而给了他们一个提议。检察官告诉每个人：如果一方同意揭发另一方，他将获得自由，而他的同伴将获刑 10 年；如果两人彼此背叛，他们都将获刑 6 年；如果他们忠于合作伙伴关系并保持沉默，检察官只能以较轻的罪名对他们定罪，判刑 6 个月。

囚徒困境的博弈收益矩阵如图 8-5 所示。在讨论囚徒困境时，"合作"意味着忠于自己的同伴，而不意味着与检察官合作，而"背叛"意味着告发同伴。收益是具有象征意义的数值，代表"不好的结果"的相对程度，这也定义了囚徒困境。对每个玩家来说，最好的结果是自己背叛而对方合作（诱惑），最坏的结果是成为这种背叛的受害者（傻瓜的回报），第二差的结果是相互背叛（惩罚），第二好的结果是在对方忠于伙伴关系时自己也忠于伙伴关系（奖励）。两人一起考虑时的最好和最坏结果是：最坏的事情是相互背叛，最好的事情是相互合作。

图 8-5 囚徒困境的博弈收益矩阵

　　很显然，双方合作是最好的结局。双方都不能指望对方承担责任，因此他们唯一明智的目标是相互合作带来的回报。不幸的是，由于不在一起，他们无法看清完整的收益表，无法知道同伴的选择。莱夫蒂盯着他右侧的两个选择，布鲁特斯盯着他下面的两个选择。莱夫蒂肯定这样想："假设他保持沉默（合作），如果我也保持沉默，那我将被判入狱 6 个月；如果我告发（背叛），我将获得自由。因此，我最好的选择是背叛。现在假设他告发我（背叛），如果我保持沉默，我会被判入狱 10 年，但如果我也告发他，我的刑期就只有 6 年。总的来说，这意味着如果他合作，我最好背叛；如果他背叛，我最好也背叛。这连想都不用想。"与此同时，布鲁特斯的大脑中也有同样的独白。因此，两人都选择背叛并被判刑 6 年而不是 6 个月，每个人都为自己的理性自利行为吞下了苦果。双方都没得选：这是一个纳什均衡。背叛是他们两个人的占优策略，不管对方如何选择，这种策略都能确保自己的收益最高。如果他们中的一个人有智慧、有道德、信任他人或者很有远见，他就会受制于另一个人面临的恐惧和诱惑。即使他的同伴向他保证做正确的事，那也只不过是空谈，不必当真。

　　囚徒困境这种悲剧在现实中很常见。正在闹离婚的一对夫妻因为害怕对方将自己净身出户而各自聘请律师，但律师的计费时间耗尽了他们的婚姻资产。互相敌对的国家在军备竞赛中超支预算，使双方都变得更穷，但并不更安全。自行车选手服用兴奋剂，败坏了这项运动的名声；但如果他们不这样做，他们就会被服用兴奋剂的选手远远地甩在后头。[16] 为了获得更好的视野，人人都想挤进行李传送带旁，或者在摇滚音乐会上站起来，但最终往往没有人如愿。

　　囚徒困境是无解的，但博弈规则可以改变。一种方法是让玩家在比赛前签订一份可以强制执行的协议，或者服从权威规则，通过增加合作的奖励或背叛的惩罚来改变收益。假如黑手党成员都宣誓遵守缄默法则（omertà）①，并由教父强制执行，那么，如果他们真的遵守缄默法则，他们将被升职；如果谁违反该法则，谁就死路一条。对收益矩阵的这种改变，对应的是一种完全不同的博弈，这种博弈的均衡是相互合作。事先宣誓符合大家的利益，尽管这剥夺了他们背叛的自由。为了摆脱囚徒困境，理性行为人只要按具有约束力的合同和法则行事就可以了。

另一个改变游戏规则的方法是重复博弈，记住同伴在前几轮的行为。现在，两个人可以找到通向幸福的"合作－合作"之路了，并通过以牙还牙策略把双方合作的态势保持下去。这种策略的第一步是"合作"，然后，以同伴对待我的方式去对待同伴：如果同伴合作，我合作；如果同伴背叛，我背叛。在某些版本中，在选择背叛之前准许同伴背叛一次，因为这可能是同伴的小疏忽。

进化生物学家告诉我们，社会性动物经常进行重复的囚徒困境博弈。[17]动物之间相互梳理毛发就是一个典型例子，尽管存在让对方给自己梳理毛发而自己不给对方梳理毛发的诱惑，但它们还是做到了互惠互利。进化生物学家罗伯特·特里弗斯（Robert Trivers）认为，智人进化出了一套使"以牙还牙"成为可能的道德情感，我们因此而享受了合作带来的好处。[18]受同情心的驱使，我们会首先选择合作。然后，为了感恩，我们以合作回报合作；因为愤怒，用背叛惩罚背叛；在受到惩罚之前，因为愧疚而为自己的背叛赎罪；用宽容之心对待同伴的一次性背叛，以防踏上彼此永远相互

---

① 黑手党之间的规矩，任何人都不得向警察告密。——编者注

背叛的死路。人类社会生活中的众多戏码，都是关于同情、信任、恩惠、债务、复仇、感恩、悔恨、羞耻、背信弃义、流言蜚语、名声的传奇故事。可以说，这些都是重复的囚徒困境中的策略选择。[19]休谟早就窥见了这个博弈的奥秘。

　　政治和经济生活中的许多事情，都可以被看作囚徒困境，只不过这些博弈中有两个以上的玩家，人们将这种博弈称为公共物品博弈（public goods game）。[20]公共物品让社区中的每个人都能获益，比如灯塔、道路、下水道、警察和学校。但是，如果只有部分人为这些公共物品花了钱，那些搭便车者就会受益更多。例如，一旦灯塔建成，任何人都可以看到它。一个环境版的"公地悲剧"讲了这样一个令人心酸的故事：每个牧羊人都希望在自己的羊群中再增加一只羊，并在公共草地上放牧，但是当每个人的羊群都扩大了之后，草被吃掉的速度超过了它的再生速度，于是，所有羊都饿死了。交通和污染问题也是同样的道理。我一个人开车上路不会导致道路拥堵或空气污染，这跟我坐公共汽车不会带来交通问题和污染问题是一样的。但是，如果每个人都选择开车，最终的结果就是所有的汽车都堵在路上，空气中充满烟雾。逃税、募捐时分文不出、趁机掏空资源，以及在传染病大流行期间抵制保持社交距离和戴口罩等公共卫生措施等，都是在公共物品博弈中选择背叛的例子。这些博弈，为那些放纵的人提供了诱惑；对那些为公共物品付钱并保护过公共物品的人来说，等待他们的只有"傻瓜的回报"；当每个人都背叛时，大家将接受共同的惩罚。

　　再来讨论一下碳公地悲剧（tragedy of the carbon commons）的例子。作为这个博弈的玩家的个人，要为共同利益忍受不吃肉、不坐飞机以及不开高油耗的运动型多功能车等不易和不便。整个国家也是这一博弈的玩家，为了共同利益，就要放弃使用源于化石燃料的廉价和便携能源，但这无疑会拖累经济发展。

图 8-6 中的数值是虚构的，而悲剧体现在数值所表明的模式中：我们正在跨入右下角的单元格所代表的情况。

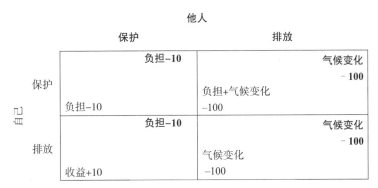

图 8-6　碳公地悲剧的博弈收益矩阵

正如强制执行的誓言可以使处于两人版囚徒困境中的人不会相互背叛一样，在公共物品博弈中，强制执行的法律和合同可以惩罚那些自私自利的人。在实验室里，很容易演示一个纯理论的例子。参加实验的每个人都得到一笔钱，他们都有机会向一个公共罐子捐钱（公共物品），然后，实验者会将大家所捐的钱翻倍再分配给大家。对全体人员来说，最好的策略是把钱都投进去，但对个人来说，最好的策略是不投一分钱，让其他人投钱。参加实验的人知晓博弈论的严峻逻辑，因此他们所投的钱会减少到零。如果他们可以对搭便车者进行惩罚，投入公共罐子的钱就会多很多，结果就是人人获益。

在实验室之外，社区里的公地可以通过多个玩家的"以牙还牙"策略得到保护，因为社区里的人都彼此相识。这样的话，任何资源的搭便车者都会成为八卦、羞辱、隐蔽威胁和谨慎破坏行为的目标。[21] 在彼此之间不怎么熟识的大型社区，就必须通过强制执行的合同和法规来改变博弈收益。所以，我们必须纳税以建设道路、学校和法院系统，而逃税者会被送进监狱。牧场主必须购买放牧许可证，渔民要遵守捕捞限制，只要他们知道别人也要被强迫这样做就行。曲棍球运动员欢迎强制性戴头盔规则，因为这既可以保护他们的大脑不受损伤，也不会让对手获得舒适和视力上的优势。经济学家建议征收碳税并投资清洁能源，这可以减少私自排放的收益和降低保护成本，从而引导人们通过共同保护来获得共同回报。

尽管不受约束的自由具有永恒的吸引力，但囚徒困境博弈和公共物品博弈的逻辑对无政府主义和激进的自由主义是一种打击。这种逻辑，让"应该有一部禁止我做什么的法律"之说成为合理的。正如托马斯·霍布斯所说，社会的基本原则是"当别人也愿意这样做的条件下，一个人愿意……放弃这种对一切事物的权利；而自己对他人的自由权利，也恰好相当于自己让他人对自己所具有的自由权利"。这种社会契约不仅仅体现了公正的道德逻辑，还消除了邪恶的诱惑、傻瓜的回报和相互背叛的悲剧。

Rationality

What it is
Why it seems scarce
Why it matters

09
相关关系与因果关系

统计学入门教材教给我们的第一件事就是，相关关系不是因果关系，这也是最先被遗忘的事情之一。

托马斯·索维尔（Thomas Sowell）[1]

美国经济学家

　　理性涉及生活的各个领域，包括个人方面、政治方面和科学方面。在启蒙运动的影响下，美国民主理论家都成了科学的狂热粉丝，这是不足为奇的。即便是现实中的独裁者，或是那些想成为独裁者的人，也都对因果理论深信不疑。[2]

　　因果关系这个概念，以及它与相关关系的对比，是科学领域的重要话题。癌症是由什么引起的？什么导致了气候变化？什么导致了精神分裂症？实际上，在我们的日常语言、推理和幽默中，到处都有因果关系的影子。"船沉了"和"船被弄沉了"之间的语义差别，在于说话者是否断言事件背后有因果因素，而不是自发发生的。每当我们考虑如何处理泄漏事故、选拔活动和疼痛感受时，我们都在求助于因果关系。我的祖父最喜欢的一个笑话是，有个人一边喝着茶，一边大口地吃着炖了12个小时的肉和豆子，然后痛苦地躺在那里呻吟着，说茶让他生病了。如果你能听懂这个笑话，你就会明白：正确区分相关关系和因果关系，是我们生活中的常识。

　　我们将在这一章讨论相关关系与因果关系的本质，以及区分二者的方法。

什么是相关关系

相关关系是指一个变量的值与另一个变量的值存在相依关系：知道其中一个变量，就可以预测另一个变量，至少可以大概预测。"预测"在这里的意思是"猜测"，而不是"预言"。你可以根据孩子的身高来猜测父母的身高，你也可以根据父母的身高来猜测孩子的身高。相关关系通常用散点图来表示。如图 9-1 所示，每个点代表一个国家，横轴代表平均收入，纵轴代表自我评价的平均生活满意度。收入用对数来表示，以补偿货币的边际效用递减，原因我们在第 6 章讨论过。[3]

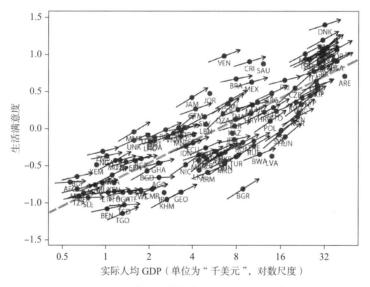

图 9-1　不同国家生活满意度与平均收入之间的关系

资料来源：Adapted with permission from Stevenson，2008#5889。

不难看出这幅图中的相关关系：这些点沿对角轴线分布，对角轴线就是代表国家的那些圆点背后的那条灰色虚线。每个点上都有一个箭头，代表一个国家内部生活满意度与人均收入之间关系的小散点图。跨国家的大散点图也好，国家内的小散点图也罢，都显示人们的幸福与收入相关。谁看到这幅图，都难以抵抗住推断出"富有使人快乐"的诱惑，至少现在是如此。

灰色虚线和穿过每个点的箭头是怎么得来的？该如何把"点沿对角轴线排列"的视觉印象，解读为更客观的东西，而不是简单地把它们想象成一堆挑竹签游戏中的竹签呢？

这是一种被称为回归分析的统计方法，也是流行病学和社会科学的主要研究工具。在图 9-2 的散点图中，我们可以把每个数据点都想象成一个大头针，然后，我们用橡皮筋把每个大头针都连接到同一个坚硬的棍子上。假设这些橡皮筋只能上下伸缩，而不能沿其他方向伸缩，而且，你把它们拉伸得越长，遇到的阻力也越大。当所有的橡皮筋都连接好后，放开棍子，让它在弹力作用下停在某个位置（见图 9-3）。

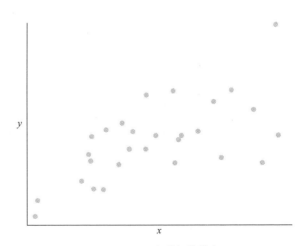

图 9-2　用于回归分析的散点图

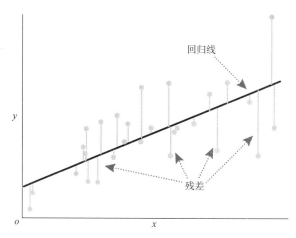

图 9-3 对散点图进行回归分析

这根棍子所停留的位置和角度，确保了每个大头针和它连接的地方之间的距离的平方最小。处在这样位置的棍子被称为回归线，它表示的是 x 和 y 两个变量之间的线性关系，x 对应于横轴，y 对应于纵轴。连接每个大头针和这条线的橡皮筋的长度称为残差，它代表 y 值中无法由 x 来预测的特殊部分。再来看一下图 9-1。如果收入能完美预测满意度的话，那么每一个点都会落在灰色回归线上面，但是，现实中的数据永远不会是这样的。

有些点落在回归线的上方，意味着它们有较大的正残差，比如牙买加（JAM）、委内瑞拉（VEN）、哥斯达黎加（CRI）和丹麦（DNK）。如果不考虑测量误差和其他数据噪声的话，差异表明 2006 年（收集数据的年份）这些国家的人比根据收入预测的幸福程度要高。也许，更好的气候或文化对幸福感也有很大贡献。另外一些点落在回归线的下方，比如多哥（TGO）和保加利亚（BGR），这表明有什么其他东西让这些国家的人幸福感有所降低，没有达到与收入水平相对应的程度。

残差还可以定量地告诉我们这两个变量的相关程度如何：橡皮筋越短，这些点就越接近回归线，相关程度就越高。通过代数运算就可以把相关程度转换成相关系数 r，取值范围是 $-1\sim1$。如果 r 是负数，回归线是从左上到右下的斜线；如果 $r=-1$，所有的点都落在回归线上（图中没有展示）；如果 $r=0$，表示不存在相关关系；如果 r 是正数，回归线是从左下到右上的斜线，如果 $r=1$，所有的点也都落在回归线上（见图 9-4）。

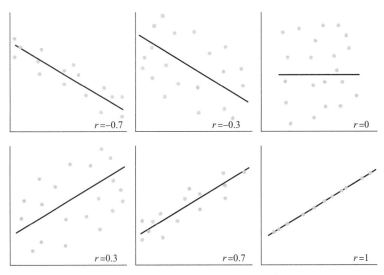

图 9-4　r 值不同时回归线和点的位置差异

　　虽然人们在相关关系与因果关系上犯错，通常是把相关关系看成因果关系，但更基本的问题是：连相关关系都没有被建立起来。亚马逊创始人杰夫·贝佐斯曾吹嘘说："我在商业和生活中所有最好的决策都是凭内心、直觉和勇气做出的……而不是分析。"这句话的意思是，与分析相比，心和勇气能带来更好的决策。[4]但他没有告诉我们，他在商业和生活中做出的所有最糟糕的决策，是否也出于内心、直觉和勇气，也没有告诉我们，好的直觉决策和糟糕的分析决策的数量，是否多于坏的直觉决策和好的分析决策。

　　"错觉相关关系"（illusory correlation）谬误，最初是由心理学家洛伦·查普曼（Loren Chapman）和琼·查普曼（Jean Chapman）的一系列著名实验证明的。这两位心理学家想知道，为什么那么多的心理治疗师还在使用"罗夏墨迹测验"（Rorschach inkblot test）[①]和"绘人测验"（Draw-a-Person test）[②]，尽管每一项试图验证它们的研究都表明，测试的答案和心理症状之间没有相关关系。

　　实验人员恶作剧地将对精神病人的书面描述与他们在绘人测试中的答案配对，但事实上，这些描述是虚假的，配对也是随机的。然后，他们要求一组学生报告他们从这二者当中看到的模式。[5]学生们被自己的刻板印象所误导，错误地认为肩膀更宽的男人是过于男性化的病人画出来的、眼睛

---

① 也叫"墨迹测验"。瑞士精神医生罗夏（H. Rorschach）编制的让被试面对各种无意义的墨迹图自由想象，然后根据其口头报告判断其个性特征的投射测验。——编者注

② 反映儿童的空间构想、人面记忆提取和手眼协调等方面能力的他评测验。由美国心理学家古迪纳夫（F. Goodenough）于 1926 年首次提出。——编者注

更大的男人是偏执狂患者画出来的等——这正是专业的诊断医生声称在他们的病人身上看到的联系，而实际上并没有什么根据。

不少相关关系已经成了老生常谈，比如人们在满月时会涌入医院急诊室，这实际上不过是错觉而已。[6] 以月或年作为分析单位（散点图上的点）做相关关系分析的危险性尤为严重，因为许多变量随着时间的变化而变大或变小。泰勒是个法律系的学生，他用自己编写的程序在网上搜索没什么意义的相关数据集，只是为了证明它们的普遍性。例如，用水蒸气或热物品谋杀的案件数量与现任美国小姐的年龄高度相关、美国缅因州的离婚率与全美国人造黄油的消费量密切相关。[7]

回归均值

"回归"已成为相关分析的标准术语。这个术语最初指的是伴随相关关系而来的特定现象：回归均值（regression to the mean）。这个无处不在但有悖常理的现象，是由英国维多利亚女王时代博学的弗朗西斯·高尔顿（Francis Galton）发现的。高尔顿画出儿童的身高与父母平均身高的关系图，在儿子和女儿两种情况下，都根据男女平均身高差异来调整数据，从而可以把数据反映在一个数据轴上。他发现："当父母平均身高比普通人高时，他们的孩子往往比父母矮一些。当父母平均身高比普通人矮时，他们的孩子往往比他们更高一些。"[8] 这一结论不仅适用于父母的身高和孩子的身高，也适用于父母的智商和孩子的智商，甚至适用于任何两个不完全相关的变量。其中一个的极端值往往对应另一个不太极端的值。

　　这并不是说，个子高的父母所生的孩子会越来越矮，或者，个子矮的父母所生的孩子会越来越高。如果这样的话，总有一天所有孩子的身高就都一样了，世界将找不到合适的赛马骑师，篮球场上也不会有姚明这样的大个子了。这也不是说，大家的智商都是100，而天才和笨蛋都会灭绝。尽管回归均值现象确实存在，但人们不会都变成均值，原因是分布的两端会不断得到补充：偶尔会有身高高过平均水平的父母生下更高的孩子，身高低于平均水平的父母生下更矮的孩子。

　　回归均值纯粹是一种统计现象。在钟形分布中，一个值越极端，出现的可能性就越小，于是就有了"回归均值"。也就是说，当一个值非常极端时，另一个与其配对的变量（超常夫妇的孩子）不太可能更极端，比如复制连胜纪录、碰到同样的好运或遭受同样的厄运、经历同样的疾风暴雨等，而是会退回到普通状态。

　　在身高或智商的例子中，认为极端案例的起因是父母方存在由基因、经历和生物学意外所构成的不同寻常的组合，这都是不可思议的臆断。没错，这种组合的许多成分会被孩子继承，但这种组合本身不会被完美地复制。反之亦然：因为回归是一种统计现象，而不是因果关系，所以父母也会回归到子女的均值。

　　当两个钟形曲线的相关值相互画在一起时，散点图通常看起来会像一个斜放的橄榄球。我们在图9-5中得到了一个假想的数据集，类似于高尔顿展示的父母平均身高和他们成年子女身高的那个数据集（数据做过调整，这样儿子和女儿可以绘制在同一个轴上）。

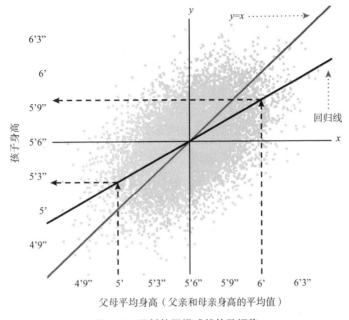

图 9-5　呈斜放橄榄球状的数据集

　　45 度角倾斜的灰色直线，代表的是预计孩子身高的平均水平和他们父母身高的平均水平一样时的情形。黑色回归线代表现实中的数据。如果你关注一个极值，比如说父母的平均身高是 6 英尺（1.83 米），你会发现，代表孩子身高的那些点多数处在 45 度斜线的下方。你可以通过垂直于横轴的右侧虚线箭头找到与回归线的交点，然后向左转，再画一个水平虚线箭头垂直于纵轴，它指向的是 5 英尺 9 英寸（1.75 米），比父母矮一些。如果你的关注点是平均身高 5 英尺（1.52 米）的父母（垂直于横轴的左侧虚线箭头），你会看到，代表他们孩子身高的那些点多数处于灰色直线的上方。沿着该虚线箭头与回归线的交点向左转画一条垂直于纵轴的虚线箭头，你会得到一个 5 英尺 3 英寸（1.6 米）的数值，高于父母平均身高。

当两个变量不完全相关时，回归均值现象就会发生，这意味着回归均值是很常见的。不过，卡尼曼和特沃斯基的研究表明，大多数人对这一现象是不熟悉的。连环漫画《弗兰克和欧内斯特》（*Frank and Ernest*）[①] 中的以下场景，是基于回归均值概念的一个笑话（见图 9-6）。[9]

图 9-6　《弗兰克和欧内斯特》中的一个场景

资料来源：©2014 Thaves. Dist, by Univ./Uclick for UFS, Inc。

人们往往会被不寻常的事件所吸引，却没有料到，与这个事件相关的所有事情可能都不会像这个事件那样不寻常。相反，他们对统计上的必然性做出了错误的因果关系解释。

一个影响不太好的错觉是，人们认为批评比表扬管用，惩罚比奖励管用。[10] 当学生表现不好时，我们总会批评他们。不管你这一次经历了怎样的厄运，下一次的表现都不太可能还是那么糟糕吧，所以你肯定会进步，这让我们误以为批评有效。当学生做得很好时，我们会表扬他们，但闪电

---

① 美国的连环漫画，其幽默内容多与文字游戏和双关语有关。——编者注

不会两次击中同一个目标，所以他们未必能在下一次取得同样好的成绩，这让我们误以为表扬会起反作用。

不明白回归均值的真正含义，给人们带来了许多其他错觉。在体育迷的心里，年度最佳新秀注定要经历第二年的低谷，美国刊物《体育画报》（*Sports Illustrated*）的封面人物摆脱不了魔咒。这是因为过度自信、不现实的预期，还是因为名望的干扰？如果仅取一名运动员在某个出彩的一周或一年的数据，他们不太可能还连续取得同样的好成绩，在下一个阶段通常会显得战绩平平。同样说明不了什么问题的是，教练被解雇后，一支萎靡不振的球队会变好。

某个骇人听闻的犯罪事件在报纸上大肆报道后，政客们利用特警队、军事装备、邻里监督标志和其他策略介入了进来，果然，随后一个月的犯罪率就没有原来那么高了，他们为自己的作为感到开心。心理治疗师也可以在治疗一名患有严重焦虑症或抑郁症的患者后，吹嘘自己手到病除，无论他们的治疗方式如何。

科学家们也未能幸免。实验无法重复的另外一个原因是，实验者不喜欢回归均值的另一种说法——赢家的诅咒（the winner's curse）。如果一项实验似乎显示出一种有趣的结果，那么不管这种结果是真还是假，实验者一定做对了很多事。幸运之神一定对实验者微笑了，他们不该还有这样的好运气，所以如果他们想重复这种结果，就应该招募更多的参与者。

但大多数实验者认为，他们已经积累了一些证据可以确认这一结果的存在，所以他们可以在参与者较少的情况下获得成功，丝毫没有意识到这样做是通向《不可复制的结果》杂志的单行道。[11] 把回归均值错误地应用在重大发现上面，导致《纽约客》在 2010 年发表了一篇糊涂文章，标题是《真相的消退》(*The Truth Wears Off*)，文章提出了一个神秘的"递减效应"(decline effect)，据说对回归均值这一科学方法持怀疑态度。[12]

赢家的诅咒可用于解释人类冒险的巨大成功，除了那些偶然的好运，我们还要接受随后的平凡，这可能是生活常常不如意的原因之一吧。

什么是因果关系

在铺设从相关关系到因果关系的桥梁之前，让我们先来了解一下什么是因果关系。这是一个难以理解的概念。[13] 休谟为几百年来如何分析因果关系定下了基调，他大胆地认为因果关系只是一种期望：期望我们过去经历的相关关系在未来可以一直保持下去。[14] 如果我们看过足够多台球的运动轨迹，那么，当看到一颗台球接近另一颗台球时，我们就会预知第二颗台球将向前运动，就像我们以前所看到的那样。这样思考的依据，是一个我们默认但又无法证明的假设：自然规律会随着时间的推移而持续存在。

不难发现，因果论中的"恒常连接"(constant conjunction)是错的。公鸡总是在天亮前打鸣，但我们并不认为是公鸡使太阳升了起来。与之类似，打雷常常引发森林火灾，但我们不能说打雷导致火灾。这些都是副现象，也被称为混杂变量或干扰变量：它们与事件相伴而来，但不是导致事件发生的原因。在流行病学领域，副现象给人们带来了很多迷惑。多年来，人们认为咖啡会导致心脏病，因为喝咖啡的人心脏病发作的概率更高。事实证明，喝咖啡的人往往也会吸烟，也会疏于锻炼，喝咖啡只是副现象。

休谟注意到了这个问题，并详细阐述了他的理论：不仅原因要经常地发生在结果之前，而且"如果第一个对象不存在，第二个对象也就绝不可能存在"。关键的"如果不存在"条款是反事实的，这就是一个"将会怎样"假设。它是指在一个可能的世界会发生什么，比如，在一个平行的宇宙或者一个假想的实验中。在平行宇宙中，原因不发生，结果也不会发生。这种对因果关系的反事实定义，解决了副现象问题。我们说公鸡不是日出的原因，是因为：如果公鸡在前一天晚上成了小鸡炖蘑菇的主要食材，那么太阳仍然会升起。我们说闪电会引起森林火灾而雷声不会，是因为：如果有闪电而没有雷声，森林仍会着火，反之则不然。

因此，可以把因果关系看成是一个事件（原因）发生与不发生时的结果差异。[15] 统计学家所称的"因果推理的基本问题"，是说我们被困在这样一个宇宙中：要么推定的因果事件发生，要么推定的因果事件没有发生。我们无法窥视另一个宇宙，因此不能看到那里的结果。毫无疑问，我们可以在不同场景中一个事件发生或不发生时，比较我们所在宇宙中的结果。但这恰恰是古希腊哲学家赫拉克利特指出的问题：你不能两次踏进同一条河流。

在这两个场景之间，世界可能在其他方面发生了变化，而你不能确定其中一种变化是不是原因。我们也可以将经历了那类事件的个体对象与没有经历那类事件的类似对象进行比较，但这也遇到了苏斯博士指出的问题："今天你就是你，这比真实更真。世上没有人会比你更是你。"每个人都是独一无二的，所以我们无法知道一个人经历的结果是取决于假定的原因，还是取决于他无数的其他特质。为了从这些比较中推断出因果关系，我们必须假设"时间稳定性"（temporal stability）和"单位同质性"（unit homogeneity），这听起来有些专业。下面两小节所讨论的方法，会让这些假设变得更加合理。

即使我们已经明确了某种原因会对结果产生影响，科学家和普通人也不会就此罢休。我们会用一种机制将原因与结果联系起来：某种装置在幕后工作，推动事物运转。人们在直觉上认为世界不同于电子游戏，并不存在某个像素图案被新的像素图案所取代。每一件事的背后都隐藏着一种力量。从科学的角度来看，我们最早关于因果效力的许多直觉都被证明是错误的，比如在中世纪，人们认为"惯性"是打在移动物体上的标记。不过，重力等一些直觉机制，却得到了科学的肯定。为了解释关于基因、病原体、地质板块和基本粒子的相关关系，人们提出了许多新的隐秘机制。这些因果机制使我们能够预测在反事实的情况下会发生什么，我们可以将这些因果机制从虚拟世界中提取出来：我们构建一个虚构的世界，模拟这些因果机制，并把后面的事情交给这些机制。

即使我们根据不同结果以及产生这些结果的机制掌握了因果关系，但任何试图确定某个结果的"唯一原因"的努力都会引发一系列困惑。

第一个困惑是原因和条件之间的区别难以捉摸。我们说划火柴产生了火，因为不划火柴就不会有火。但如果没有氧气、没有干燥的纸、没有无风的房间，也就不会有火。那我们为什么不说"氧气产生了火"？

第二个困惑是"先发制人"（preemption）。为了方便讨论，假设1963年李·哈维·奥斯瓦尔德在达拉斯的草堆上与一名同谋密谋，谁先获得较好的开枪机会谁就开第一枪，另一个人则混进人群中。在奥斯瓦尔德没有开枪的反事实世界里，肯尼迪仍然会死——然而，在奥斯瓦尔德比他的同伙先开枪的世界里，否认是他导致了肯尼迪的死亡就显得古怪了。

第三个困惑是过度决定（overdetermination）。如果一名死刑犯是由行刑队而不是刽子手射杀的，那么这样一来，就没有一名枪手要承受致人死亡的可怕负担：如果他没有开枪，囚犯仍然会死。但是，根据这个反事实的逻辑，没有人导致他的死亡。

第四个困惑是概率因果关系（probabilistic causation）。很多人都知道有个 90 多岁的老人，她一生每天抽一包烟。但现在几乎没人会说她的高龄证明了吸烟不会致癌，不过在人们认识到吸烟与癌症有密切关系之前，这是一个常见的"反驳"。即使在今天，混淆不完全因果关系和无因果关系依然是普遍现象。2020 年《纽约时报》的一篇社论主张废除警察制度，因为"目前的做法无法'消灭'强奸，大多数强奸犯都没有被告上法庭"。[16]但这篇文章的作者没有考虑到的是，如果没有警察，被告上法庭的强奸犯是否会更少，或者根本就没有？

只有放弃台球撞击思维，并认识到没有任何事件拥有单一的原因，我们才能理解这些复杂的因果关系。事件被镶嵌在一个由原因组成的网络中，这些原因在链接和分支路径中相互触发、激活、抑制、阻止和增压。当我们在每种情况下都画出因果关系路线图时，第四个因果困惑就不再那么令人费解了。

如果你不从逻辑蕴涵的意义上（如果 X 抽烟，那么 X 会得心脏病）

来理解图 9-7 中的这些箭头，而是将其理解成条件概率（如果 X 是一个吸烟者，他患心脏病的概率要高于他不是吸烟者时患心脏病的概率），同时不将事件节点理解成或开或关，而是理解成概率，反映了一个基础比率或先验概率，那么这个图就被称为因果贝叶斯网络（causal Bayesian network）。[17] 人们可以通过（自然地）运用贝叶斯定理，通过网络逐节点地计算出随着时间的推移会发生什么。无论原因、条件和混杂因素是多么错综复杂，人们都可以确定哪些事件是因果依赖的或相互独立的。

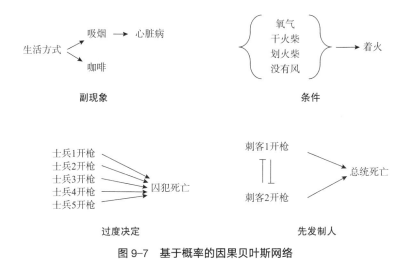

图 9-7　基于概率的因果贝叶斯网络

计算机科学家朱迪亚·珀尔是这些网络的发明者，他指出，因果贝叶斯网络由链式结构、分叉结构和对撞结构三种简单模式构建而成（见图 9-8），每种模式都捕捉到了多原因因果关系的基本（但反直觉）特征。这些连接反映的是条件概率。在每种情况下，A 和 C 都不是直接连接的，这意味着 B 条件下 A 发生的概率，可以独立于 B 条件下 C 发生的概率。每种情况下，*A* 与 *C* 之间的关系都有所不同。

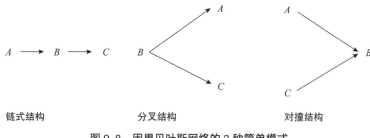

链式结构　　　　　　　分叉结构　　　　　　　对撞结构

图 9-8　因果贝叶斯网络的 3 种简单模式

在因果链式结构中，第一个原因 *A* 与最终结果 *C* "隔离" 开来，它只能通过 *B* 影响 *C*。对于 *C* 来说，*A* 就像不存在一样。考虑一家酒店的火灾报警器，由 "火灾→烟雾→报警" 这一链式结构触发。实际上，这不是火灾报警器，而是一个烟雾报警器。因此，火灾报警器附近书架上喷绘的油漆很容易触发警报，进而将客人唤醒。

因果分叉结构我们已经很熟悉了，它描述的是一种混杂变量或副现象，会带来错误识别真正原因的危险。年龄（*B*）影响词汇量（*A*）和鞋码（*C*），因为年龄较大的孩子脚更大，认识的单词更多。这意味着词汇量与鞋码有关。但是，让孩子穿大号运动鞋去上学是不明智的。

对撞结构也有同样的危险。在对撞结构中，不相关的原因汇聚成单一结果。实际上，这种结构更加危险，因为大多数人都能在直觉上感受到混杂谬误，但对 "对撞分层选择偏差"（collider stratification selection bias）几乎一无所知。因果对撞结构陷阱，指的是当你专注于一个有限的效应范围时，你在原因之间引入一种人为的负相关关系，这样，一个原因就成为另一个原因的补充。

很多约会老手都想知道为什么长得好看的男人都是混蛋。但这可能是对帅哥的中伤，编造理论来解释这一现象纯粹是浪费时间，比如，长得好看的男人会被一辈子讨好他们的人宠坏。很多女性在如下条件下才会跟某个男人约会（B）：要么他有吸引力（A），要么他很和善（C）。尽管和善与容貌并不相关，但普通男人必须和善，否则女人永远不会跟他们约会，因而心肠不好的人就没了机会。析取性挑剔（disjunctive choosiness）带来了一个并不存在的负相关关系。

对撞谬误还让标准化考试的批评者们误以为考试分数无关紧要，因为他们注意到，许多以较高分数被录取的研究生大多没有完成学业。问题是，那些考分不高但被录取的学生，肯定有其他方面的优势。[18] 如果你没有意识到这种偏差，你甚至可能得出这样的结论：母亲吸烟对婴儿有益，因为在出生体重轻的婴儿中，母亲吸烟的婴儿更健康。出生体重轻一定有其他一些原因，比如母亲酗酒或药物滥用，这可能对孩子的危害更大。[19] 对撞结构谬误也解释了为什么《爱情故事》电影中的哈佛大学生詹妮弗固执地认为"有钱的男孩都很蠢"：要想进入哈佛（B），你要么有钱（A），要么聪明（C）。

从相关关系到因果关系：现实与自然实验

我们已经讨论了相关关系与因果关系的本质，现在是时候考虑如何从相关关系走向因果关系了。问题并不仅仅在于"相关关系不意味着因果关系"，通常情况下，前者确实意味着后者，因为除非相关关系是虚幻的，或者是一种巧合，否则一定是有什么东西导致了一个变量与另一个变量的紧密联系。更为关键的问题是，当一个事物与另一个事物相关时，并不一定意味着前者导致了后者。当 A 与 B 相关时，可能意味着 A 导致 B，也可能意味着 B 导致 A，也可能是第三个因素 C 导致了 A 和 B。

反向因果关系和混杂变量是普遍存在的。世界是一个巨大的因果贝叶斯网络，箭头指向各个方向，将事件纠缠在一起，使一切事物都相互关联。这些结点，包括多重共线性（multicollinearity）和内生性（endogeneity），可能是马太效应（Matthew effect）引发的，美国爵士乐巨星比莉·哈乐黛（Billie Holiday）在歌中唱道："拥有的人会得到，没有的人会失去。《圣经》上也是这么说的，今天依然如此。"[20] 更富有的国家也往往更健康、更幸福、更安全、教育水平更高、污染更少、更和平、更民主、更自由、更世俗、性别更平等。[21] 更富有的人往往更健康、受教育程度更高、人脉更广、更有可能锻炼身体、吃得更好，也更有可能属于特权阶层。[22]

这就意味着，你从跨国家或跨人群的相关关系中得出的几乎任何因果结论都可能是错误的，至少是未经证实的。难道仅仅因为一个领导人确保公民免于陷入战乱，我们就能说民主能使一个国家更和平吗？那些不受邻国威胁的国家，就有享受民主的福分吗？上大学能让你获得过上好日子的技能吗？只有那些聪明、自律、有特权的人，才能通过上大学把能力优势转化为财富吗？

有一种完美的方法可以解决这些问题：随机试验，通常也被称为随机对照试验。从感兴趣的人群中抽取一个大样本，随机将他们分成两组，将假设的原因应用于一组，对另一组则不予应用，看看是否第一组发生了改变而第二组不变。随机试验是我们所能创造的比较靠谱的反事实世界，而反事实世界是对因果关系的决定性测试。在因果网络中，要把假设的原因从所有传入的影响因素中分离出来，将其设置为不同的值，并观察不同假定效应的概率是否不同。[23]

随机性是非常关键的。如果与那些被给予安慰剂的病人相比，那些被给予药物的病人报名更早，住得离医院更近，或者症状更明显，那么你永远不会知道药物是否有效。正如哈佛大学研究生院的一个老师[24]所说的那样："随机分配就如同人的魅力。如果你有，你就不需要其他任何东西；如果你没有，那你拥有什么都不重要。"魅力之说不完全正确，随机分配之说也不完全正确，但它们在几十年后仍然是我所欣赏的。相对于"随机试验是证明因果关系的'黄金标准'"这种说法，我更喜欢关于魅力的说法。

随机对照试验已开始应用于政策制定、经济和教育等领域。"随机主义者"正在敦促政策制定者在一组随机选择的村庄、班级或社区中测试他们的秘方，并将结果与对照组进行比较，对照组只是做些无意义的事情，或者被列入候补名单。[25]通过这种方式获得的知识很可能胜过评估政策的传统方法，比如信条、民间传说、魅力、传统智慧和最高收入人士的意见。

随机试验不是灵丹妙药，本就没有什么灵丹妙药，这也正是人们不再相信"黄金标准"之说的重要原因。跟相关数据科学家一样，实验室科学家也彼此不服，因为在实验中很难纯粹地只做一件事。实验人员可能认为他们严格地对实验组使用了一种治疗方法，而且只使用了这种治疗方法，但其他变量可能混进来，这就是所谓的排他性问题。

实验操控的关键在于：这个世界不是一个实验室。政治学家不可能用抛硬币的方法，把民主强加给一些国家，把独裁强加给另一些国家，然后等上 5 年看看哪些国家会开战。正如图 9-9 中的漫画所示的那样，与研究实践问题和伦理问题类似，对个人的研究也存在同样的困惑。

我的科研项目名称是"我的弟弟：先天还是后天"

图 9-9　对个人的研究所面临的困惑

尽管不是所有事情都可以通过实验的方法进行研究，但社会科学家们通过共同努力，找到了世界为他们进行随机性处理的自然实验案例。有时，这些自然实验能帮助人们从相关关系推导出因果关系。经济学家史蒂芬·列维特（Steven Levitt）和史蒂芬·杜伯纳（Stephen Dubner）所著的《魔鬼经济学》（*Freakonomics*）以及一些媒体，向人们展示了很多这样的案例。[26]

"断点回归"（regression discontinuity）就是一个例子。假设你想确定的是：上大学是否让人更富有？或者，有富贵命的青少年是否更有可能上大学？虽然你不可能随机抽取一个青少年的样本，强迫一所大学录取一个群体，拒绝另一个群体，但是，名校对接近录取分数线的学生会这样做。没有人真的相信一个 1 720 分的学生比一个 1 710 分[①]的学生更聪明。差别来源于噪声，而且可能是随机噪声，成绩和推荐信等其他资格证明也是如此。假设你对这两组人进行了 10 年的跟踪调查，并将他们的收入与考试分数进行对比。如果你在录取分数边界处看到明显的工资差别，比其他类似大小的间隔处的工资差别更大，那么你可能会得出这样的结论：工资差别来源于录取政策。

对渴望因果关系的社会科学家来说，送给他们的另外一个礼物是：偶然的随机性。是《福克斯新闻》（Fox News）让美国人变得更保守，还是美国保守派更喜欢看《福克斯新闻》？《福克斯新闻》于 1996 年首次亮相，在接下来的 5 年时间里，各家有线电视公司随意地把它添加到自己的节目列表中。经济学家在这 5 年关注了这一偶然事件，并发现：与有线电视节目中没有《福克斯新闻》的城镇相比，有线电视节目中有《福克斯新闻》的城镇的共和党支持率高 0.4～0.7 个百分点。[27] 这么大的差距足以改变一场势均力敌的选举，而且这种影响可能会在随后的几十年里积累起来。《福克斯新闻》在电视市场的遍地开花，使这一效应虽然更难以证明，但效力不减。

虽然难，但也并非不可能。另一个天才之举是"工具变量回归"（instrumental variable regression）。假设你想知道是否 A 导致了 B，但又担心可能出现的反向因果关系（B 导致 A）和混杂因素（C 导致 A 和 B）。现在

---

① 这两处数字都指美国高考 SAT 的成绩。——编者注

假设你发现了某个第 4 变量 "I"（工具），它与假定的原因 A 相关，但不可能由它导致。比如，第 4 变量发生的时间更早些，而未来无法影响过去。再假设，变量 I 与混杂变量 C 不相关，因此不能直接导致 B，只有通过 A 才行。尽管 A 不能被随机分配，但我们有另一个宝物，工具变量 I。变量 I 是变量 A 的有效替代变量，如果能证明 I 与 B 相关，那就意味着 A 导致 B。

这和《福克斯新闻》有什么关系呢？社会科学家收到的另一个礼物是美国人的懒惰。美国人喜欢待在车里，连往汤里加水这样的事情都懒得做，选择电视频道时也不愿意通过输入某个具体数字找到那个频道。于是，频道号越小，看的人就越多。今天，《福克斯新闻》被不同的有线电视公司随机分配了不同的频道号（频道号只取决于该网络与每个有线电视公司达成协议的时间，与观众的人口统计数据无关）。虽然频道号小（I）会导致人们收看《福克斯新闻》（A），看《福克斯新闻》可能会导致也可能不会导致人们投票给共和党（B），但无论是持有保守观念（C）还是投票给共和党，都不会导致人们最喜欢的电视台把频道号改为更小的数字。因此，纵观整个有线电视市场并进行比较，我们可以得出结论：《福克斯新闻》频道的频道号越小，共和党的选票就越多。[28]

从相关关系到因果关系：无实验

数据科学家如果能找到断点回归或者一个工具变量，那他们是很幸运的。更多的情况是，他们必须从通常的相关关系中找出因果关系。尽管如此，他们也并非一无所获，因为对于每一种削弱因果推理的疾病，都有治疗办法。这些治疗办法不如随机分配有魔力，但在一个不是为科学家的利益而创造的世界中，这往往是我们所能做到的最好的事情。

　　相对于混杂变量，反向因果关系是比较容易排除的，这要归功于如科幻小说《回到未来》(*Back to the Future*)中的铁律：未来不能影响过去。假设你想验证"民主能带来和平"这一假设，而不是相反。首先，我们必须避免因果关系要么全有要么全无的谬误，并抛开"民主国家从不相互开战（但是有很多例外）"这一普遍但错误的主张。[29] 比较现实的假设是，相对来说更民主的国家不太可能陷入战争。[30] 一些研究机构会给国家的民主程度打分，完全专制的国家得 −10 分，挪威这样的完全民主的国家得 +10 分。

　　给和平打分有点难，因为战争不常见（对人类来说是幸运的，但对社会科学家来说是不幸的），所以大多数国家的得分都是 0。相反，人们可以通过一个国家在一年多的时间里卷入的"军事化争端"的数量来估计战争的倾向性：武力威胁、军队的警报、警告射击、战机匆忙出动、好战的威胁和边境的小规模冲突。人们可以将这个代表军事化争端数量的数字从一个大数中减去，比如有史以来争端的最大数量，从而将这个大数从战争分数转换为和平分数。因此，更和平的国家得到更高的分数。现在我们可以把和平分数和民主分数进行相关关系分析。当然，这种相关关系本身并不能证明什么。

　　假设民主分数与和平分数两个变量间隔 10 年都记录了两次。如果民主带来和平，那么时间 1 的民主得分应该与时间 2 的和平得分相关。这也证明不了什么，因为 10 年来，可能不会有太大的变化：那时的和平民主可能只是现在的和平民主，没有变化。但作为对照，我们可以看看另外一条回归直线：时间 2 的民主（民主分数）与时间 1 的和平（和平分数）之间的相关关系。根据这种相关关系，以及过去 10 年一直存在的混杂现象，我们就可以找到可能存在的反向因果关系。如果第一种相关关系（过去的原因与现在的结果）比第二种（过去的结果与现在的原因）更强，这就暗示民主会带来和平，而不是相反。这种技术被称为"交叉滞后相关"（cross-lagged panel correlation），panel 是指包含多个时间点的测量数据集。

巧妙的统计处理也可以处理混杂问题。在科学新闻中，研究人员有时会让一些混杂变量"保持不变"或对它们进行"统计控制"。最简单的做法叫匹配（matching）。[31] 民主与和平之间的关系，涉及很多混杂变量，比如繁荣、教育、贸易以及条约组织的会员资格等。

我们以用人均 GDP 衡量的繁荣为例。假设在样本中，对于每一个民主国家，我们都找到了一个人均 GDP 相同的专制国家。如果将民主国家的平均和平得分与对应的专制国家的平均和平得分进行比较，我们就能估算出 GDP 保持不变条件下民主对和平的影响。匹配的逻辑很简单，但需要有个较大的备选池，这样才能从中找到合适的匹配对象，而且，若要让更多的混杂变量保持不变，备选池就要更大。这种做法，对于一项有数万人可供选择的流行病学研究来说是可行的，但对于一项只有 100 多个国家的政治研究来说就有些难度了。

更一般的一项技术被称为"多元回归分析"（multiple regression）。我们之所以要应用多元回归分析，是因为混杂变量不可能与假定的原因完全相关。它们之间的差异不是恼人的噪声，而是可以发挥作用的信息。我们以民主、和平和人均 GDP 为例，讨论如何利用好多元回归分析。首先，我们画出假定的原因，即民主得分与混杂变量的关系的二维图（见图 9-10，a 图），每个国家用一个点代替，数据是假定的，目的是说明其中的逻辑。

接下来，我们画出回归线，并将注意力转向残差：每一点到回归线的垂直距离，对应于如果收入能完美地预测民主程度，那么这个国家预测中的民主程度与它在现实中的民主程度之间的差异。现在，我们不用这些国家开始时的民主分数，代之以残差，来衡量其在控制收入情况下的民主程度。

　　现在对假定的结果，即和平，做同样的事情。我们根据和平得分与混杂变量的关系作图（见图 9-10，b 图），测量残差，不用原始的和平数据，改用残差代替，后者表示这些国家的和平程度在多大程度上不同于你根据收入所做的预测。最后一步是不言而喻的：将和平残差与民主残差进行相关关系分析（见图 9-10，c 图）。如果相关系数远大于 0，我们可以大胆地得出结论：在保持繁荣不变的条件下，民主会带来和平。

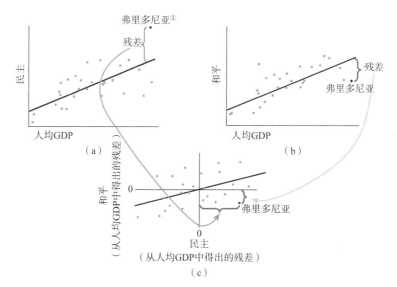

图 9-10　对假定的原因和结果做多元回归分析

① 一个虚构的国家。——编者注

你刚才所看到的，就是流行病学和社会科学中使用的统计学核心内容，称为一般线性模型。据此可以得到一个方程式，有了这个方程式，我们就可以通过预报因子的加权总和（其中一些可能是原因）来预测结果。如果你善于视觉化思考，你可以把预测想象成一个倾斜的平面，而不是一条直线，而这个平面漂浮在由两个预报因子定义的地面之上。我们可以加入任意数量的预报因子，在超空间中创建一个超平面。在超空间上，想象视觉图像是非常难的（想象三维空间中的视觉图像就很不容易），但在这个方程中，这只意味着在原有的基础上增加更多的项。

如果预测的结果是和平，那么，等式可能是：和平 $=(a \times$ 民主$)+(b \times$ 人均 GDP$)+(c \times$ 贸易$)+(d \times$ 条约组织成员国资格$)+(e \times$ 教育$)$，这 5 个变量中的任何一个都可能是和平的推动者或拉动者。回归分析会告诉我们，在保持其他变量不变的条件下，哪一个候选变量在预测结果中占有重要地位。它不是一个证明因果关系的灵丹妙药，人们仍然需要对这些变量做出解释，说明它们是如何看似合理地联系在一起的，并提防这样或那样的陷阱。尽管如此，这种回归分析仍是最常用的工具，能帮助我们建立起结果与多种原因变量和混杂变量之间的线性关系。

多个原因，叠加与交互作用

回归方程式自身的意义，远不如它所展现的思想重要：从统计学上来说，导致事件的原因不止一个。这个想法看似很简单，但在公众交谈中经常遭到嘲笑。人们常常认为，每个结果都应该有一个可靠的原因：如果 A 被证明会影响 B，那就证明了 C 不会影响 B。有成就的人，会花一万小时来练习他们的手艺，这就是说，成就是一种实践，而与天赋无关。今天，男性哭泣的次数是他们父亲的两倍，这就是说，男性和女性在哭泣次数方面的差异是社会因素而非生理因素造成的。如果说事实上竟然存在多个原因，比如先天和后天、天赋与实践，这真是难以想象。

更让人难以理解的是，不同的原因又彼此相互影响：一个原因的结果，还可能存在另外一个原因。也许每个人都能从实践中获益，但有才能的人获益更多。谈论和思考多原因问题，我们需要一些新的术语。在这个新领域，一些简单的统计学概念就可以让每个人变得更聪明。具有启发意义的概念是：主效应和交互作用。

假设让猴子感到恐惧的原因有两个：一是遗传，也就是它们所属的物种，比如是卷尾猴还是狨猴；二是它们被抚养长大的环境，比如它们是与母亲单独生活，还是与许多其他猴子一起生活在一个大的领地中。假设我们有一种测量恐惧感的标准，比如，猴子敢于接近橡皮蛇的距离。导致一个结果的可能原因有两个，因此，可能发生六种不同的情况。这听起来很复杂，但只要我们把它们画在图上，这些可能性就会跃然纸上。我们先讨论三种最简单的情况。

图 9-11 中的 a 图显示：恐惧感与物种没有关系（两条直线几乎重叠），与小时候的生长环境也没有关系（每条线都是水平的）。图 9-11 中的 b 图显示：恐惧感与物种有关系（卷尾猴比狨猴更容易受惊，在图中可以看到代表卷尾猴的那条直线更高一些），而与环境没有关系（无论它们是跟母亲单独长大还是与其他动物一起长大，这两种动物的恐惧感都是一样的，每条线都是平的）。用专业术语来说，物种是主效应，是影响的全部，而

不用考虑环境的影响。图 9-11 中的 c 图显示了相反的结果，环境是主效应，而不是物种。只跟母亲一起长大的猴子会更害怕（从线条的斜率可以看出），卷尾猴和狨猴都是如此（从几乎重叠的直线可以看出）。

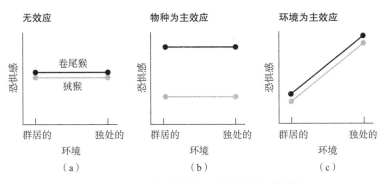

图 9-11　一个结果和两个可能原因的三种情况

　　现在，我们进一步来考虑多原因的情形。同样，也有三种可能性。如果恐惧感与物种和环境都有关系，如果卷尾猴天生比狨猴更有恐惧感，如果独自抚养会让猴子更有恐惧感，那会是什么样子呢？图 9-12 中的 a 图显示的就是两个主效应的情况：两条平行的直线，一条直线在另一条直线的上方。

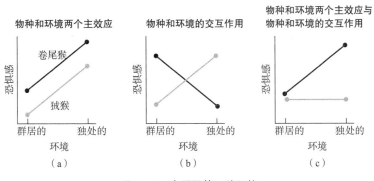

图 9-12　多原因的三种可能

图 9–12 中的 b 间图非常有意思。在这里，两个因素都很重要，但又相互依赖。从小跟母亲一起长大的卷尾猴，胆子更大一些；从小跟母亲一起长大的狨猴，会更加胆小。我们不难发现物种与环境之间的相互作用，在图上体现的是两条不平行的直线。在本例中，两条直线交叉形成了一个完美的 X，这意味着主效应被完全抵消掉了。

总的来说，物种是无关紧要的：代表卷尾猴的那条直线的中点，与代表狨猴那条直线的中点重合。从整体来看，环境也是无关紧要的。群居长大（跟其他动物一起长大）的两种猴子的恐惧感平均值对应于最左边两个端点连成线段的中点，与独处长大（只由母亲抚养长大）的两种猴子的恐惧感平均值一致，后者对应于最右边两个端点连成线段的中点。毫无疑问，物种和环境都很重要：只是每种原因的重要性取决于另一种原因。

最后，交互作用可以与一个或多个主效应共存。在图 9–12 中的 c 图中，从小跟母亲长大的卷尾猴胆子更小，但这对性格温和的狨猴没有影响。因为对狨猴的影响不能完全抵消对卷尾猴的影响，我们看到了物种的主效应（卷尾猴对应的直线较高）和环境的主效应（最左边两个点的平均值低于最右边两个点的平均值）。但是，当我们用两个或两个以上的原因来解释一个现象时，交互作用往往会取代主效应：它提供了对正在发生的事情的更多洞见。交互作用通常意味着这两个原因混合在因果链的一个链接中，而不是发生在不同的链接，然后叠加在一起。有了这些数据，我们可以得出结论：共同的链接可能是杏仁核，它是大脑中记录恐惧经历的组织，它在卷尾猴中可能是可塑的，但在狨猴中是固定不变的。

有了这些认知工具，我们现在能够理解世界上的多种原因：我们可以超越"先天与后天"、天才是"天生的还是后天练成的"这样的二分法。让我们来看一些真实的数据。

是什么导致了重度抑郁？造成压力的事件还是遗传因素？图 9-13 标出了由双胞胎姐妹组成的样本患重度抑郁症的可能性。[32]

样本中的女性，有的经历过离婚、被侵犯或近亲死亡等造成压力的事件（图 9-13 中右边的点），有的没有（图 9-13 左边的点）。从上到下观察这些直线，第一条直线代表那些非常可能患抑郁症的女性，因为跟她们拥有相同基因的同卵双胞胎也患有抑郁症。第二条直线代表那些有抑郁倾向的女性，因为跟她们拥有一半相同基因的异卵双胞胎也患有抑郁症。第三条直线代表的是几乎没有抑郁倾向的女性，因为她们的异卵双胞胎没有患抑郁症。最下面的第四条直线，代表的是风险最低的女性，因为她们的同卵双胞胎没有患抑郁症。

通过图 9-13 我们可以得出三个结论。第一个是，抑郁症与经历有密切的关系，我们从线的对应一端向上倾斜可以看到压力的主效应，表明经历造成压力的事件会增加抑郁的概率。第二个是，抑郁症与基因有密切的关系：这四根线所处的高度不同，表明一个人的遗传易感性越高，他患抑郁症的概率就越大。第三个也是真正的收获是交互作用：这些直线不是平行的，另一种说法是，这些点在左边是相互重叠的，在右边是分散的。

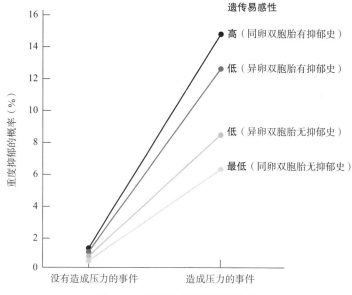

图 9-13　是什么导致了重度抑郁

资料来源：Adapted from (Kendler, 2010#7113)。

　　如果你没有经历过造成压力的事件，你的基因几乎无关紧要：不管你的基因如何，患抑郁症的概率都极小。但如果你确实经历了造成压力的事件，你的基因就很重要：一组与逃离抑郁症相关的基因，将使罹患抑郁症的风险保持在 6%，即最下面那条直线；一组与罹患抑郁症相关的基因，会让罹患抑郁症风险增加一倍以上，达到 14%，即最上面那条直线。这种交互作用不仅告诉我们基因和环境都很重要，而且它们似乎在因果关系链的同一个链接上产生影响。这些双胞胎不同程度上共有的基因，本质上说并不是抑郁基因，而是应对压力的脆弱性或韧性基因。

回头再来看一下明星是天生的还是训练出来的。图 9-14 也来自一项真实的研究项目，显示了对一些国际象棋终身棋手的评价，这些人的认知能力不同，每年下多少局棋也不一样。[33]

俗话说，熟能生巧，尽管不一定能成为顶级高手。我们可以发现，每年的下棋局数存在主效应，下的棋局越多，棋手的能力越强。同样，天赋对能力来说也存在主效应，两条直线之间存在明显的差距。但最有意思的是练习与天赋之间的交互作用：两条直线并不平行，说明聪明的棋手从练习中受益更多。换句话说，如果不练习，认知能力几乎没什么作用（图 9-14 最左边的点相当接近），但通过练习，更聪明的棋手会展现出他们的天赋（图 9-14 最右边的点是分开的）。了解主效应和交互作用之间的区别，不仅能防止我们犯二分法的错误，还能让我们对潜在原因的本质有更深刻的认识。

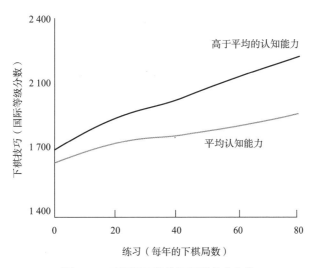

图 9-14 明星是天生的还是训练出来的

资料来源：Adapted from: Vaci, et al. 2019。

因果网络与人

作为理解世界的因果丰富性的一种方式，回归方程是相当简单的：它只是将一些加权预报因子相加。交互作用也可以考虑进来，可以用额外预报因子来表示：将交互作用的预报因子相乘。从复杂程度上看，相对于第 3 章介绍的深度学习网络，回归方程差远了。深度学习网络包含数百万个变量，这些变量又构建了一系列彼此关联的复杂公式。回归方程只是对一些变量做加法处理。然而，尽管回归方程简单，20 世纪心理学的一个惊人发现是：简单的回归方程通常能战胜人类专家。心理学家保罗·米尔（Paul Meehl）最先注意到这一发现，并将其命名为"临床判断 VS 精算判断"（clinical versus actuarial judgment）。[34]

假设你想预测一些可量化的结果，比如：癌症患者还能活多久，精神病患者最终被诊断为轻度神经症还是严重精神病，刑事被告是否会在保释中逃走、取消假释或再次犯罪，学生在研究生院的表现如何，企业将会成功还是破产，股票基金能带来多大回报。你有一组预报因子：一套症状自评量表，一组人口统计数据，一份过去行为记录，一份本科成绩单，总之，一切与做预测相关的东西。现在，将这些数据展示给专家，比如精神病医生、法官、投资分析师等。同时，用这些数据进行标准回归分析，最后得到预测方程。谁做的预测更准确，专家还是方程式？

几乎每一次的赢家都是方程式。实际上，如果把这个方程给专家，允许他用来补充自己的判断，他的表现往往比仅仅使用方程式还差。原因是，专家们很快就能发现一些特殊情况，他们认为这些情况使得这个方程式不适用。这个问题有时被称作"断腿问题"（broken-leg problem）。之所以起这个名字，是因为人类专家有直觉，而算法没有。一个人刚断了腿，人类专家凭直觉判断那天晚上那个人不会去跳舞，即便方程式预测他每周都会去跳舞。回归方程已经把"特殊情况会改变结果"的可能性考虑进来了，也考虑了其他影响因素，而人类专家总是相信自己眼睛捕捉到的细节，也根本不把基础比率当回事儿。事实上，一些人类专家最依赖的预测因素，如面对面访谈，已被回归分析证明是完全没有价值的。

这并不是说人可以被排除在预测之外。需要提供哪些预报因子，它们的含义究竟是什么，如何理解语言和对行为进行分类，这些都离不开人的参与。只是，人们不擅长把这些事情组合在一起，恰好，这是回归算法的强项。正如米尔所指出的，在超市收银台你不会对收银员说："我觉得总共差不多 76 美元，对吧？"我们凭直觉将一系列概率原因组合在一起时，就是这样做的。

尽管回归方程功能强大，但是，关于人类行为的预测，最具有讽刺意味的发现竟然是它有多么难以预测。行为是由遗传和环境的共同作用造成的，这说起来很容易。但是，当我们观察比最好的回归方程更有效的预报因子时，我们想到了同卵双胞胎，他们拥有相同的基因组、家庭、邻居、学校和文化环境。我们发现，两个双胞胎的特征之间存在相关关系，其相关系数虽然远高于随机性，但远低于 1，通常为 0.6。[35] 这就使得人与人之间的许多差异无法得到清楚的解释：尽管原因几乎相同，结果却迥然不同。

双胞胎中的一个人可能是同性恋，另一个人可能是异性恋；一个人可能患了精神分裂症，另一个人可能精神正常。在关于抑郁的图表中（见图 9-13），我们看到，如果一个女人受到压力事件的打击并且被证实有抑郁的遗传倾向，那么她患抑郁症的概率不是 100%，而是 14%。最近一项令人信服的研究进一步印证了人类的不可预测性。[36] 160 个研究小组共享一个涉及数千个脆弱家庭的庞大数据集，包括他们的收入、教育、健康记录，以及多次访谈和家庭评估的结果。

这些小组的任务是对这些家庭的现状进行预测，比如：孩子的成绩，父母被解雇、被雇用或参加职业培训的可能性。参赛者可以选择他们想要的任何算法来解决这个问题：回归分析、深度学习或人工智能领域的任何新方法。结果呢？论文摘要是这样说的："最好的预测也不够准确。"每个家庭的特质远胜于遗传预报因子，无论对这些预报因子进行怎样巧妙的组合。这让那些担心人工智能很快就会预测我们一举一动的人放心了。这也告诉我们，我们自以为很了解关于人的因果关系网络，但实际上根本不是这么回事。

前面这 7 章，讨论了几个你值得拥有的最重要的理性工具。如果你已经配备了这些工具，你就会理解下面《XKCD 漫画》里的最后一句话（见图 9-15）。

图 9-15　你理解最后一句话吗

Rationality

What it is
Why it seems scarce
Why it matters

10

人们错在哪里

告诉人们天上有一个我们看不见的人，这个人创造了宇宙，绝大多数人都会相信。告诉人们油漆还没干，他们却得摸一下才能确定。

乔治·卡林（George Carlin）

美国单口喜剧演员

　　我从跟大家的交谈和信件往来中得知，本章内容是大多数读者期待已久的。只要我提起理性这个话题，人们就会问我：为什么人类似乎正在失去理智？

　　在写作本书时，理性史上一个辉煌的里程碑正在出现：新冠肺炎疫情出现后不到一年，人们就可以接种疫苗，从而大概率能够终结这场全球范围内的传染病大流行。然而，新冠肺炎疫情也引发了一场荒谬的阴谋论狂欢：这种疾病是美国民主党为了破坏唐纳德·特朗普的连任机会而散布的骗局，是比尔·盖茨在人体内植入可追踪芯片的借口，是一群全球精英为了控制世界经济而策划的阴谋，是第五代移动数据网络推出的一个征兆，也是美国国家过敏和传染病研究所所长安东尼·福奇（Anthony Fauci）从疫苗中获取暴利的一种手段。[1] 在疫苗推出前不久，1/3 的美国人表示将拒绝接种，这是反疫苗运动的一部分，反对的竟是人类历史上最仁慈的发明。[2]"新冠骗局"之说得到了许多名人、政界人士的支持。令人不安的是，新冠肺炎疫情初期，时任美国总统特朗普也支持这种说法。

特朗普的美国公众支持率一直保持在 40% 左右，在整个任期内，他引发了对人们群体推理能力（collective capacity for reason）的进一步怀疑。2020 年 2 月，他预测新冠病毒将"奇迹般"地消失，同时还支持服用抗疟药、注射消毒液和强光照射等庸医疗法。他根本看不上戴口罩和保持社交距离等基本公共卫生措施，甚至在他自己感染后也是如此，成千上万的美国人因此更不把这些措施当回事儿，这导致了死亡人数激增和经济形势进一步恶化。[3] 这一切都是不尊重理性和科学的结果。特朗普在他任期内说了很多谎言，他的新闻发言人也大讲"另类事实"，特朗普还向公众隐瞒了那些监督公共健康和环境保护的联邦机构科学家的专业知识。[4] 特朗普拒绝承认自己在 2020 年的选举中失败，为了推翻选举结果疯狂地打官司。

新冠骗局、否认气候变化和阴谋论是一些人所说的"认识论危机"和"后真相时代"的主要特征。[5] 另外一个特征是假新闻。今天，社交媒体已经成为各种荒诞信息的来源，比如：[6]

> 教皇方济各震惊世界，支持唐纳德·特朗普竞选总统。
>
> 小野洋子："20 世纪 70 年代，我跟希拉里·克林顿有一段婚外情。"
>
> 民主党人现在投票支持为非法移民提供医保，而否决退伍军人等待 10 年之久的相同服务。
>
> 特朗普禁止播出所有支持同性恋的电视节目。
>
> 一位女士因为手机无法从阴道取出而起诉三星，索赔 180 万美元。
>
> 彩票大奖得主因将 200 000 美元的粪肥倾倒在前老板的草坪上而被捕。

相信食尸鬼、黑魔法以及其他迷信的人不计其数。正如我在第 1 章中所说的那样，3/4 的美国人至少拥有一种超自然的信仰。这里有一些关于美国人在 21 世纪第一个 10 年的信仰数据，百分比为信仰者的比例：[7]

鬼魂附体：42%。

超感知力：41%。

鬼魂与灵魂：32%。

占星术：25%。

女巫：21%。

与死者交流：29%。

转世：24%。

山、树和水晶的精神能量：26%。

邪恶之眼、诅咒、咒语：16%。

占卜师或通灵师：15%。

对于像我这样喜欢谈论人类进步的人来说，令人不安的是，这些信仰在过去几十年里几乎没有减弱的迹象，而且年轻一代也跟他们的长辈一样对此深信不疑，特别是在占星术方面，他们更容易轻信。[8]

同样流行的还有科学史家迈克尔·舍默称之为"奇异的信念"（weird beliefs）的各种谣言。[9]对于否认犹太人大屠杀、肯尼迪暗杀阴谋以及"9·11"事件阴谋（双子塔的倒塌是有控制的拆除，目的是证明美国入侵伊拉克是正当的）等阴谋论，许多人是信以为真的。各种各样的先知、邪教和意识形态，都让他们的追随者相信世界末日即将来临。他们关于世界末日到来的时间意见不一，每当惊讶地发现自己又活过了预测中的世界末日时，他们很快就会把自己的预测时间推迟。1/4至1/3的美国人相信地球曾被外星人造访过，这些外星人要么是当代人，他们屠杀牲畜、让妇女受孕以生出外星人和人类的混血儿；要么是古代人，建造了金字塔和复活节岛的雕像。

我们该如何解释这种胡说八道大流行呢？就像《花生漫画》（*Peanuts*）中的查理·布朗一样，人们会因此而笑得肚子疼，尤其是当露西差不多代表了我们中的大多数时（见图 10-1）。

图 10-1　《花生漫画》中的查理·布朗与露西

资料来源：*PEANUTS* © 1955 Peanuts Worldwide LLC. Dist. By ANDREWS MCMEEL SYNDICATION. Reprinted with permission. All rights reserved。

我们先把三种流行的解释罗列在这里，不是因为它们错了，而是因为它们缺少深度，难以令人满意。我得承认，第一种解释就是我们在前几章中讨论过的各种逻辑谬误和统计谬误。可以肯定的是，许多迷信源于对巧合的过度解读：没有根据证据对先验概率做出调整，对奇闻轶事做过度概括，把相关关系当成因果关系。一个最典型的例子是，人们误认为疫苗会导致孤独症，因为根据观察，孤独症的症状恰巧出现在儿童第一次接种疫苗的年龄。所有这些，都说明我们没有应用批判性思维，没有坚持相信证据的基础训练，因此可以说，我们一开始就错了。然而认知心理学实验室的研究成果无法预测会有匿名者 Q 这样一个组织出现，它的追随者也不太可能被逻辑或概率论教程所说服。

第二种可能的解释是，今天的非理性要归咎于这一切的替罪羊——社交媒体。阴谋论、病毒式谎言可能和语言一样古老。[10] 怎么理解宗教经文中的奇迹呢？它们是关于超自然现象的假新闻吗？几个世纪以来，犹太人一直被指控密谋向水井里投毒、用基督教儿童向神灵献祭、控制世界经济。在历史上的许多时候，也流传着其他种族、少数民族和行会以暴利为目标的各种阴谋论。[11] 政治学家乔瑟夫·乌希钦斯基（Joseph Uscinski）和约瑟夫·帕伦特（Joseph Parent）通过美国主要报纸的"读者来信"追踪了阴谋论在 1890 年至 2010 年间的受欢迎程度，发现这段时间并没有什么变化，而且在接下来的 10 年里，这个数字也没有上升。[12] 至于假新闻，当它们在 Twitter 和 Facebook 上传播之前，发生在朋友的朋友身上的古怪故事，要么作为都市奇谈（嬉皮士保姆[①]、肯德基油炸老鼠、万圣节虐待狂）在传播，要么登上超市小报的封面（婴儿天生会说话并描述天堂的情况；迪克·切

---

① 都市传说，据说会有保姆残忍地杀害婴儿。——编者注

尼[1]是个机器人；外科医生把小男孩的头移植给他妹妹)。[13] 社交媒体或许确实在加速它们的传播，但对华丽幻想的渴望深藏于人性深处：创作这些故事的是人，而不是算法，被这些故事吸引的也是人。尽管假新闻制造了恐慌，但它的政治影响很小：它只是煽动了一小撮铁杆拥护者，而不是动摇了一大批中立选民。[14]

第三种可能的解释是，把一种非理性归因于另一种非理性。说人们接受一些错误信念是因为这能让他们获得舒适或帮助他们理解世界，这从来都不是一个好的解释，因为这只会带来另外一个问题：为什么人们应该从那些不可能对他们有任何好处的信念中获得舒适和宽慰。现实是一种强大的选择压力，通过相信"狮子是乌龟"或者"吃沙子能滋养身体"来安慰自己的原始人，一定会败给基于现实来思考的对手。

我们也不能把人类无可救药的非理性说得一无是处。正如我们的狩猎采集者祖先在无情的生态系统中靠自己的智慧生存一样，今天的阴谋论者和奇迹论者也在他们自己的世界中通过了苛刻的考验：他们保住了工作，养育了孩子，有栖身之所，冰箱里有食物。因此，针对特朗普有认知缺陷的说法，他的支持者最喜欢的一种反击是："如果他这么蠢，又是怎么当上总统的？"除非你认为科学家和哲学家高人一等，否则你就必须承认，我们这个物种的大多数成员都有能力发现和接受理性原则。为了理解普遍存在的错觉和大众癫狂，我们必须对自己的认知能力进行检验，它们在某些环境下或服务于某些目的时非常奏效，但在大规模应用于新环境或服务于其他目的时就会出错。

---

① 第 46 任美国副总统。——编者注

动机性推理

　　理性是公正的，它有自己的方向和力量，对任何地方的任何人都是一样的。因此，理性可能是一种令人厌烦的东西，一种阻碍或者一种冒犯。在丽贝卡·戈尔茨坦的《上帝存在的 36 个证明：一部虚构作品》(*36 Arguments for the Existence of God: A Work of Fiction*)中，一位杰出的文学学者跟一个研究生解释了他为什么痛恨演绎思维:[15]

> 　　对富有想象力的天才来说，这是一种折磨，纯粹的极权主义思想和一个步调一致的队列会不可避免地导致一个坚定不移的结论。欧几里得的证明最能让我想起的，是军队在最高独裁者面前迈着正步。我一直很高兴自己拒绝遵循任何数学解释的任何一个证明。为什么这些严谨的科学要对我有所要求呢？或者正如陀思妥耶夫斯基在《地下人》(*Underground Man*)中所言:"我的上帝啊，如果我由于某种原因并不喜欢'二二得四'这样的法则，那这些自然法则和算术跟我又有什么关系呢？"陀思妥耶夫斯基摒弃了霸权逻辑，我也会这样做。

　　人们不愿意坐上推理的火车，一个显而易见的原因是他们不喜欢火车带他们去的地方。最终的结论可能不符合他们的利益，比如钱财、权力或声望的分配，尽管客观公正，却是让别人获利。正如美国作家辛克莱·刘易斯(Sinclair Lewis)所说的那样:"很难让一个人理解某件事，如果他要靠不理解这件事领取薪水的话。"

　　为了防止推出一个你不想要的结论，一个屡试不爽的方法是"用蛮力让推理者的思维火车脱轨"。当然，也有一些不那么鲁莽的办法，比如可以利用任何问题都无法回避的不确定性环境，并通过诡辩、编造谎言和其他说服技巧将论证引向有利的方向。例如，一对正在寻找公寓的夫妇，可能会强调为什么恰好离某一人工作的地方更近的公寓客观上对他们两都更好，比如从面积或价格方面解释。这在日常争论中很常见。

利用各种说辞来推动论证，以得出一个希望得到的结论，这就是动机性推理（motivated reasoning）。[16] 动机可能是最后得出一个一致的结论，但也可能是炫耀辩论者的智慧、知识或美德。我们都知道酒吧里的吹牛大王、辩论冠军、精明的律师、说教男、"知识界拳击手"，他们都在努力证明自己是对的，并不在意事实如何。[17]

认知缺陷列表中的很多偏差都是动机性推理的不同表现形式。我们在第 1 章讨论了确认偏差，比如在选择任务中，当人们被要求翻开测试"如果 P，那么 Q"规则的卡片时，他们选择了翻开 P 卡片，这可以证实它，但没有选择非 Q 卡片，这却可以证伪它。[18] 事实证明，当他们希望规则是错误的时候，他们更能按逻辑行事。当规则说，如果某个人拥有某种情绪特征，那么，这个人有早逝的危险。通过锁定拥有这种情绪特征的人和活到高寿的人，他们正确地证伪了这个规则，同时让这类人心安下来。[19]

我们还有选择性接受信息的动机。在"偏差同化"（biased assimilation），也称"选择性暴露"（selective exposure）中，人们会寻找能证实他们信念的论证，屏蔽那些可能会推翻他们信念的论证。[20] 我们当中有谁会不喜欢读政治立场跟自己一致的社论，而宁愿被另一政治立场的人所激怒呢？对于不得不面对的论证，我们的自我保护机制继续发挥作用。在有偏差的评价中，我们会想方设法为支持自己立场的论证点赞，对反驳我们立场的论证，就要鸡蛋里挑骨头。还有我们在第3章提到的经典非形式谬误：诉诸人身谬误、诉诸权威谬误、从众谬误、起源谬误、情感谬误、稻草人谬误等。我们甚至对自己的认知偏差抱有认知偏差。心理学家埃米莉·普罗宁（Emily Pronin）发现，就像在一个所有孩子的优秀程度都高于平均水平的神话小镇里一样，绝大多数美国人认为自己比普通美国人更不容易受到认知偏差的影响，而且几乎没有人认为自己相比而言更有认知偏差。[21]

　　我们有太多的推理似乎都是为了在论证中获胜，因此雨果·梅西耶和丹·斯珀伯等认知科学家认为，这是推理的适应功能。[22]在进化的时候，我们像"直觉的律师"而不像"直觉的科学家"。虽然人们经常试图用蹩脚的论证来证明自己的观点，但却能立马发现别人论证中的谬误。好消息是，如果能把这一点利用好的话，集体就会比个人更理性。坊间流传着一个笑话，说一个群体的智商等于这个群体所有成员中的最低智商除以这个群体的规模，实际上这种说法是完全错误的。[23]当人们在有正确的化学反应的小团体里面评判一个观点时，也就是说，当他们并非在所有问题上都意见一致而且在寻找真相方面有共同利益时，他们会发现彼此的谬误和盲点，这时，真相通常会胜出。例如，若按个体分配沃森选择任务，只有1/10的人选择了正确的卡片，但若按组分配沃森选择任务，差不多7/10的人都选对了。只需有一个人得出正确答案，然后这个人再去说服其他人就行了。

我方偏差

人们想要达到自己的目的，或者像无所不知的人一样行事，只是公众非理性的部分原因。通过循证政策（evidence-based policy），我们可以进一步理解非理性的起源。枪支管制措施是减少犯罪（因为能获得枪支的罪犯更少）还是增加犯罪（因为遵纪守法的公民不再能保护自己）?

图 10-2 展示的是一组虚构的研究数据，这项研究将所有城市分为两组，一组禁止私藏枪支（第一行），另一组不禁止（第二行）。[24] 左列展示的是犯罪率下降的城市数量，右列展示的是犯罪率上升的城市数量。根据这些数据，你是否认为枪支管制能有效地减少犯罪呢？

是否枪支管制	犯罪率下降的城市数量（个）	犯罪率上升的城市数量（个）
是	223	75
否	107	21

图 10-2　枪支管制与犯罪率的关系

事实上，这些假想的数据表明枪支管制提高了犯罪率。这很容易出错，因为大量实行枪支管制的城市犯罪率下降了，223 这个数字会突然出现在你的脑海中。但这可能只是意味着整个国家的犯罪人数下降了（不管枪支管控与否），而作为一个政治潮流，更多的城市尝试了枪支管制。我们需要算一下比例。在枪支管制城市，犯罪率下降的城市与犯罪率上升的城市的比例约为 3∶1（223∶75）；在没有实行枪支管制的城市，这一比例约为 5∶1（107∶21）。总的来说，数据显示：没有实行枪支管制的城市好于实行了枪支管制的城市。

　　这跟第 1 章讨论的认知反射测试有几分相似，得到答案需要一点计算能力，也就是抛开第一印象而做数学计算的能力。那些不擅长计算的人往往会被大数字所蒙蔽，并得出枪支管制有效的结论。但是，这个由法律学者丹·卡汉和他的合作者设计的图表的真正意义在于，弄明白在善于计算的受访者身上发生了什么。善于计算的美国共和党人往往会得到正确的答案，而善于计算的美国民主党人往往会得到错误的答案。原因是，民主党人一开始就相信枪支管制是有效的，而且很快就接受了显示他们一直都是正确的数据。共和党人不能接受这种观点，并以锐利的目光仔细审视数据，加以计算，他们就会发现真正的模式。

　　共和党人可能会把他们的成功归因于自己比软心肠的民主党人更客观，但当研究人员更换了条件，只是简单地把列的标签做了调换，使下意识的错误答案跟共和党人的观点一致，这样数据就表明枪支管制是有效的：它遏制了 5 倍的犯罪增长，将其控制在仅仅 3 倍的水平上。这一次，善于计算的共和党人成了糊涂虫，而民主党人的表现却与爱因斯坦有几分相像。在控制条件下，研究团队选择了一个民主党人不关注、共和党人也不关注的问题：护肤霜是否能有效治疗皮疹。由于关于这一问题两党之间不存在纷争，善于计算的共和党人和善于计算的民主党人表现一致。心理学家彼得·迪托（Peter Ditto）和他的同事对 50 项研究进行的元分析证实了这一模式。众多的研究表明：自由派和保守派接受还是拒绝某个科学结论，取决于该结论是否支持他们的主张；他们支持还是反对一项政策，取决于该政策是由民主党还是共和党提出的。[25]

　　出于政治动机的计算和其他形式的存在偏差的评价表明，人们会按照自己的想法推理出结论，即使这个结论对他们没有任何个人好处。只要结论能增强他们所在的政治、宗教、种族或文化群体的正确性或高贵性，这就足够了。很显然，称之为"我方偏差"很恰当。我方偏差会强行利用各类推理，甚至也包括逻辑学。[26] 我们可以回想一下，三段论的有效性取决于它的形式，而不是它的内容，是人把知识带进来并判断一个论证是有效的，只要他们知道最后的结论是正确的或是自己想要的。同样的事情也会发生在不同政党的政治主张上：

> 如果高考录取是公平的，那么平权法案就没有必要了。
> 高考录取是不公平的。因此，平权法案是必要的。
>
> 如果较轻的惩罚能阻止人们犯罪，那么死刑就应该被废除。
> 较轻的惩罚并不能阻止人们犯罪。因此，死刑不应该被废除。

当人们核查这些论证的逻辑时，发现这两个论证都犯了否定前件的形式谬误，自由派错误地认可了第一个论证而正确地拒绝了第二个论证，保守派则恰恰相反。[27]

在电影《鸭羹》（*Duck Soup*）中，电影演员奇科·马克斯（Chico Marx）有句名言："你相信谁？我还是你自己的眼睛？"当人们被我方偏差所左右时，答案可能不是自己的眼睛。一项经典研究表明，球迷总是看到对方球队有更多的犯规行为。卡汉和他的合作者展示了一段人们在一栋建筑前抗议的视频。[28] 如果贴出的标签是在诊所前抗议堕胎，保守派看到的是和平示威，而自由派看到的是抗议者堵住入口并恐吓进入者。

有本杂志以《有史以来关于大脑最令人沮丧的发现》为标题报道了枪

支管制研究。当然，我们有理由感到沮丧。一个原因是，那些反对科学共识的观点，比如神创论和对人为气候变化的否认，可能不是数学盲或科学盲所独有的。卡汉发现，大多数相信和不相信气候变化的人都对科学事实一无所知，例如，许多相信气候变化的人认为，气候变化与有毒废物倾倒和臭氧层空洞有关。决定他们信念的是他们的政治派别：离他们的主张越远，就越要否认。[29]

另一个令人沮丧的原因是，尽管所有人都在谈论可复制性危机，但我方偏差太容易被复制了。心理学家基思·斯坦诺维奇在《导致我们分裂的偏差》（*The Bias That Divides Us*）一书中指出，这种偏差的存在具有普遍性，不分种族、性别、认知风格、教育水平和智商高低，即便是在那些聪明到不会被基础比率忽视和赌徒谬误等认知偏差所蒙蔽的人身上，也能见到我方偏差的身影。[30]

我方偏差不是人格特质的全部，而是连接推理者身份的触发器或敏感按钮。斯坦诺维奇把它跟我们的政治运动关联起来。他认为，我们并非生活在"后真相"社会。实际上，我们正生活在一个以自我为中心的社会。人们被划分为左翼和右翼两派，双方都相信真理，但关于真理是什么，双方的观念却大相径庭。这种偏差深深地影响了我们的思考。在呼吸道疾病流行期间，口罩彷佛成了政治象征，实际上这只不过是政治极化的最新表现。

我们早就知道，人类热衷于将自己划分为相互竞争的群体，但我们不清楚的是，为什么现在是左右分裂正在把双方的理性推向不同的方向，而不是通常的宗教、种族和阶级断层线（fault line）。左右轴线与道德和意识形态的几个维度是相一致的：层级主义者与平等主义者、自由至上主义者与社群主义者、王权和教权与启蒙、部落主义者与世界主义者、悲剧观点与乌托邦观点、荣誉文化与尊严文化、约束性道德与个性化道德。[31] 最近，各方在移民和贸易等问题上的立场摇摆不定，表明政治派别已经变成了社会文化部落，而不是内部一致的不同意识形态。

一组社会科学家得出结论，双方不同于由血缘关系维系在一起的部落，而更像由他们的道德优越感和对对立派别的蔑视维系在一起的派别。[32] 人们通常把美国政治宗派主义的兴起（和其他事情一样）归咎于社交媒体，但它的根源更深。其中包括：广播媒体的分化和极化，偏袒性的谈话节目和有线新闻取代了全国性的广播网络；不公正的选区划分和其他政治代表制的地域扭曲，促使政客们去迎合小集团而不是联合政府；政客和智库对意识形态坚定的捐赠者的依赖；受过良好教育的自由职业者自愿隔离为"城市飞地"；教堂、服务俱乐部和志愿者团体等跨阶层公民社会组织的衰落。[33]

我方偏差是否有可能是理性的呢？一个贝叶斯式的论证认为，我们应该在自己总体的先验信念的基础上来考量新证据，而不是全盘接受每一个新研究的表面价值。如果自由主义已被证明是正确的，那么一项似乎支持保守立场的研究不应被允许推翻一个人的信仰。不出所料，这是一些自由主义学者对迪托的元分析的反应，该分析表明政治偏见是两党都有的。[34] 没有什么能保证，在任何历史时刻，左翼和右翼所喜欢的立场将会与真理对半一致。虽然双方都通过自己的信念来解释现实，但信念受正当理由支持的一方才会理性行事。他们接着说，也许有充分证据证明的左翼的倾向性不是一种非理性的偏差，而是对自己的贝叶斯先验概率的精确校准，即左翼总是正确的。

保守派的回应可以引用哈姆雷特的话来说："不要自己安慰自己。"[35]虽然左翼立场比右翼立场更容易被证明是正确的，但如果缺乏公正的基准，双方都没有资格这么说。当然，历史上不乏双方都犯错的例子，有些例子还广受关注。[36]斯坦诺维奇指出，用贝叶斯先验概率来证明动机性推理的问题在于，先验概率通常反映的是推理者希望什么是正确的，而不是一个人有理由相信什么是正确的。

我方偏差属于一种另类的、更为反常的理性，它来自博弈论而不是贝叶斯定理。卡汉称其为"表达性理性"（expressive rationality）：一种以被同龄人重视为目标的推理，不追求对世界的准确理解。人们表达自己的观点是为了表明内心。就表达者在社会环境中的命运而言，炫耀这些象征忠诚的东西就绝不能说是非理性的。在主场发表异端言论，比如在美国民主党社交圈内反对枪支管制，或在共和党社交圈内宣扬枪支管制，都可能让你成为叛徒、内奸、"不懂事儿"的人，并让你因受到谴责而走向"社会性死亡"（social death）。事实上，最好的散播身份信号（identity-signaling）的信念往往也是最古怪的。任何酒肉朋友都可以一起说地球是圆的，但只有真正的亲兄弟才会一起说地球是平的，即便这样会招致外人的嘲笑也罢。[37]

不幸的是，对于寻求被小圈子接受的个人来说是理性的事物，对于寻求更好地理解世界的所有人来说，就未必是理性的了。问题在于，我们陷入了"理性公地悲剧"。[38]

两种信念：现实与神话

在《花生漫画》里，露西被埋在雪里面，但她坚持认为雪是从地面升起来的，这一幽默场景揭示了对人类非理性所做的任何解释都是有局限性的，因为这种非理性引用了动机性推理中的隐秘动机。不管一个错误信念如何夸大信众的精神力量或其对所属群体的忠诚，它仍然是错误的，应该受到严峻事实的惩罚。正如小说家菲利普·K. 迪克（Philip K. Dick）所说的那样：现实，即使你拒绝它的存在，也不会凭空消失。为什么现实并不阻止人们相信荒谬的事物，甚至还褒奖那些坚信和传播它们的人呢？

答案是，这取决于你所说的"相信"是什么意思。梅西耶指出，持有奇怪信念的人往往没有按自己信念行动的勇气。[39] 尽管成千上万的人都相信这个谣言：希拉里·克林顿在位于华盛顿彗星乒乓比萨店的地下室从事儿童性交易活动。但是，好像没有人做出应对这种恶行的相应举动，比如报警。不过，有个人做出了正直的反应，他在谷歌上给这家比萨店留下了一星的评论："比萨做得太生了。在酒吧区，一些可疑的、穿着职业服装的男人，看起来像常客一样，一直盯着我的儿子和那里的其他孩子。"如果我们真的认为孩子们在地下室被性侵，大多数人的反应肯定不会是这样的。不管怎么说，还有埃德加·韦尔奇（Edgar Welch）这样冲进比萨店的美国平民认真对待自己的信仰：他持着枪，英勇地试图救出孩子。成千上万的其他人，一定是在各不相同的"相信"意义上相信了这个谣言。

梅西耶还指出，阴谋论的激进信徒，比如"9·11"事件阴谋论者以及化学凝结尾理论家①不但发表宣言，还公开举行集会。他们相信，全能的政府会精心密谋，来镇压像他们这样勇敢讲真话的人。梅西耶引用了斯珀伯所做的区分，指出：阴谋论和其他怪异信念是反思式的，是有意识思考和理论化的结果，而不是直觉式的、预感到的信念。40 这是一个巨大区别，尽管我所做的区分与此略有不同。我的方法更接近社会心理学家罗伯特·埃布尔森（Robert Abelson）和喜剧演员乔治·卡林对遥远信念和可验证信念所做的对比。41

人们把世界划分成两个区域。一个区域的构成要素包括：人们身边的物理对象、跟自己面对面打交道的人、互动的记忆，以及约束生活的规则和规范。人们对这个区域有准确的认识，并且在这个区域内进行理性的思考。在这个区域内，他们相信存在一个真实的世界，并且相信关于这个世界的信念是对的或是错的。他们别无选择：只有这样才能保证车里的油、银行里的钱、孩子们的衣食无忧。这就叫"现实思维模式"（reality mindset）。

另一个区域是超越直接体验的世界：遥远的过去、不可知的未来、遥远的人和地方、遥远的权力走廊，以及微观的、宇宙的、反事实的、形而上学的事物等。人们可能会对这些领域发生了什么持有某种观点，但没有办法查明真相，无论如何，这对他们的生活没有多大影响。在这些领域里，信念就是叙事，可以是娱乐的、鼓舞人心的或具有道德教益的。追问信念到底是"对"还是"错"，这不是一个好问题。这些信念的作用是构建一

---

① chemtrail theorist，他们认为喷气式飞机留下的水蒸气凝结尾，是向民众喷洒的有毒化学物质，是政府的一个秘密项目。——编者注

种社会现实，将部落或教派团结起来，并赋予其道德目的。这就叫"神话思维模式"（mythology mindset）。

伯特兰·罗素有句名言："如果一个陈述没有任何理由说明它是真实的，那么就很难让人心甘情愿地相信它。"理解非理性普遍存在的关键，是要认识到罗素的说法不是一个不言自明的真理，而是一个革命性宣言。在人类历史和史前史的大部分时间里，都没有任何理由假设关于遥远世界的陈述是真实的，但关于世界的信念可能会赋予人们力量或鼓舞人心，这足以使它们令人渴望。

罗素的格言，只有科学、历史和新闻等方面领先的社会才有资格恪守，而且，还要有探寻真理的基础设施，包括档案记录、数字信息库和高科技仪器以及编辑、事实核查和同行评议群体。我们这些启蒙运动的后代信奉普遍现实主义的激进信条，我们认为自己的所有信念都应该符合现实思维模式。我们关心的是：创世故事是对是错？我们关于无法看见的营养素、细菌和力的理论是对是错？我们对敌人的怀疑是对是错？这是因为，我们有工具来得到这些问题的答案，或者至少给它们分配一个有保证的信任程度。我们生活在一个技术专家治国的国度，从理论上说，应该用实践来检验这些信念。

尽管这个信条令人向往，但人类的天然信念并不是这样的。我们幻想用现实思维模式征服信念宇宙并把神话思维模式推到一角，因此，我们是怪异的人，或者就像进化社会学家喜欢说的那样，我们是"怪异的"（WEIRD）：西方的（western）、受过教育的（educated）、工业化的（industrialized）、富有的（rich）和民主的（democratic）。[42] 至少，我们当中受过高等教育的人在他们状态最好的时候是这样的。人类心智适应于通过神话思维模式来理解遥远的世界，这并不是因为我们是更新世狩猎采集者的后代，而是因为我们是那些没有或可能没有认同普遍现实主义的启蒙理想的人类的后代。把自己所有的信念交由理性和证据裁定是一种非自然的技能，就像读写和计算技能一样，必须通过灌输和培养来获得。

尽管现实思维模式在与神话思维模式的争斗中脱颖而出，但神话思维模式仍在主流信念中占有一席之地。

最明显的一个例子就是宗教。超过 20 亿人相信，如果一个人不接受耶稣为自己的救世主，那么他将被打入地狱并永远受折磨。幸运的是，他们并没有采取合乎逻辑的下一步，以对他人有好处为名强制他人皈依基督教，或者折磨那些可能引诱他人下地狱的异教徒。而且，尽管许多人声称相信有来世，但他们似乎并不急于离开这尘世去天堂寻求永恒的幸福。

值得庆幸的是，西方宗教信仰安全地停驻在神话区域，在那里许多人都在维护它的无上权威。在 21 世纪的第一个 10 年，"新无神论者"萨姆·哈里斯（Sam Harris）[1]、丹尼尔·丹尼特、克里斯托弗·希钦斯（Christopher Hitchens）和理查德·道金斯（Richard Dawkins）[2]，不仅成为福音传道者

---

[1] 美国著名作家、哲学家、神经科学家和无神论者，其著作《"活在当下"指南》探寻了关乎个体存在之根本的三大问题：意识是什么？自我为何物？人生应以什么为追求？并以此一步步瓦解常识性认知，实现心智提升，收获自在的人生。该书中文简体字版已于 2021 年由湛庐引进、中国纺织出版社出版。——编者注

[2] 英国著名进化生物学家，牛津大学教授，英国皇家科学院院士，有"达尔文的斗犬"之称。道金斯在其著作《基因之河》中将生命的进化过程比作一条基因之河，在时间长河中，基因相互碰撞和重组，不断分叉，不断消亡。该书中文简体字版已于 2019 年由湛庐引进、浙江人民出版社出版。——编者注

的攻击目标，也成为主流知识分子的攻击目标。这些信仰主义者（生物学家杰里·科因这样称呼他们）或信念的信仰者（丹尼特的术语）并不跟你辩论上帝是否真的存在。[43] 他们含蓄地说，把"上帝的存在"看作真的或假的是不妥当的、不礼貌的，也是不应该的。信仰上帝是超出可验证的现实领域的一种观念。

第二个例子是民族神话。很多国家都把建国叙事奉为集体意识的一部分。这些叙事，以前是关于英雄和神的史诗，如《伊利亚特》《埃涅阿斯纪》《亚瑟王传奇》以及瓦格纳的歌剧；近年来，则是关于独立战争或反殖民斗争的。共同的主题包括由语言、文化和家园定义的这个国家的远古精华，沉睡与觉醒，受欺负和受压迫的漫长历史和一代超人般的解放者和奠基者。

第三个例子是历史小说和虚构的历史。指出亨利五世并没有在圣克里斯平日发表那些莎士比亚归之于他的激动人心的讲话①，似乎有些迂腐。然而，这部戏剧声称是对真实事件的描述，而不是剧作家基于想象虚构出来的，否则的话，我们也不会那样喜欢它。虚构的更为近期的战争与斗争史也是如此，这些历史实际上在不久前还被认定为假新闻。当事件发生在不久之前，或者小说重写了重要事实时，历史学家就会发出警告，就像美国著名导演奥利弗·斯通（Oliver Stone）在 1991 年的电影《刺杀肯尼迪》（*JFK: The Story That Won't Go Away*）中把暗杀阴谋论演绎得活灵活现时一样。2020 年，专栏作家西蒙·詹金斯（Simon Jenkins）反对电视剧《王冠》（*The Crown*）的做法，在这部描写伊丽莎白女王及其家族历史的电视剧中，

---

① 出自莎士比亚的历史戏剧《亨利五世》。——编者注

很多事件的描写都是随心所欲的："当你今晚打开电视时，想象一下，看到的是出于表演目的的新闻而不是播报的新闻……随后，BBC 播放了一份声明，称所有这些都'基于真实事件'，希望我们能喜欢。"[44] 然而詹金斯的发声如同在旷野中呼喊。大多数评论家和观众对这些豪华的、不符合史实的电视制作没有提出什么反对意见，奈飞也拒绝发布关于一些场景是虚构的警告，尽管他们发布了关于暴食症的触发警告（trigger warning）。[45]

现实世界和神话世界的界限会随着时代和文化的不同而不同。自启蒙运动以来，现代西方的潮流已开始侵蚀神话地带，这是一个历史性的转变，社会学家马克斯·韦伯（Max Weber）称其为"世界的祛魅"（the disenchantment of the world）。但是，二者的边界上总会有些小冲突。特朗普后真相时代的谎言和阴谋论，可以被视作一种将政治话语置于神话之地而非现实之地的企图。就像传说、经文和戏剧的情节一样，政治话语也是戏剧的一种：它们能否被证明是正确的，这无关紧要。

伪经心理学

一旦认识到，人类可以持有自己并不认为是真实的信念，我们就能理解理性悖论是怎么一回事儿了：理性动物怎么能接受如此多的胡说八道。阴谋论者、假新闻传播者和伪科学的追捧者，并不总是用"神话思维模式"去理解自己的神话。有时候，他们的信念会越过边界进入现实地带，从而导致悲剧的发生，比如比萨门事件、反疫苗运动和对天堂之门的狂热崇拜（为了使自己的灵魂被跟随黑尔－波普彗星的宇宙飞船带走，39 名信徒在 1997 年自杀）。不过，一旦人性中的倾向与神话不顾事实的"真实性"结合在一起，怪异的信念就很容易被接受了。我们下面介绍三种倾向。

伪科学、超自然现象和江湖医术占据了我们最深层的认知直觉。[46]
第一，我们是直觉二元论者（intuitive dualist），**感觉到心智可以脱离身体**
而存在。[47] 这种想法是天生就有的，而不仅仅是因为我们看不到隐藏在自
己和他人的信念和欲望之下的神经网络。我们的许多经历，包括梦、催眠
状态、出窍体验和濒死体验，都实实在在表明心智并没有被束缚在身体中。
人们不难得出这样的结论：心灵可以与现实交流，也可以在不需要物理媒
介的情况下彼此交流。因此我们有了心灵感应、遥视、灵魂、鬼魂、转世
以及来自来世的信息。

第二，我们也是直觉本质主义者（intuitive essentialist），**感觉到生**
物包含无形的实体，这种实体赋予它们形式和力量。[48] 这种直觉激励人们
去探索生物本身，寻找它们的种子、药性和毒性。但这种心态也让人们
相信顺势疗法、泻药疗法和放血疗法等，以及拒绝注射疫苗和食用转基
因食品。

第三，我们还是直觉的目的论者（intuitive teleologist）。**正如我们的**
计划和手工艺品是有目的设计的一样，我们也倾向于认为，生命世界和无
生命世界的复杂性也是某种设计的产物。[49] 因此，我们接受神创论、占星
术、共时性以及神秘主义信仰（任何事物的发生都是有原因的）。科学教
育应该抑制这些原始直觉，但由于几个原因，教育的影响是有限的。一个
原因是，对于一种宗教或文化派别来说，那些神圣的信仰，比如神创论、
灵魂和神圣目的，是不容易放弃的，它们会在神话地带得到保护。另一个
原因是，即使是受过高等教育的人，对科学的理解也很浅薄。很少有人能

解释为什么天空是蓝色的，为什么季节会变换，更不用说群体遗传学或病毒免疫学了。相反，受过教育的人相信以大学为基础的科研机构：它的共识对他们来说已经足够好了。[50]

不幸的是，对许多人来说，正统的科学与边缘的伪科学之间的界限是模糊的。在生活中，大多数人接触到的离科学最近的人是自己的医生，但多数医生并不是随机临床试验专家，而是民间治疗师。实际上，出现在一些脱口秀上的名医基本都是江湖骗子，他们热衷于兜售新的谎言。主流电视纪录片和新闻节目可能也会模糊这一界限，轻信并夸大一些边缘观点，如相信存在古代宇航员和打击犯罪的通灵者。[51]

因此，真正的科学传播者必须承担部分责任，因为他们未能让人们对科学有深刻的理解，否则人们很快就能把伪科学识别出来。在学校和博物馆里，科学经常被当作另一种形式的神秘魔法来展示，里面有奇异的生物和五颜六色的化学物质，还有令人瞠目的错觉。很多基本原理从来就没有被阐释清楚，比如：宇宙没有与人类的关切相联系的目标，所有的物理互动都由不多的几种力控制，生命体是复杂的分子机器，心智是大脑的信息处理活动，等等。也许是因为这些基本原理会冒犯宗教和道德情感。我们不应该对此感到惊讶：人们从科学教育中所获得的是一个大杂烩，既有重力、电磁理论，也有超能力、气、业和水晶疗法。

要理解像都市传说、小报头条和假新闻这样的病毒式谎言，我们必须记住，它们非常有趣。性、暴力、复仇、惊险、名誉、魔法和禁忌等都是它们的主题，这些主题总能激起艺术赞助人的兴趣，不管艺术水平如何。像"涉嫌参与希拉里邮件泄露案的 FBI 特工被发现死于明显的谋杀或自杀"这样一个假新闻标题，就是一个很好的悬疑惊悚片情节。最近对假新闻内容所做的定量分析得出的结论是："让都市传说、小说乃至任何叙事具有文化吸引力的特征，也同样适用于网络虚假信息。"[52]

通常，喜剧会融合娱乐因素，变成闹剧、讽刺剧和滑稽戏：停尸房的员工在小睡时被错误火化；特朗普通过禁止上学来彻底解决校园枪击问题；大脚怪①把伐木工人当爱奴。"匿名者Q"属于另一种娱乐类型：多平台的另类现实游戏。[53]追随者分析Q（假定的政府告密者）周期性抛出的神秘线索，将自己的假设众包给不特定人群，并通过分享自己的发现而在网络上广为人知。

人们寻求各种各样的娱乐，这并不奇怪。让我们震惊的是，每一部艺术作品都提出了一个"事实性主张"（factual claim）。然而，对于这种事实与虚构的模糊处理，人类的反应往往并不是厌恶，特别是当涉及那些远离直接体验的地带时，比如遥远的地方以及富人和权贵的生活。当人们觉得宗教和民族神话能让自己的道德升华时，宗教和民族神话就会成为他们的主流信仰。同样，当假新闻的传播者认为更高的价值面临挑战时，假新闻会像病毒一样传播开来，这样就可以加强自己所在群体的团结，提醒同党不能对另一个群体动心思。有时，道德甚至不是一种连贯的政治策略，而是一种优越感：与之竞争的社会阶层和权势机构是颓废和腐败的。

阴谋论之所以盛行，是因为人们总是容易受到真正阴谋的伤害。[54]觅食的人再怎么小心也不为过。部族间最致命的战争形式不是阵地战，而是暗中埋伏和黎明前的突袭。[55]人类学家拿破仑·夏侬（Napoleon Chagnon）

① 传说中生活在美洲西北部太平洋沿岸森林中的野人。——编者注

曾讲述，亚马孙雨林的亚诺玛米人（Yanomamö）有 nomohori 这个词，意思是"卑鄙的诡计"，用来形容背叛行为，比如邀请邻居前来赴宴，然后趁机杀了他们。敌对联盟的阴谋不同于捕食者和闪电等其他危害，因为他们想出各种方法渗透进对方的堡垒，并掩盖自己的踪迹。防范这种隐秘伎俩的唯一办法是先发制人、棋高一着，这可能导致错综复杂的一连串猜测，不把表面上显而易见的事实认作真正的事实。用信号检测的术语来说，就是漏报一个真正阴谋的代价要高于误报一个可疑阴谋的代价。这就要求我们把自己的偏好设定为喜欢扣动扳机，而不是害怕开枪，使我们总是试图获得可能阴谋的风声，即便没有什么确凿证据。[56]

即使在今天，大大小小的阴谋依然存在。一群员工可能会密谋建议解雇一位人缘不太好的同事；政府或叛乱分子可能计划秘密政变、入侵或破坏。就像都市传说和假新闻一样，阴谋论会以谣言的形式出现，而谣言是很好的谈资。研究表明，谣言往往事关威胁和危险，而且是传播者炫技的好机会。也许，最令人意想不到的是，当谣言在能从中获得好处的人群，比如在工作场所中流传时，谣言往往是正确的。[57]

因此，在日常生活中，要鼓励一些人充当哨兵，警告人们存在着潜在威胁，或者鼓励人们充当把警告进一步传播下去的传播者。问题是，社交媒体和大众媒体允许谣言在那些与真相无关的人群中传播。这些人传播谣言是为了娱乐，而不是为了自我保护，他们缺乏进一步跟踪的兴趣和手段。出于同样的原因，发起者和传播者不会因为犯错而受到名誉损害。由于缺少真实性检查这一环节，社交媒体上的谣言不同于工作场所的谣言，多数情况下是不正确的。梅西耶告诉我们，阻止可疑消息传播的最好方法是迫使传播者采取行动：报警，而不是留下一星评论。

要理解怪异信念的吸引力，关键做法就是把这些信念放在显微镜下观察。进化不仅作用于身体和大脑，还作用于思想。理查德·道金斯创造了模因这个概念，按他最初的定义，模因不是在互联网上流传的带有文字说明的照片，而是一种经过一轮又一轮的分享之后变得极易分享的思想。[58]人们忍不住哼唱的上口曲调，或者他们觉得必须讲给别人听的故事，就是模因最好的例子。正如生物进化出适应能力以保护自己不被吃掉一样，思想也可以进化出适应能力以保护自己不被批驳。知识生态系统中充满了这些侵入性思想，[59]比如，"上帝以神秘的方式工作""否认是自我的一种防御机制""怀疑性探究抑制了通灵能力""如果你没有谴责这个人是种族主义者，那就表明你是个种族主义者""每个人都是自私的，因为帮助别人的感觉很好"等。当然，还有这个："这个阴谋缺乏证据，说明它是一个非常邪恶的阴谋。"阴谋论就其本质而言，就是适应于被传播的。

重申理性

理解并不等于原谅。我们想知道，为什么人类的推理结论都对他们自身或他们的群体有利呢？人们为什么要对现实（思想或对或错）与神话（思想是娱乐性的或鼓舞人心的）做区分而不承认二者都是好的事物呢？因为它们事实上不是好的事物。当你进行动机性推理、我方偏差推理以及神话推理时，现实不会因此而改变。关于疫苗、公共卫生措施和气候变化的错误信念，威胁着数十亿人的福祉。阴谋论煽动恐怖主义、大屠杀、战争和种族灭绝。对真理标准的侵蚀会破坏民主，并为专制扫清障碍。

尽管人类理性存在种种弱点，但未来的我们也不会只知道在 Twitter

上发假新闻。知识有漫长的发展史，它会向理性倾斜。我们不应该对那么多理性的存在视而不见。如今，在发达国家，很少有人相信狼人、动物祭祀、放血疗法、瘴气、领导权神授，或认为日食和彗星是凶兆，尽管在过去的几个世纪里这些都是主流。在特朗普的几万个谎言中，没有一个涉及神秘或超自然的力量，而大多数美国人也不承认这些力量的存在。[60] 虽然少数科学问题会导致宗教或政治上的流血事件，但大多数不会：有些派别不信任疫苗，但不会不信任抗生素；不相信气候变化，但相信海岸侵蚀。[61] 尽管存在党派偏见，大多数人还是很善于判断新闻标题的真实性，当人们看到对一项虚假陈述做出清晰和值得信赖的纠正时，就会改变主意，不管这在政治上是否合他们的意。[62]

有一种认知风格叫 "积极的开明"（active open-mindedness），它是理性的立足点，尤其是它的构成要素 "对证据开放"（openness to evidence）至关重要。[63] 这就是罗素的信条：信念应该建立在充分的证据之上。这是对动机性推理的否定，承诺将所有信念置于现实之地。约翰·梅纳德·凯恩斯（John Maynard Keynes）说过："当事实发生了变化，我的思想也随之发生了变化。你会怎样，先生？"[64] 心理学家戈登·彭尼库克（Gordon Pennycook）和他的同事们通过让人们填写一份问卷来测量他们的态度，问卷上括号中的答案会拉高开放性得分：[65]

> 人们应该考虑那些与自己的信念相悖的证据。（同意）
> 有些信念太重要了，无论有多好的理由都不能放弃。（不同意）
> 有了新信息或者新证据时，就要对信念进行修改。（同意）
> 没有人能说服我放弃我知道是对的事情。（不同意）
> 我认为对理想和原则的忠诚比 "开明" 更重要。（不同意）

在一份美国互联网用户的样本中，大约 1/5 的受访者说他们对证据持无所谓的态度，但大多数人至少愿意对证据持开放态度。对证据持开放态度的人会抵制怪异的信念。他们不相信阴谋论、巫术、占星术、心灵感应、兆头和尼斯湖水怪，也不相信人格神、神创论、年轻地球创造论①、疫苗与孤独症的关联，以及否认人为导致的气候变化。[66] 他们更信任政府和科学。他们倾向于秉持更自由的政治立场，大体上与整个世界的趋势一致。[67] 不过，实验者提醒说，这与保守主义之间的相关关系是复杂的。

坚持对证据持开放态度，我们就可以进行认知反思（这是三思而行、不被脑筋急转弯谜题欺骗的能力，这类问题我们在第 1 章中碰到过）。另外，坚持对证据开放的态度，我们在第 3～9 章讨论过的认知错觉、偏差和谬误等，就不会发生在我们身上。[68] 基思·斯坦诺维奇把我们每个人的认知好习惯称为"理商"（Rationality Quotient），与智商或 IQ 概念类似，与原智力（raw intelligence）有关，但又不完全是一回事：聪明的人可能保守又冲动，而迟钝的人可能既开放又具有反思能力。勇于反思的人不但可以抵制怪异信念，也更善于识别假新闻，不容易被伪深刻的废话所欺骗，比如："言外之意造就无与伦比的抽象美。"[69]

如果我们能在饮用水中加入一些物质，使每个人都更具开放和反思意识，非理性危机就会消散。如果做不到这一点，我们可以制定一系列政策和规范，它们可能会强化我们自己和文化中的认知免疫系统。[70]

理性规范自身的稳定化，至关重要。今天，我们不能自上而下地把价

---

① 神创论的一种，认为地球和其上的生命仅在不超过一万年前被上帝直接创造。——编者注

值观强加给人们，就像我们不能强制推行文化变革一样，因为，任何文化
变革都取决于成千上万的个人选择，比如文身或俚语。但随着时间的推移，
默许的或不赞成的本能反应会通过社交网络不断扩散，规范就可能会发生
变化，比如种族歧视、乱丢垃圾和讲夫妻笑话的行为在逐渐减少。因此，
理性规范的建立离不开我们每个人的努力：对理性的习惯，我们"点赞"；
对非理性的习惯，我们给"差评"。如果人们能承认自己信念的不确定性，
敢于质疑自己派系的主张，并随着事实的改变而改变自己的想法，而不是
坚定地为自己派系的主张而战，那就好了。相反，过度解读轶事、混淆相
关关系和因果关系，或者犯"连带有罪"和"诉诸权威的论证"等非形式
谬误，都是令人心痛的错误行为。"理性共同体"就是通过这些规范来建
立的，但这些规范应该属于全社会，而不是一群狂热者的业余爱好。[71]

　　尽管驾驭全社会这艘航空母舰很不容易，但一些特别的机构可能会承
受更多的压力，这些压力来自那些精明的领导者和积极分子。立法机构里
的大多数人都是律师，他们的职业目标是追求胜利而不是真理。近期，一
些科学家已经开始渗透到立法机构内部，正在努力尝试在同事间传播通过
循证方法解决问题的价值观。支持者最好不要给政策贴上派别的标签，比
如，一些气候专家对美国政治家阿尔·戈尔（Al Gore）在 21 世纪初期成
为气候变化行动主义的代言人感到失望，因为这样的话，相关的政策就会
被归类为左翼的主张，右翼就会找借口反对它。

　　在政客群体中，美国的两个主要政党都沉溺于强有力的我方偏差，它
们面对的批评却不大相同。即便在特朗普掌权之前，深思熟虑的共和党人
就已经因其反智主义和对科学的敌意而将自己的组织贬称为"愚蠢者的政
党"。[72]自此以后，许多共和党人对其政党默许特朗普疯狂的谎言和网上招

骂行为感到震惊，曾经的战略顾问史蒂夫·班农（Steve Bannon）赞许地说，特朗普的行动计划就是"用胡说八道占领阵地"。[73]随着特朗普的竞选失败，理性的右翼人士应该致力于恢复这样的两党体制：两党在政策上可以有分歧，但不能在事实和真相上有分歧。

对于歪曲信息的"后真相"，我们也有反击的办法。虽然说谎和语言有一样悠久的历史，但防范被骗的历史也同样悠久。正如梅西耶所指出的那样，没有这些防范，语言就不可能进化。[74]社会也不会任由谎言泛滥：无耻的说谎者会受到法律制裁和声誉制裁。但采取这些保护措施的时间还是晚了一些。仅在2021年初的一周时间内就发生了以下这么多事：特朗普阴谋论中提到的多家生产投票机和软件的公司，以诽谤罪起诉了他的法律团队；因违反"不许煽动暴力"政策，特朗普被Twitter禁言；一个在国会抛出"偷来的选举"阴谋论的参议员，丢了一份重要的出书合同；《福布斯》杂志的编辑宣布："商界朋友请注意：如果你雇用任何一个追随特朗普的说谎者，《福布斯》就会认为你们公司所说的一切都是谎言。"[75]

由于没有人能知晓一切而大多数人又几乎一无所知，因此，理性的一个重要组成部分，就是将知识外包给专门从事创造和分享知识的机构，主要包括学术界、公共和私人研究机构以及媒体。[76]这种信任是一种不该被浪费的宝贵资源。尽管几十年来人们对科学的信任一直保持稳定，对大学的信任却在下降。[77]这种不信任的一个主要原因，就是美国大学里令人窒息的左翼单一文化，如果哪位学生或教授敢于质疑关于性别、种族、文化、遗传学、殖民主义、性别认同和性取向等方面的主流说法，他就会受罚。大学因对常识的攻击而沦为笑柄。[78]记者多次问我为什么他们要相信关于气候变化的科学共识，既然这些共识来自不容任何异议的机构。因此，大学要承担起确保科学和学术可信性的重任，倡导观点多样化、自由探索、批判性思维以及积极的开明。[79]

在美国，作为最不受信任的机构，媒体一直与国会联系在一起，它在理性的基础设施中也发挥着特定的作用。[80] 像大学一样，新闻和观点网站应该成为观点多样化和批判性思维的典范。正如我在第 4 章中所说的那样，它们也应该变得更善于数学计算，对数据更有悟性，多留心哗众取宠的人所灌输的统计错觉。值得赞扬的是，记者们已经变得更加谨慎，不会轻易被虚伪的政客所玩弄，不做后真相的吹鼓手。他们已经开始实施一些对策，比如核查事实、给错误的主张贴上标签并不再理会它们、肯定而不是否定地陈述事实、公开而迅速地纠正错误，以及避免专家和思想怪人之间的错误平衡。[81]

从小学到大学的教育机构，都可以将统计学和批判性思维作为其课程的重要内容。在教学中，语文和算术的地位非常重要，是学习其他学科之前需要最先学习的基础学科。与之类似，逻辑学、概率论和因果推理工具也贯穿于人类的每一种知识中，理性应该是继阅读、写作和算术之后的第 4 个 R①。毫无疑问，仅有概率论知识，并不能保证你不陷入统计谬误。一旦考试结束，学生们就会忘记考试这件事，并卖掉他们的课本。即便他们记住了书本知识，也几乎没人能实现从抽象原理到日常生活陷阱的飞跃。[82] 但是，精心设计课程和电子游戏，确实可以训练学生，让他们即使在课堂之外也能避开谬误。当然，首先要在课程和游戏中圈出认知偏差（赌徒谬

---

① 指理性（rationality）和阅读（reading）、写作（writing）、算术（arithmetic）一样，英文中有字母"r"。——编者注

误、沉没成本谬误、确认偏差等），让学生在逼真的环境中去识别它们，以有利于思考的方式重构问题，并对学生的错误提供即时反馈。[83]

理性是一种公共物品，而公共物品则为公地悲剧埋下了祸根。在"理性公地悲剧"中，出于自身利益和所在群体利益的动机性推理，创造了一个搭集体理解便车的机会。[84] 我们每个人都有追求我方真理的动机，但客观真理会带我们走向更美好的未来。

非正式的行为规范可以缓解公地悲剧。在这种非正式的行为规范中，共同体成员通过赞扬好公民和散布盘剥者的坏名声来对牧场或渔场进行监督。[85] 到目前为止，我所建议的做法充其量只能增强个人的推理能力，以及反复强调"明智的推理是一种美德"这一规范。但是，我们也必须通过激励措施来保护公地：让每个推理者都有积极性来支持理由最充分的观点。显然，我们不能征收谬误税，但有些公地可以达成一致规则，奖励那些有助于发现真理的做法。

我曾说过，成功的理性制度从不依赖于个人的才华，因为即使是最理性的人也会有认知偏差。借助于反馈渠道和知识聚合（knowledge aggregation），整体就会比它的任何一部分都更聪明。[86] 学术界的同行评议、科学的可验证性、新闻报道中的事实核查和编辑、治理中的制衡以及司法系统中的对抗式诉讼程序等，都有不错的效果。

每个时代的新媒介都会创造一个充满伪经（apocrypha）[①] 和剽窃知识

[①] 作者的真实性或权威性可疑的著作，不足凭信的著作。——编者注

产权行为的"蛮荒西部",直到为真理服务的对策落实到位。[87] 过去的书和报纸是这样,今天的数字媒体也是这样。媒介既可以成为知识的熔炉,也可以成为废话的聚集之地,这取决于激励机制。互联网时代初期"为每个人提供一个平台,会催生一个新的启蒙运动"的梦想在今天是让人难以忍受的,因为我们网络生活中既有自动发布机器人、恶意挑衅的帖子、激烈的争论、假新闻,也有 Twitter 上令人羞愧的暴徒以及网络骚扰。只要数字平台上的货币是由"赞"、"分享"、"点击量"和"浏览量"组成的,我们就没有理由认为它会培育出理性或真理。相比之下,尽管维基百科并非绝对可靠,却已成为一个相对准确的资源,而且它还是免费和去中心化的。这要归功于维基百科的"支柱"提供的强大纠错和质量控制功能,这些"支柱"的作用就是要让我方偏差边缘化。[88] 维基百科的支柱包括可验证性、中立的观点、尊重和礼貌的态度,以及以提供客观知识为使命。正如该网站所宣称的那样:"维基百科不是演讲台,不是广告平台,不是自费出版社,也不是无政府主义或民主的实验场所。"

在写作本书时,作为无政府状态和民主大型实验的社交媒体平台2020 年敲响的两个警钟,让人们开始意识到了理性公地悲剧,这两个警钟分别是关于新冠肺炎疫情的错误信息和对美国总统大选完整性的威胁。这些平台已经调整了它们的算法,通过以下方法阻止谎言传播:插入警告标签和事实核查链接,减少赋予有毒内容生命力和把人们送进极端主义的未知世界的动力。现在说哪个行得通,哪个行不通还为时过早。[89] 毫无疑问,我们应该加倍努力,改变不合情理的激励结构,目前这种结构有利于恶名传播,而对揭示真相毫无助益。

社交媒体可能因涉及党派非理性而受到太多指责,调整算法也于事无补。我们应该创造性地改变其他领域的规则，这样公正的真相就会比我方偏差更胜一筹。就新闻评论来说，可以把预测的准确性作为评判权威人士的标准，而不是他们散播恐惧和仇恨或者煽动一个派系的能力。[90] 在政策、医学、警务和其他专业领域，循证评估应该成为主流做法而不是小众做法。[91] 在治理方面，根据推理，选举可能导致最糟糕的结果，但可辅以民主协商来弥补不足，例如由公民组成的小组负责提出政策建议。[92] 这个机制利用了这样一个发现：如果组成群体的推理者既善于合作又具有知识多样性，真理通常会胜出。[93]

　　人类的推理既有谬误和偏差，也有对神话的沉迷。不过，人类这个物种为何既如此理性又如此非理性？产生这种悖论的终极原因并不是我们认知系统中的某个漏洞。自我和他者的二元性才是真正的原因：我们的理性能力深受自己动机的影响，并被自己的观点所限制。我们在第 2 章中讨论过，道德的核心是公正，也就是将自我利益与他人利益进行调和。公正又是理性的核心：将我们有偏差的和不完整的观念调和成对超越任何人的现实的理解。因此，理性不仅是一种认知美德，也是一种道德美德。

Rationality

What it is
Why it seems scarce
Why it matters

11

理性为什么如此重要

开始思考，就像踏上了通向看不见的高处的升降机。一旦迈出了第一步，要走的路程就不由我们的意志决定了，也无法提前知道终点在哪里。

彼得·辛格（Peter Singer）[1]
澳大利亚伦理学家

为理性的重要性提供理由，有点像吹起自己的风帆或者把自己举起来：除非你首先接受一个基本规则，即理性是决定什么重要的工具，否则这肯定行不通。幸运的是，正如在第 2 章看到的，当我们讨论这个问题或任何问题，而不是通过武力强迫别人同意时，我们就至少默认了理性的首要地位。关于有意识地运用理性是否真的能改善我们的生活、让世界变得更美好，现在是时候提高赌注了，考虑到现实是由逻辑和物理法则而不是恶魔和魔法支配的，上面的问题理应得到肯定回答。但是，人们真的会因为自己的谬误而深受其害吗？如果他们能认识到这些谬误并想办法摆脱，他们的生活会变得更好吗？还是说直觉比深思熟虑更能指导人生决策，因为深思熟虑有过度思考和过度理性化的风险？

人们可以对全球福祉提出同样的问题。进步是一个不断解决问题的过程吗？在这个过程中，哲学家负责诊断时弊，科学家和政策制定者负责开药方。进步是一个不断斗争的过程吗？在这个过程中，被压迫者奋起反抗、推翻压迫者。[2] 在前面的章节中，我们已经知道不该相信错误的二分法和单一原因解释，所以这些问题的答案不会只有一个。接下来，我会解释为什么我相信：主动实践神圣的理性，而不是等着它"降临在我们身上"，可以让我们的生活和世界变得更美好。

生活中的理性

我们在前几章所讨论的谬误和错觉，难道仅仅是对数学难题给出的错误答案吗？它们是脑筋急转弯、陷阱，或者是实验室里的奇思妙想吗？糟糕的推理会导致真正的伤害吗？或者说，批判性思维能保护人们免受自己最糟糕的认知本能的伤害吗？

当然，我们讨论过的许多偏差似乎都受到了现实的惩罚，现实对我们的任何非理性信念都是一视同仁的。[3] 我们目光短浅地贴现未来，但未来总会到来，我们为求快速满足而损失了巨大奖赏。我们试图收回沉没成本，因此在回报差的投资、乏味的电影和不值得的人际关系中停留太久。我们用可得性评估风险，因此放弃安全的飞机而选择危险的汽车，而且我们会一边开车一边发微信。我们误解了回归均值现象，因此会对成功和失败做出虚假的解释。

在处理钱财问题时，由于不理解指数增长的力量，我们为退休存的钱太少，刷卡购物却毫不含糊。我们对未来的高速发展估计不足，又错误地相信专家而不是精算公式，这导致我们购买了管理费很高的基金，而不是表现更好的指数基金。我们在预期效用方面的认知偏差，会诱使我们买保险或赌博，而从长远来看，这会让我们的损失更大。

面对健康问题时，如果不懂贝叶斯定理并且对某种罕见病的阳性检验结果做过度解读，就可能吓一大跳。我们可能被说服做手术，也可能被劝阻做手术，这取决于表达风险的方式，而不是风险和收益的平衡。我们关于本质的直觉会让我们拒绝接受救命的疫苗，而转求风险比较大的庸医。虚幻的相关关系，以及相关关系与因果关系的混淆，会让我们接受医生和心理治疗师的诊断和治疗，而这种治疗又是毫无价值的。对风险和回报孰大孰小的错误认知，会诱使我们拿安全和幸福去冒险，而这种行为是很愚蠢的。

在法律领域，由于不熟悉概率论，凭生动的猜测和后验概率行事会诱使法官和陪审团误判。未能把握好正确反应和误报之间的权衡，导致人们为了多给一些人定罪而冤枉了许多无辜者。

在许许多多这样的案例中，不只是病人和客户容易被愚弄，专业人士也同样容易被愚弄，这表明智力和专业知识对认知错误是没有免疫力的。医疗人员、律师、投资者、经纪人、体育记者、经济学家和气象学家，在各自领域都有过类似的被愚弄经历。[4]

这些理由让我们相信，理性的失败会对世界产生影响。这种损失可以量化吗？提倡批判性思维的活动家蒂姆·法利（Tim Farley）尝试着在他的网站和 Twitter 上做这项工作，该栏目以如下最常被问到的问题命名："危害是什么？"[5] 当然，法利没有办法准确地回答这个问题，但他试图通过列举他所能找到的每一个真实案例，来唤醒人们认识到批判性思维的失败所造成的巨大损害。

法利记录了从 1970 年到 2009 年，尤其是 1998 年到 2009 年这最后十多年间的一些数据：368 379 人死亡，超过 30 万人受伤，以及 28 亿美元的经济损失，这些都是批判性思维的失败造成的。其中包括拒绝医学治疗或使用顺势疗法、整体疗法和其他庸医疗法而害死自己或害死子女的人；启示录邪教的集体自杀；谋杀巫师者和被他们诅咒的人；被通灵师、占星师和其他江湖骗子骗走钱财的老实受害者；按阴谋论错觉行事而被捕的违法者和义警；迷信和谣言引发的经济恐慌。以下是 2018—2019 年的一些推文：

> 阴谋论有什么坏处？联邦调查局认定"阴谋驱动的国内极端分子"是一种新的国内恐怖威胁。
>
> 信仰疗法有什么坏处？金妮弗为活命挣扎了 4 个小时。她的父亲特拉维斯·米切尔"把手放在她的手上"，当她挣扎着呼吸并且脸色也变了的时候，全家人轮流祈祷。"当她不再哭的时候，我知道她已经死了。"米切尔说。
>
> 相信超自然生物有什么坏处呢？苏门答腊岛的村民杀死了一只濒临灭绝的老虎，因为他们认为这是一只会变形的"魔鬼"。
>
> "见个通灵师有什么不好？"马里兰州的一位"通灵师"被判诈骗客户 34 万美元。

法利是首个提出以下观点的人：即便有成千上万的案例，也不能证明屈服于非理性偏差所导致的伤害比克服它们的伤害更大。至少，我们需要一个对照组，即医学、科学和民主政府等理性机构所带来的改变。这是下一节的主题。

确实有一项关于理性决策影响生活境况的研究。心理学家万迪·布鲁因·德布鲁因（Wändi Bruine de Bruin）、安德鲁·帕克（Andrew Parker）和巴鲁克·费斯科霍夫通过收集前几章讨论过的一些谬误和偏差实验，开发了一种推理和决策能力（类似于斯坦诺维奇的理商）的测量工具。[6]考虑的因素包括过度自信、沉没成本、风险评估的不一致和框架效应（结果被描述为收益还是损失，所造成的影响不一样）。果然不出所料，人们避免谬误的能力与他们的智力相关，尽管只是部分相关，同时也与他们的决策风格有关，也就是说，这关系到他们会在多大程度上反思性地和建设性地处理问题，而不是冲动地和听天由命地处理问题。

为了衡量生活境况，这三位心理学家开发了一种"倒霉人"量表，用来衡量人们对大大小小灾难的易感程度。例如，参与者会被问到，在过去的 10 年里，他们是否因为没有遵守衣服标签上的洗涤说明而洗坏了衣服、把钥匙锁在了车里、坐错火车或汽车、骨折、遭遇车祸、醉酒驾车、股市赔钱、打架、被勒令停学、工作一周就辞职、意外怀孕或者让他人意外怀孕。他们发现，人们的推理能力确实能预测他们的生活：推理中的谬误越少，生活中的失败也越少。

当然，相关关系并不是因果关系。推理能力与人本来的智力相关，而且我们知道，在保持社会经济地位不变的条件下，较高的智力可以保护人们在生活中免遭厄运，如疾病、事故和工作失败。[7]但是智力和理性不是一回事，擅长计算并不能保证一个人会去计算出正确的结果。理性还需要反思意识、开明之心以及掌握形式逻辑和概率论等认知工具。德布鲁因和她的同事做了多元回归分析（第 9 章介绍了这一方法），发现即使在人们保持智力不变的条件下，更好的推理者遭受的厄运也会更少。[8]

　　社会经济地位也会影响一个人的命运。贫穷是一个障碍，使人们面临失业、滥用药物和其他困难的风险。但在这里，回归分析也表明，在保持社会经济地位不变的情况下，推理能力越强的人生活得越好。所有这些仍然不能证明因果关系。但确实有一些必要的联系：较高的先验合理性，统计上被控制的两个重要混杂变量，以及不太可能存在反向因果关系（发生车祸不会让你犯认知谬误）。这使我们有资格在一定程度上相信因果关系的结论，即推理能力可以保护一个人在生活中免遭不幸。

理性与物质进步

　　尽管可得性偏差会欺骗我们的双眼，但从经验上看，人类进步是一个不争的事实。当我们不受头条新闻的影响而关注趋势线时，就会发现，与过去几个世纪相比，人类总体上更健康、更富有、更长寿、吃得更好、受教育程度更高，我们的生命受战争、谋杀和事故的威胁也小了许多。[9]

　　我在我的两本书①中记录了这些变化。经常有人问我是否"相信进步"，答案是否定的。就像幽默作家弗兰·勒博维茨（Fran Lebowitz）一样，我也不相信任何必须相信的东西。尽管随着时间的推移，衡量人类福祉的许多指标都呈现出令人满意的增长态势（尽管并不总是这样或在任何地方

---

① 分别是《当下的启蒙》与《人性中的善良天使》。平克在《当下的启蒙》中对当前世界进行了全景式的评述，让读者了解人类状况的真相、人类面临怎样的挑战，以及该如何应对这些挑战。该书中文简体字版已于 2023 年由湛庐引进、浙江科学技术出版社出版。——编者注

都是如此），但这并不是因为某种力量、辩证法或进化法则使我们不断进步。相反，大自然并不关心我们的福祉，而且，就像流行病和自然灾害一样，它常常试图把我们碾碎。"进步"是在无情的宇宙中遭受无数挫折和取得无数胜利的缩写，是一种需要解释的现象。

这个解释就是理性。当人类把增进同类的福祉设定为自己的目标（而不是荣耀或救赎等其他可疑的追求），并将自己的智慧与他人的智慧融合在一起时，他们偶尔会成功。当人类把成功的经验和失败的教训保留下来时，好处就会积累起来，我们将其称为进步。

让我们先从最珍贵的东西说起：生命。人类的预期寿命，已经从 19 世纪下半叶的大约 30 岁提高到现在的 72.4 岁，在一些幸运的国家，预期寿命已达到 83 岁。[10] 人类寿命延长这一福祉并不是天赐的，这是公共卫生进步的红利，实属来之不易。特别值得一提的是，用来解释疾病的细菌理论功不可没，这一理论的出现，取代了瘴气、灵魂、阴谋论和天谴等其他因果理论。救命的办法多种多样：水加氯消毒和其他的饮用水安全保护措施、简易厕所和下水道、控制传播疾病的蚊子和跳蚤等害虫、大规模疫苗接种计划、提倡洗手以及基本的产前和围产期护理。当人们生病或受伤时，医学的进步使伤病不会像民间治疗师和庸医时代那样造成那么多人的死亡，这些进步包括抗生素、消毒、麻醉、输血、药物和口服补液疗法（一种盐糖溶液，可以止住致命的腹泻）。

人类一直在努力生产出足够的热量和蛋白质养活自己，因为一次歉收就会导致饥荒。但今天，饥荒在世界大部分地区几乎绝迹，营养不良和发育迟缓的现象正在减少。只有最偏远地区和饱受战争蹂躏的地区，才可能遇上饥荒，而且原因不是食物太少，而是将食物送到饥饿人群手中并不容易。[11] 热量不是来自天上的吗哪（heavenly manna）[①]，也不是来自古罗马富裕女神阿班丹提亚（Abundantia）的丰裕之角（cornucopia）[②]，而是来自农业的进步。农业进步主要体现在：作物轮作以为枯竭的土壤补充养分；高产量种植和收割工具，如播种机、犁、拖拉机和联合收割机等；化肥，拯救了 27 亿人的生命；运输和储存网络，通过铁路、运河、卡车、粮仓和冷链等将食物从农场运送到餐桌；国内和国际市场，用一个地区的过剩农作物来填补另一个地区的短缺；20 世纪 60 年代的绿色革命，推广高产、健壮的杂交农作物。

贫穷不需要解释，这是人类的自然状态，需要解释的是财富。在人类历史的绝大部分时间里，大约 90% 的人生活在我们今天所说的极端贫困中。到 2020 年，这个比例不到 9%，但是仍然太高，人们的目标是在未来 10 年消除极端贫困。[12] 人类的巨大物质财富始于 19 世纪的工业革命。推动工业革命的，起初是来自煤、石油、风力和水力的能量，后来是太阳能和核能。能量输入到机器中，通过热能转化进行工作。能量输入工厂，工厂可以实现大规模生产。有了能量，铁路、运河、高速公路和集装箱运输船等运输工具就可以顺利运转。有形技术依赖于金融技术，特别是银行业、金融业和保险业。如果没有政府强制执行合同，将武力和欺诈最小化，用中央银行和可靠的货币来缓解金融困境，并投资于创造财富的公共产品，如基础设施、基础研究和普及教育，那么有形技术和金融技术都不可能实现普遍繁荣。

---

① 《圣经》中一种天降的食物。——编者注
② 富裕和食物的象征，通常为牛角形状的容器，里面装有粮食、鲜花和水果等。——编者注

世界尚未结束战争状态，尽管结束战争曾是20世纪60年代民间歌手的梦想。不过，战争数量和伤亡人数都已大幅减少，因战争死亡的人数，从1950年的每100 000人中的21.9人减少到2019年的每100 000人中的0.7人。[13] 在这件事情上，美国著名民谣三重唱组合Peter, Paul & Mary的反战歌曲仅发挥了较小作用，最大的功臣是为避免国家卷入战火而设计的制度，这要追溯到康德1795年提出"永久和平"理念之时。其中的一项制度就是民主，正如我们在关于相关关系和因果关系的章节中所看到的那样，民主确实降低了战争的可能性，估计可能的原因是普通民众不像国王和将军那样热衷于战争。另一项制度是国际贸易和投资，这使得买东西比偷东西代价更低，使国家认识到杀死他们的客户和债务人是不明智的。2012年诺贝尔和平奖获得者欧盟就是由贸易组织"欧洲煤钢共同体"（European Coal and Steel Community）发展而来的。还有一个制度是建立国际组织，特别是联合国，它把各国联结成一个共同体、建立维和部队、使国家永世长存、尊重既有边界，并在提供解决争端的其他方式的同时，将战争定性为非法和不光彩的。

人类智慧也为人类其他领域的历史性进步，比如安全、休闲、旅行、艺术和娱乐提供了保障。尽管大大小小的机构是有机发展起来的，并通过试错法得到完善，但没有一个是偶然的。人们用论证的方法表达他们的支持态度，这些论证是由以下要素驱动的：逻辑和证据、成本和收益、因果关系、个人利益和公共利益之间的权衡。我们要充分发挥创造力，来处理今天面临的众多难题，特别是碳公地悲剧（第8章）。我们需要做的事情包括：在技术层面，要让清洁能源更便宜、非清洁能源更昂贵，阻止任何派系成为搅局者，缔结全球性公平条约。[14]

理性与道德进步

进步不仅仅体现在安全和物质生活方面，还包括我们如何对待彼此：平等、善意和权利。在历史的进程中，许多残酷和不公正的做法已在减少。[15] 虽然这些不公正的做法在地球上还没有绝迹，但当我们绘制出历史变化的图表时，可以看到每一种不公正情况都在减少，有些情况甚至是急剧减少。

我们是如何享受到这种进步的呢？ 美国 19 世纪的改革者西奥多·帕克（Theodore Parker），以及 20 世纪的马丁·路德·金，都预见了一种向正义倾斜的道德弧线。但是这个弧线的本质和它拉动人类行为杠杆的力量是神秘的。人们可以想象更平淡的道路：改变时尚、批评运动、打动人心、民众抗议运动等。一种流行的观点是，道德的进步是通过斗争取得的：当权者从不交出他们的特权，而这些特权必须通过团结一致的人民的力量才能夺取。[16]

在理解道德进步的过程中，我最惊讶于历史上惊人的相似之处：第一张多米诺骨牌往往是一个合理的论证。[17] 一位哲学家写了一篇文章，阐述了为什么一些做法是站不住脚的或不合理的，或与每个人都声称持有的价值观不一致的。这一文章或宣言疯传开来，被翻译成其他语言，人们在酒吧、沙龙和咖啡馆里对此进行辩论，并影响了领导者、立法者和民意。最终，这个结论被社会的传统智慧和公共礼仪所吸收，抹去了导致这个结论的争论痕迹。如今，很少有人觉得有必要就"为什么蓄奴（或者公开剜刑、殴打儿童）是错误的"这一问题，提出一个条理清晰的论证。人们会说，这些当然是错的。然而，几个世纪前，人们确确实实为这些问题进行了辩论。

那些曾经盛行的论证，今天再次引起我们的关注时，仍有活灵活现之感。这些论证所诉诸的，是贯穿了几个世纪的理性，因为它们符合概念一致性原则，而这是现实本身的一部分。正如我们在第 2 章所看到的那样，逻辑论证无法建立道德主张。但是，论证可以做到的是，证明处在争论中的一个主张与某人所珍视的另一个主张不一致，或与多数人会为自己争取并且认为其他人也可以合法追求的、涉及生命与幸福的价值观不一致。正如我们在第 3 章中所看到的那样，不一致性对推理来说太致命了：一组矛盾的信念可以推出任何事物，但这毫无价值。

从相关关系中推出因果关系，并在错综复杂的历史网格中只挑出一个原因，对此我必须小心行事，所以，我不能说好的论证是道德进步的原因。我们不能对历史进行随机对照试验，让一半社会样本暴露在令人信服的道德论述中，而另一半则服用"高尚的胡扯"安慰剂。我们也没有足够大的道德胜利数据库，无法从相关网络中得出因果结论。我能想到的与此最接近的是诸多跨国研究，这些研究表明：假设社会经济混杂因素不变，一个时代的教育水平和信息获取能力是思想交流意愿的标志，这就预示了下一个时代的民主和自由价值观。[18] 就目前而言，我只能举一些早期例子。历史学家告诉我们，这些论证在当时很有影响力，而且即便在今天，也仍是毋庸置疑的。

我们先从宗教迫害说起。把异教徒烧死在火刑柱上有些不合适吧？为了理解这一点，人们真的需要一场理智的辩论吗？事实上，他们正是这样做的。1553 年，法国神学家塞巴斯蒂安·卡斯特利奥（Sebastian

Castellio）发表了一篇反对宗教偏执（religious intolerance）的文章，指出宗教改革家加尔文的正统学说以及实践的"逻辑上的结果"缺乏理性：

> 加尔文说他相信自己的教义，其他教派的人说他们相信自己的教义。加尔文说他们是错的，想要审判他们，其他教派的人说加尔文是错的，想要审判他。由谁来做法官呢？是谁让加尔文成为所有教派的仲裁者并且只有他自己能杀人？他有上帝的旨意，他们也有。如果这件事是确定的，是对谁来说的？加尔文吗？但为什么他写了那么多关于显而易见真理的书？考虑到这种不确定性，我们必须把异教徒简单地定义为与我们想法不一致的人。如果我们要杀死异教徒，逻辑上的结果将是一场灭绝之战，因为每个人都相信自己。那样的话，加尔文将不得不入侵法国和所有其他国家，摧毁城市，杀死所有居民，不分性别和年龄，甚至连婴儿和牲畜都不放过。[19]

16 世纪还出现了另一种反对野蛮行为的论证。今天，战争对儿童和其他生物来说是不健康的，这一点似乎很明显。但在历史的大部分时间里，战争却往往与高贵、神圣、激动、英勇和光荣联系在一起。[20] 在经历了 20 世纪的灾难之后，人们不再对战争恭而敬之。"现代性之父"、哲学家伊拉斯谟在他 1517 年的文章《理性、宗教和人性反对战争的请求》（*The Plea of Reason, Religion, and Humanity against War*）中播下了和平主义的种子。在对和平的祝福和战争的恐怖进行了深刻的描述之后，伊拉斯谟转向了对战争的理性选择分析，解释了战争的零和收益与负预期效用：

> 除了这些考虑之外，还应指出，和平所带来的好处会广泛传

播，惠及广大民众。在战争中，如果说有什么好结果的话……这种好处也只惠及少数人，而且是那些不配享受的人。一个人的安全是由于另一个人的毁灭，一个人的战利品源于对另一个人的掠夺。一方的欢乐对另一方来说就是悲哀。在战争中，凡是不幸的，都是严重的不幸，相反，凡是被称为幸运的，都是一种野蛮的、残忍的幸运，一种不慷慨的幸福，它的存在是从别人的不幸中得来的。结果，战胜国和战败国双方往往都感到很遗憾。如果说世间存在成功的战争，那只能是这样的战争：如果战争的征服者用心去感受或者用理性去判断的话，而且他也理应这样做，那么，他会后悔参与其中……

如果仔细算一算的话，我们就会发现，争取和平的成本只是参战成本的1/10。因为，打仗要花钱的地方很多，比如后勤、人力，还要应付各种麻烦与危险，流血牺牲也难于避免。

战争的目标就是尽一切可能重创敌人，这是一个多么不人道的目标啊！想一想，你能否在伤害敌人的同时确保自己人不受伤害？如果不知道战争最终会以怎样的方式结束，你却要领受如此大的罪责，你的行为无疑跟疯子的行为一般。[21]

反对残酷行为和虐待行为的论点，大多源于18世纪的启蒙运动。就像宗教迫害一样，当被问及在刑事处罚中使用虐待性酷刑有什么问题时，我们几乎无话可说，这些酷刑包括车裂、轮刑、火刑或锯刑。在1764年的一本小册子中，经济学家和功利主义哲学家切萨雷·贝卡里亚（Cesare Beccaria）通过计算刑事处罚的成本和收益，对这些野蛮行为提出了反驳。贝卡里亚认为，惩罚的合理目标是激励人们不要盘剥他人，不法行为的预期效用应该是我们评估惩罚行为的标准：

　　当惩罚变得极为残酷时，人们的心肠就会变硬，就如同液体总会根据周围环境来调整自己的水平一样。情绪的力量真是难以捉摸，在酷刑出现 100 年之后，轮刑相对于监狱已经不会造成更多的恐惧了。惩罚要想达到目的，只需要让它造成的伤害大于罪犯从犯罪中得到的好处就可以了。做这种平衡计算时，我们还要考虑刑罚的确定性和由犯罪所造成的善意损失。除此之外的任何东西都是多余的，因此也是残暴的。[22]

　　受贝卡里亚以及同为哲学家的伏尔泰和孟德斯鸠的观点的影响，美国宪法第八修正案明确规定，不得施加"残酷、不同寻常的惩罚"。近年来，人们正借助这一修正案，呼吁在美国的更大范围内废除死刑。许多法律观察家认为，死刑被裁定为违宪的日子已经不远了。[23]

　　在启蒙运动时期，其他形式的野蛮行为也成为争论的目标，这些尖锐的争论一直持续到今天。18 世纪另一位伟大的功利主义哲学家杰里米·边沁阐述的反对虐待动物的观点，直到今天仍对动物保护运动有指导意义：

　　也许有一天，人类之外的动物将重获被人类暴政剥夺的权利，这些权利从来不应被剥夺。法国人已经发现，黑皮肤并不是一个人被抛弃、听任折磨者任意处置而无出路的理由。也许有一天人们会认识到，腿的数目、皮肤多毛或骶骨的末端（尾骨）都不是遗弃一个有感知力生物的充分理由。通过什么才能寻到那条不可逾越的界线？是理性能力还是话语能力？实际上，与一个刚生下一天、一周甚至一个月的婴儿比起来，一匹成年马或成年狗都是更为理性、更容易沟通的。不过即使实际情况并非如此，又能怎么样呢？问题不是"它们能推理吗"，也不是"它们能说话吗"，而是"它们能感受到痛苦吗"。[24]

边沁将人类之间与道德无关的肤色差异与物种之间身体特征和认知特质的差异相提并论，这不仅是一个比喻。对于要考量的实体，我们会对它们的表面特征做出本能反应（我们可以称之为系统1的反应），边沁的这种说法就是对这种反应的质疑，并且会促使我们对"谁应得到权利和保护"这一问题按我们的方法推理出一致的信念。

通过将受保护群体和脆弱群体进行类比来刺激认知反思，是道德劝导者让人们从偏差和偏执中醒悟过来的常见手段。哲学家彼得·辛格继承了边沁的衣钵，成为当今动物权利最重要的支持者，他把这一过程称为"扩展的圈子"（the expanding circle）。[25]

奴隶制是一个常用的参照框架。启蒙运动引发了一场声势浩大的废奴运动，发起者是法国政治思想家和法学家让·博丹（Jean Bodin）、英国哲学家约翰·洛克和法国法学家孟德斯鸠。[26]后两位学者为反对奴隶制所进行的论证，也为他们批评君主专制制度做了铺垫。他们坚持认为，政府只有在被统治者的同意下才能合法地获得权力。首先，要废除自然阶层的假设，比如贵族与平民之分、君臣之分、主人与奴隶之分等。"我们生而自由，"洛克写道，"正如我们生而理性。"[27]人类天生是会思考、有感知、有意志的生物，任何人都没有支配他人的自然权利。在《政府论》（Two Treatises of Government）中关于奴隶制的一章中，洛克阐述道：

处在政府之下的人们的自由，应当是拥有长期有效的规则来作为生活的准绳。而这种规则为社会所有成员所共同遵守，并由社会所建立的立法机关来制定。如同自然的自由是除了自然法以外不受其他约束那样，政府之下的自由是在规则未作规定的一切事情上能按照我自己的意志去做的自由，不受其他人反复无常的、毫无征兆的、武断的意志的支配。[28]

美国第三任总统托马斯·杰斐逊认为"人人生而平等"这一核心思想是民主政府存在的正当理由："我们认为这些真理是不言而喻的：人人生而平等，造物者赋予他们若干不可剥夺的权利，其中包括生命权、自由权和追求幸福的权利。为了保障这些权利，人类才在自己之间建立政府，而政府之正当权力，是经被治理者的同意而产生的。"

虽然洛克可能已经预料到他的著作将激发人类历史的一个伟大进步：民主的兴起，但他可能没有预料到自己也会激发另一个伟大进步。哲学家玛丽·阿斯特尔（Mary Astell）在她 1730 年出版的《关于婚姻的一些思考》（*Some Reflections upon Marriage*）的序言中写道：

如果绝对主权在一个国家中不是必要的，那么在一个家庭中为什么必要呢？或者说，如果绝对主权在一个家庭中不是必要的，那么在一个国家中为什么必要？我们没有理由说，在一种场合下的答案为是，而在另一种场合下的答案为否。……如果所有的男人生来是自由的，为什么所有的女人生来就是奴隶？如果被置于无常的、不确定的、未知的、武断的男人意志之下是最完美的奴役状态的话，她们必定要作为奴隶而生活吗？[29]

　　听起来是不是很熟悉？阿斯特尔巧妙地借用了洛克的论证（包括他的用词"最完美的奴役状态"）来抨击对女性的压迫，这使她成为英国第一位女权主义者。女权主义在成为有组织的运动之前，是以论证的面目出现的，哲学家玛丽·沃斯通克拉夫特在阿斯特尔之后又重新使用了这个论证。在《女权辩护》（*A Vindication of the Rights of Woman*）一书中，沃斯通克拉夫特不仅扩展了"拒绝赋予女性跟男性同样的权利，这在逻辑上是不一致的"这一论证，而且认为任何关于"女性天生比男性愚钝或缺少权威"的假设都是错的，因为这混淆了先天与后天之间的关系：女性在成长过程中没有得到与男性同样的教育和机会。她这本书的开篇，是写给法国大革命中的重要人物塔列朗（Talleyrand）的一封公开信，因为塔列朗认为：女性不需要正规教育。公开信的内容为：

　　　　既然您坚决认为您是按照最宜于增进女性幸福的方式行事的，那么我把您当作一位立法者来向您呼吁，请考虑一下，当男性争取他们的自由，在有关自己的幸福问题上可以自作判断时，压制女性是不是自相矛盾和不公平的呢？假使女性和男性共享了天赋的理性的话，是谁使男性成为唯一的审判者的呢？

　　　　各种不同的暴君，从昏庸的国王到昏庸的家长，都是使用这种论调的辩论者；他们全都渴望扼杀理性，却总是说自己窃据理性的宝座是为了于人有利。当您否认女性享有公民权利和政治权利、强迫一切女性幽居家庭、在黑暗中摸索的时候，您不是扮演着同样的角色吗？先生，您不会断言一种不以理性为基础的责任会有约束力，是吧？如果说女性的命运果真就是这样，那么我们也可以根据理性来进行论证。我们庄严地主张：女性越有理智，就越会尽自己的责任，越会理解这种责任，因为如果她们不理解责任、如果她们的道德不像男人的道德那样用同样不变的原则来规定的话，那么也就没有任何权威能使她们以贤德的态度去履行责任。她们可能是得力的奴隶，但是奴隶制度将产生一贯的后果，即主人和贱奴同趋于堕落。[30]

说到奴隶制本身，反对这一可恶制度的真正有力的论证，来自美国19世纪的废奴运动领袖弗雷德里克·道格拉斯，他是作家、编辑，还是位政治家。作为一个奴隶出身的人，道格拉斯能够强烈地激发听众对奴隶所遭受苦难的共情；作为历史上最伟大的演说家之一，他能够用自己演讲的韵律和意象激起人们的共鸣。而且，道格拉斯利用自己的这些天赋进行了严格的道德论证。在他最著名的演讲《7月4日对奴隶意味着什么？》（*What to the Slave Is the Fourth of July?*）中，道格拉斯坚决反对有必要用"逻辑规则"来为反对奴隶制提供论证。他说，因为在这样做之前，这些论证就是显而易见的了。例如：

> 弗吉尼亚州列出的72项罪，黑人（无论他多么不知情）犯了其中任何一项都要被处以极刑，而其中只有两项能使一个白人受到同样的惩罚。这不正说明了奴隶是有道德、有理智、有责任的人吗？奴隶具有人性，这也属公认。事实证明了奴隶的人性：南方的法令条例都规定禁止教育奴隶读书写字，否则将受到高额罚款和严厉的处置。假如你们能指出有谁曾对耕田的牛马也规定过这样的法律，那么也许我会同意讨论奴隶是否有人性。[31]

道格拉斯继续说："此时此刻，需要的是灼热的钢铁，而非令人信服的论证。"然后他向听众指出他们的信仰体系充满了矛盾：

你们批评俄国和奥地利的君主专制，为自己的民主制度而自豪，而你们自己却同意成为弗吉尼亚州和卡罗来纳州暴君们的工具和保镖。你们邀请国外受压迫的逃亡者，设宴款待他们，以热烈的掌声欢迎他们，为他们欢呼，为他们干杯，向他们致敬，保护他们，大把大把地给他们送钱。但是对于本国的逃亡者，你们却大肆诋毁、追查、逮捕、枪杀……为了不交三便士的茶叶税，你们不惜冒着被英国炮击的风险。而在你们的国家，黑人劳工手中的每一分钱都会被榨干。

他要求美国恪守建国宣言，这也正是20世纪马丁·路德·金的观点。道格拉斯写道：

你们向世人宣布，而世人也信以为真，你们"认为这些真理是不言而喻的：人人生而平等，造物者赋予他们若干不可剥夺的权利，其中包括生命权、自由权和追求幸福的权利"。然而，你们牢牢地束缚着自己国家1/7的居民，正如你们的托马斯·杰斐逊所说，这种束缚"比你们的先辈们奋起反抗的时代还要糟糕"。

杰斐逊是个"伪君子"，他在某些方面名声很差。道格拉斯和路德·金正面引用杰斐逊的话，并没有损害他们论证的理性，而是进一步加强了它。当我们把某些人当作朋友时，我们应该关心他们的美德；而当我们考虑一些人的观点时，却不应只在意他们的美德。观点有对有错，可能具有一致性也可能相互矛盾，可能有益于人类福祉也可能不利于人类福祉，不管这些观点来自何人。有情众生的平等，建立在"我"和"你"之间逻辑不相干性的基础上。这是人们历经千百年重新发现、传承并延伸到新的生物之上的一种理念，就像道德暗能量扩大了同理圈（circle of sympathy）一样。

可靠的论证要求我们：我们的行为要与我们的原则保持一致，也要与人类繁荣的目标保持一致。但仅靠可靠论证本身无法让世界变得越来越好。不过，它们一直在引导着变革运动，也理应发挥引导作用。有了这些可靠的论证，我们才能区分道德力量和野蛮力量、正义游行和暴民私刑，以及人类的进步和对人类进步的阻碍。可靠的论证既可以揭发不道德的行为，又可以找出可行的补救措施；我们将需要这样的可靠论证来确保道德的持续进步，确保今天的可恶做法将会令我们的后代难以置信，就如同我们对烧死异教徒和奴隶拍卖的感受一样。

理性引导道德进步的力量，就如同它引导生活中的物质进步和明智选择的力量一样。我们能否从无情的世界获得更多福祉，能否在明知人性有弱点的情况下善待他人，取决于我们能否掌握好公正原则、不被局限性的经验所束缚。我们是天生就具备基本理性能力的物种，可以通过规则和制度设计让理性的影响范围不断扩大。这些规则和制度，让我们产生新思想，让我们面对现实。这些现实会扰乱我们的直觉，但不管怎么说，它们都是真实的存在。

第 1 章　动物有多理性

1. Russell 1950/2009.

2. Spinoza 1677/2000, *Ethics*, III, preface.

3. Pinker 2018.

4. Lee & Daly 1999.

5. Hunter-gatherers: Marlowe 2010.

6. 关于利本伯格与桑人工作的经历，以及从追踪理论演变而来的科学思维，请参见：*The Origin of Science* (2013/2021), *The Art of Tracking* (1990), and Liebenberg, //Ao, et al. 2021。其他的例子请参见：Liebenberg 2020; Chagnon 1997; Kingdon 1993; Marlowe 2010。

7. 由大卫·阿滕伯勒（David Attenborough）解说的追踪视频可以在网络上观看。

8. Liebenberg 2013/2021, p. 57.

9. 来自与利本伯格 2020 年 8 月 11 日的私人通信。

10. Liebenberg 2013/2021, p. 104.

11. 来自与利本伯格 2020 年 5 月 27 日的私人通信。

12. Moore 2005.

13. Vosoughi, Roy, & Aral 2018.

14. Pinker 2010; Tooby & DeVore 1987.

15. 卡尼曼和特沃斯基率先研究了认知错觉与偏差，请参见：Tversky & Kahneman 1974; Kahneman, Slovic, & Tversky 1982; Hastie & Dawes 2010; *Thinking, Fast and Slow* (2011). 他们二人的生活和合作在迈克尔·刘易斯（Michael Lewis）的《思维的发现》（*The Undoing Project*）和卡尼曼在 2002 年诺贝尔奖自传声明中都有所讲述。

16. Frederick 2005.

17. 心理学家菲利普·梅敏和埃伦·兰格已经证明，在认知心理学文献中展示的 22 个经典问题中，只要让人们注意视觉环境，就能减少在 19 个问题中的推理错误。

18. Frederick 2005.

19. Frederick 2005, p. 28. 事实上，那个问题是"一根香蕉和一个贝果要 37 美分，香蕉比贝果贵 13 美分，贝果多少钱？"

20. Wagenaar & Sagaria 1975; Wagenaar & Timmers 1979.

21. Goda, Levy, et al. 2015; Stango & Zinman 2009.

22. 省略引文是为了避免两位朋友感到尴尬。

23. Roser, Ritchie, et al. 2020, accessed Aug. 23, 2020. Ritchie 2018, accessed Aug. 23, 2020; data are from 2017.

24. Wason 1966; Cosmides 1989; Fiddick, Cosmides, & Tooby 2000; Mercier & Sperber 2011; Nickerson 1996; Sperber, Cara, & Girotto 1995.

25. van Benthem 2008, p. 11.

26. 因为从逻辑上讲，P 选项和非 Q 选项一样容易否定规则，所以从确认偏差的角度来解释就更微妙了：参与者用推理来证明他们最初的直觉选择是正确的，不管它是什么。Nickerson 1998 and Mercier & Sperber 2011; Dawson, Gilovich, & Regan 2002; Mercier & Sperber 2011.

27. Grayling 2007, p. 102.

28. From *Novum Organum,* Bacon 1620/2017.

29. Popper 1983. Nickerson 1996.

30. Nickerson 1996; Sperber, Cara, & Girotto 1995.

31. Cheng & Holyoak 1985; Cosmides 1989; Fiddick, Cosmides, & Tooby 2000; Stanovich & West 1998. Sperber, Cara, & Girotto 1995.

32. Gigerenzer 1998; Tooby & Cosmides 1993; Pinker 1997/2009, pp. 302–6.

33. 这个问题是由数学家马丁·加德纳提出的，他称之为"三个囚犯问题"，后由统计学家史蒂文·塞尔文（Steven Selvin）以蒙提·霍尔的名字命名。

34. Granberg & Brown 1995; Saenen, Heyvaert, et al. 2018.

35. Crockett 2015; Granberg & Brown 1995; Tierney 1991; vos Savant 1990.

36. Crockett 2015.

37. Vazsonyi 1999. 我的埃尔德什数是 3。

38. 公平地说，对蒙提·霍尔问题的规范分析激发了大量的评论和分歧。

39. 试试"蒙提·霍尔模拟在线"（Monty Hall Simulation Online）。

40. 比如《大卫·莱特曼深夜秀》（*Late Night with David Letterman*）。

41. Vazsonyi 1999.

42. Granberg & Brown 1995.

43. Grice 1975; Pinker 2007, chap. 8.

44. Gigerenzer, Swijtink, et al. 1989.

45. vos Savant 1990.

46. 感谢朱利安·德弗雷塔斯对这项研究的运作和分析。该设计类似于卡尼曼和特沃斯基非正式总结的设计。这里的项目是从一个试点研究中预先测试过的较大的集合中选择的。这些差异是在参与者看到另一个合取项之前对合取命题或对单个合取项的评级进行比较时发现的（也就是参与者之间的比较）。当我们比较同一参与者对这两个命题的评级时（参与者内部比较），只有在委内瑞拉相关的命题上看到了合取谬误。尽管如此，86% 的参与者至少犯了一个合取谬误，而且对于每一个命题，大多数参与者认为合取命题的概率大于或等于它的合取项的概率。

47.　Donaldson, Doubleday, et al. 2011; Tetlock & Gardner 2015.

48.　Kaplan 1994.

49.　Pinker 2011; Pinker 2018.

50.　Tversky & Kahneman 1983.

51.　Gould 1988.

52.　Tversky & Kahneman 1983, p. 308.

53.　Tversky & Kahneman 1983, p. 313.

54.　Hertwig & Gigerenzer 1999.

55.　Hertwig & Gigerenzer 1999.

56.　Hertwig & Gigerenzer 1999; Tversky & Kahneman 1983.

57.　Kahneman & Tversky 1996.

58.　Mellers, Hertwig, & Kahneman 2001.

59.　Purves & Lotto 2003.

60.　Marcus & Davis 2019.

61.　Pinker 1997/2009, chaps. 1, 4.

62.　Pinker 2015.

63.　Federal Aviation Administration 2016, chap. 17.

第 2 章　理性与非理性

1.　Gettier 1963; Ichikawa & Steup 2018.

2.　James 1890/1950.

3.　Carroll 1895.

4.　Fodor 1968; Pinker 1997/2009, chap. 2.

5.　Nagel 1997.

6.　Myers 2008.

7. Stoppard 1972.

8. Hume 1739/2000, book III, part III, section III, "Of the influencing motives of the will."

9. Cohon 2018.

10. 尽管这并不是他在"品味的标准"（Gracyk 2020）中所表达的对艺术和葡萄酒品味的真正信仰。他的观点是，目标本身就是主观的。

11. Pinker 1997/2009; Scott-Phillips, Dickins, & West 2011.

12. Ainslie 2001; Schelling 1984.

13. Mischel & Baker 1975.

14. Ainslie 2001; Laibson 1997; Schelling 1984. Pinker 2011, chap. 9, "Self-Control".

15. Frederick 2005.

16. Jeszeck, Collins, et al. 2015.

17. Dasgupta 2007; Nordhaus 2007; Varian 2006; Venkataraman 2019.

18. MacAskill 2015; Todd 2017.

19. Venkataraman 2019.

20. Ainslie 2001; Laibson 1997.

21. McClure, Laibson, et al. 2004.

22. Homer 700 BCE/2018.

23. Baumeister & Tierney 2012.

24. Hallsworth & Kirkman 2020; Thaler & Sunstein 2008. Gigerenzer 2015; Kahan 2013.

25. Gigerenzer 2004; Gigerenzer & Garcia-Retamero 2017; Hertwig & Engel 2016; Williams 2020; Pinker 2007, pp. 422–25.

26. Schelling 1960.

27. Chicken: J. Goldstein 2010. 电影中的游戏略有不同：少年们把车开向悬崖，每个人都试图成为第二个跳出来的人。

28. Frank 1988; Pinker 1997/2009, chap. 6.

29. Sagan & Suri 2003.

30. Frank 1988; Pinker 1997/2009, chap. 6, "Fools for Love."

31. 达希尔·哈米特（Dashiell Hammett）的小说，编剧为约翰·休斯顿（John Huston）。

32. Tetlock 2003; Tetlock, Kristel, et al. 2000.

33. Satel 2008.

34. Block 1976/2018.

35. Tetlock 2003; Tetlock, Kristel, et al. 2000; Zelizer 2005.

36. Hume 1739/2000, book II, part III, section III, "Of the influencing motives of the will". Hume's moral philosophy: Cohon 2018.

37. Rachels & Rachels 2010.

38. Stoppard 1972.

39. Gould 1999.

40. Plato 399–390 BCE/2002. R. Goldstein 2013.

41. Pinker 2011, chap. 1.

42. "我喜欢我自己认为的较差的好处，而不喜欢我的较好的好处，而且对前者的爱比对后者的爱更热烈，这一点也不违背情理。"

43. de Lazari-Radek & Singer 2012; R. Goldstein 2006; Greene 2013; Nagel 1970; Railton 1986; Singer 1981/2011.

44. Terry 2008.

45. Pinker 2018, pp. 412–15. Pinker 2011, pp. 689–92.

46. Chomsky 1972/2006; Pinker 1994/2007, chap. 4.

第3章 逻辑与批判性思维

1. *Essays,* Eliot 1883/2017, pp. 257–58.

2. Leibniz 1679/1989.

3.　McCawley 1993; Priest 2017; Warburton 2007.

4.　Carroll 1896/1977, book II, chap. III, §2, example (4), p. 72.

5.　Donaldson, Doubleday, et al. 2011.

6.　Grice 1975; Pinker 2007, chaps. 2, 8.

7.　Emerson 1841/1993.

8.　Liberman 2004.

9.　McCawley 1993.

10.　出自 2020 年 2 月 6 日杨安泽的个人网站。

11.　Curtis 2020; Richardson, Smith, et al. 2020; Warburton 2007.

12.　Mercier & Sperber 2011; Norman 2016.

13.　Friedersdorf 2018.

14.　Shackel 2014.

15.　Russell 1969.

16.　Basterfield, Lilienfeld, et al. 2020.

17.　有句俗语大致源自易卜生的《人民公敌》中的一段话："多数人从来没有权利站在自己这一边……不幸的是，多数人有力量站在自己一边，但他们并没有权利这么做。"

18.　Proctor 2000.

19.　Paresky, Haidt, et al. 2020.

20.　Haidt 2016.

21.　这个故事出现在许多教科书中，通常认为是弗朗西斯·培根在 1592 年写的，但它的真正来源，即使是模仿，也不清楚，可能是在 20 世纪早期出现的。

22.　Gigerenzer 1998; Pinker 1997/2009, pp. 302–6; Tooby & Cosmides 1993.

23.　Cosmides 1989; Fiddick, Cosmides, & Tooby 2000.

24.　Weber 1922/2019.

25.　Cole, Gay, et al. 1971, pp. 187–88; Scribner & Cole 1973.

26.　Norenzayan, Smith, et al. 2002.

27.　Wittgenstein 1953.

28. 并非所有哲学家都同意这一观点：伯纳德·舒兹（Bernard Suits）将游戏定义为"自愿尝试克服不必要的障碍"。McGinn 2012, chap. 2.

29. Pinker 1997/2009, pp. 306–13; Pinker 1999/2011, chap. 10; Pinker & Prince 2013; Rosch 1978.

30. Armstrong, Gleitman, & Gleitman 1983; Pinker 1999/2011, chap 10; Pinker & Prince 2013.

31. Goodfellow, Bengio, & Courville 2016; Rumelhart, McClelland, & PDP Research Group 1986; Aggarwal 2018. Marcus & Davis 2019; Pearl & Mackenzie 2018; Pinker 1999/2011; Pinker & Mehler 1988.

32. Rumelhart, Hinton, & Williams 1986; Aggarwal 2018; Goodfellow, Bengio, & Courville 2016.

33. Lewis-Kraus 2016.

34. "算法"一词最初是为这样的公式保留的，它们与"启发式"或经验法则形成对比。但在今天的普遍说法中，这个词用于所有人工智能系统，包括基于神经网络的人工智能系统。

35. Marcus & Davis 2019.

36. Kissinger 2018.

37. Lake, Ullman, et al. 2017; Marcus 2018; Marcus & Davis 2019; Pearl & Mackenzie 2018.

38. Ashby, Alfonso-Reese, et al. 1998; Evans 2012; Kahneman 2011; Marcus 2000; Pinker 1999/2011; Pinker & Prince 2013; Sloman 1996.

39. Pinker 1999/2011, chap. 10; Pinker & Prince 2013.

第 4 章　概率与随机性

1. Letter to Miss Sophia Thrale, 24 July 1783, in Johnson 1963.

2. 《巴特利特的常用语录》(*Bartlett's Familiar Quotations*)。这一引用并没有指向主要来源，但它可能是一封 1926 年写给马克斯·博恩 (Max Born) 的信。一个变体出现在写给科尼柳斯·兰索斯 (Cornelius Lanczos) 的信中，引用于《爱因斯坦谈人生》(*Albert Einstein, the Human Side*)，还有三个变体可以在爱因斯坦的维基引用条目中找到。

3. Eagle 2019. 作为不可压缩性的随机性，通常称为柯氏复杂性 (Kolmogorov complexity)。

4. Millenson 1965.

5. Gigerenzer, Hertwig, et al. 2005.

6. Bell 1947.

7. Gigerenzer 2008a; Gigerenzer, Swijtink, et al. 1989; Hájek 2019; Savage 1954.

8. Gigerenzer 1991, p. 8.

9. Gigerenzer 2008a.

10. Tversky & Kahneman 1973.

11. Gigerenzer 2008a.

12. Combs & Slovic 1979; Ropeik 2010; Slovic 1987.

13. McCarthy 2019.

14. Duffy 2018; Ropeik 2010; Slovic 1987.

15. Pinker 2018, table 13-1, p. 192. Ritchie 2018; Roth, Abate, et al. 2018.

16. Savage 2013, table 2. 数据来自美国商业航空。

17. Gigerenzer 2006.

18. 《刀麦克》(*Mack the Knife*) 由贝托尔特·布莱希特 (Bertolt Brecht) 作曲，出自《三便士歌剧院》(*The Threepenny Opera*)。

19. Sherman 2019. Cape Cod traffic deaths: Nolan, Bremer, et al. 2019.

20. Caldeira, Emanuel, et al. 2013. Goldstein & Qvist 2019; Goldstein, Qvist, & Pinker 2019.

21. Goldstein & Qvist 2019; Goldstein, Qvist, & Pinker 2019. Coal kills: Lockwood, Welker-Hood, et al. 2009. Jarvis, Deschenes, & Jha 2019. 即使我们接受最近"有

关当局隐瞒切尔诺贝利事故数千人死亡"的说法，60 年核电造成的死亡人数
仍只相当于与煤炭相关的一个月的死亡人数。

22. Ropeik 2010; Slovic 1987.

23. Pinker 2018, Table 13-1, p. 192; Mueller 2006.

24. Walker, Petulla, et al. 2019.

25. Tate, Jenkins, et al. 2020.

26. Schelling 1960, p. 90; Tooby, Cosmides, & Price 2006. Pearl Harbor and 9/11 as
public outrages: Mueller 2006.

27. Chwe 2001; De Freitas, Thomas, et al. 2019; Schelling 1960.

28. Baumeister, Stillwell, & Wotman 1990.

29. Pearl Harbor and 9/11, Mueller 2006; George Floyd killing, Blackwell 2020.

30. 这个词因奥巴马的幕僚长拉姆·伊曼纽尔（Rahm Emanuel）而流行起来，但
最早由人类学家卢瑟·格拉赫（Luther Gerlach）使用。感谢《耶鲁语录集》(*The
Yale Book of Quotations*）的编辑弗雷德·夏皮罗（Fred Shapiro）。

31. Mueller 2006.

32. 参见马克斯·罗泽的个人社交媒体。

33. McCarthy 2015.

34. Rosling 2019.

35. Bornstein & Rosenberg 2016.

36. Lankford & Madfis 2018.

37. Paulos 1988.

38. Edwards 1996.

39. Paulos 1988; Hastie & Dawes 2010; Mlodinow 2009; Schneps & Colmez 2013.

40. Batt 2004; Schneps & Colmez 2013.

41. *Texas v. Pennsylvania* 2020. Bump 2020.

42. Gilovich, Vallone, & Tversky 1985.

43. Miller & Sanjurjo 2018; Gigerenzer 2018a.

44. Pinker 2011, pp. 202–7.

45.　Krämer & Gigerenzer 2005.

46.　Krämer & Gigerenzer 2005; Miller & Sanjurjo 2018; Miller & Sanjurjo 2019.

47.　Rosen 1996; Good 1996.

48.　Krämer & Gigerenzer 2005.

49.　Krämer & Gigerenzer 2005; Schneps & Colmez 2013.

50.　Johnson, Tress, et al. 2019. Knox & Mummolo 2020. Johnson & Cesario 2020. Cesario & Johnson 2020.

51.　Edwards 1996.

52.　Mlodinow 2009; Paulos 1988.

53.　Fabrikant 2008; Mlodinow 2009; Serwer 2006.

54.　Gardner 1972.

55.　Open Science Collaboration 2015; Gigerenzer 2018b; Ioannidis 2005; Pashler & Wagenmakers 2012.

56.　Ioannidis 2005; Simmons, Nelson, & Simonsohn 2011. "歧路花园" 是由统计学家安德鲁·盖尔曼（Gelman & Loken 2014）创造的。

57.　认知心理学家迈克尔·科尔巴里斯（Michael Corballis）说。

58.　例如开放科学（Open Science）的注册。

59.　Feller 1968; Pinker 2011, pp. 202–7.

60.　Kahneman & Tversky 1972.

61.　Gould 1988.

第 5 章　信念与证据：贝叶斯推理

1.　Caplan 2017; Chivers 2019; Raemon 2017.

2.　Arbital 2020.

3.　Gigerenzer 2011.

4. 更准确地说，P（数据 | 假设）与或然率成正比。在不同的统计子群体中，术语"或然率"的技术含义略有不同，这是在讨论贝叶斯推理时常用的。

5. Kahneman & Tversky 1972; Tversky & Kahneman 1974.

6. "在对证据的评估中，人类显然不是一个保守的贝叶斯主义者：一点贝叶斯主义者的风格都没有。"Kahneman & Tversky 1972, p. 450.

7. Tversky & Kahneman 1982.

8. Hastie & Dawes 2010.

9. Tversky & Kahneman 1974.

10. 无意中听到，我找不到印刷版。

11. Earman 2002.

12. Hume 1748/1999, section X, "*Of miracles*," part 1, 90.

13. Hume 1748/1999, section X, "*Of miracles*," part 1, 91.

14. French 2012.

15. Carroll 2016. Stenger 1990.

16. Open Science Collaboration 2015; Pashler & Wagenmakers 2012.

17. Mercier 2020.

18. Ziman 1978, p. 40.

19. Tetlock & Gardner 2015.

20. Tetlock 2003; Tetlock, Kristel, et al. 2000.

21. Pinker 2018, pp. 215–19; Charlesworth & Banaji 2019.

22. Tetlock 1994.

23. Gigerenzer 1991, 2018a; Gigerenzer, Swijtink, et al. 1989; Cosmides & Tooby 1996.

24. Burns 2010; Maines 2007.

25. Bar-Hillel 1980; Tversky & Kahneman 1982; Gigerenzer 1991.

26. Gigerenzer 1991, 1996; Kahneman & Tversky 1996.

27. Cosmides & Tooby 1996; Gigerenzer 1991; Hoffrage, Lindsey, et al. 2000; Tversky & Kahneman 1983. 卡尼曼和特沃斯基指出，频率格式可以减少

但并非总是可以消除基础比率忽视。Kahneman & Tversky 1996; Mellers, Hertwig, & Kahneman 2001。

28. Gigerenzer 2015; Kahan 2013.

第 6 章　风险与回报：理性选择与预期效用

1. 人类作为理性行为人的模型在任何经济学或政治学入门教科书中都有解释。将理性选择与预期效用联系起来的理论由冯·诺伊曼和摩根斯特恩在 1953/2007 年提出，并由萨维奇在 1954 年改进。对于这个将二者等同起来的理论，我交替使用"理性选择"和"预期效用"两个概念。Luce & Raiffa 1957 and Hastie & Dawes 2010.

2. Cohn, Maréchal, et al. 2019.

3. Glaeser 2004.

4. Arkes, Gigerenzer, & Hertwig 2016; Slovic & Tversky 1974.

5. Hastie & Dawes 2010; Savage 1954.

6. 更常见的说法是完备性或可比性。

7. 也被称为备选的概率分布，组合的代数和复合彩票的约简。

8. 独立性公理的变体包括切尔诺夫条件、森性质、阿罗无关替代品独立（IIA）和卢斯选择公理。

9. Liberman 2004.

10. 更常见的是连续性或可解性。

11. Stevenson & Wolfers 2008.

12. Richardson 1960, p. 11; Slovic 2007; Wan & Shammas 2020.

13. Pinker 2011, pp. 219–20.

14. Tetlock 2003; Tetlock, Kristel, et al. 2000.

15. "哎呀，100 万美元……也许吧。""给你 100 美元，你愿意和我在一起吗？""你以为我是什么女人？""我们已经确定了这一点，我们只是在讨价还价。"

16. Simon 1956.

17. Tversky 1972.

18. Savage 1954, cited in Tversky 1972, pp. 283–84.

19. Tversky 1969.

20. Arkes, Gigerenzer, & Hertwig 2016.

21. Tversky 1972, p. 298; Hastie & Dawes 2010, p. 251.

22. Lichtenstein & Slovic 1971.

23. 四舍五入的结果是 1 美分或 2 美分的差异，但这些差异抵消了研究中使用的投注，不影响结果。

24. Arkes, Gigerenzer, & Hertwig 2016, p. 23. Hastie & Dawes 2010, p. 76. Wise up: Arkes, Gigerenzer, & Hertwig 2016, pp. 23–24.

25. Allais 1953.

26. Kahneman & Tversky 1979, p. 267.

27. Kahneman & Tversky 1979.

28. Breyer 1993, p. 12.

29. Kahneman & Tversky 1979.

30. McNeil, Pauker, et al. 1982.

31. Tversky & Kahneman 1981.

32. Hastie & Dawes 2010, pp. 282–88.

33. Kahneman & Tversky 1979.

34. 决策权重图不同于 Kahneman & Tversky 1979 年中的图 4，而是基于 Hastie & Dawes 2010 年的图 12.2，我认为这是对这个理论更好的可视化。

35. Kahneman & Tversky 1979.

36. 这种普遍存在的不对称被称为消极偏见。Tierney & Baumeister 2019.

37. Maurice Allais, Herbert Simon, Daniel Kahneman, Richard Thaler, George Akerlof.

38. Gigerenzer 2008b, p. 20.

39. Abito & Salant 2018; Braverman 2018.

40. Sydnor 2010.

41. Gigerenzer & Kolpatzik 2017; Gigerenzer 2014.

第7章　正确反应与误报：信号探测与统计决策理论

1. Twain 1897/1989.

2. Lynn, Wormwood, et al. 2015.

3. 统计分布在任何统计学或心理学导论中都有解释。Green & Swets 1966; Lynn, Wormwood, et al. 2015; Swets, Dawes, & Monahan 2000; Wolfe, Kluender, et al. 2020, chap. 1. Gigerenzer, Krauss, & Vitouch 2004; Gigerenzer, Swijtink, et al. 1989。

4. Pinker 2011, pp. 210–20.

5. 这叫作中心极限定理。

6. 这里的"或然率"是在讨论贝叶斯规则时常用的狭义术语。

7. Lynn, Wormwood, et al. 2015.

8. Lynn, Wormwood, et al. 2015.

9. Lynn, Wormwood, et al. 2015.

10. 令人困惑的是，在医学语境中，"敏感性"指的是命中率，即在存在某种疾病的情况下，测试出阳性的或然率。它与"特异性"、正确的排异率、在不存在疾病的情况下阴性发现的或然率形成对比。

11. Loftus, Doyle, et al. 2019.

12. National Research Council 2009; President's Council of Advisors on Science and Technology 2016.

13. Bankoff 2014.

14. Ali 2011.

15. Soave 2014; Young 2014a. De Zutter, Horselenberg, & van Koppen 2017; Rumney 2006. Bazelon & Larimore 2009; Young 2014b.

16. Arkes & Mellers 2002.

17. 阿克斯和梅勒斯引用了 1981 年的一项研究，该研究报告了一个 0.6～0.9 的范围，以及一系列有缺陷的研究，d's 接近 2.7。我的估计来自美国国家研究委员会 2003 年发表的一项元分析，第 122 页，该分析报告了敏感性的相关度量（ROC 曲线下面积）的中位数为 0.86。在等方差正态分布的假设下，通过将相应的 z 分数乘以 $\sqrt{2}$，可以将该数字转换为 d'=1.53。

18. National Research Council 2009; President's Council of Advisors on Science and Technology 2016. Bazelon & Larimore 2009; De Zutter, Horselenberg, & van Koppen 2017; Rumney 2006; Young 2014b. Mueller 2006.

19. 统计决策理论，特别是零假设显著性检验，在每一本统计学和心理学教科书中都有解释。它的历史和它与信号检测论的关系。Gigerenzer, Krauss, & Vitouch 2004; Gigerenzer, Swijtink, et al. 1989。

20. Gigerenzer, Krauss, & Vitouch 2004.

21. "或然率"是在讨论贝叶斯规则时常用的狭义术语，即假设为真时出现数据的概率。

22. Gigerenzer 2018b; Open Science Collaboration 2015; Ioannidis 2005; Pashler & Wagenmakers 2012.

23. *Nature* editors 2020b. "不存在的无与存在的无"出自华莱士·史蒂文斯（Wallace Stevens）的《雪人》（*The Snow Man*）。

24. Henderson 2020; Hume 1748/1999.

第 8 章　自我与他人：博弈论

1. Hume 1739/2000, 3.5.

2. von Neumann & Morgenstern 1953/2007. Binmore 1991; Luce & Raiffa 1957. Binmore 2007; Rosenthal 2011. Poundstone 1992.

3. 本章中提到的每个博弈都在本章注释 2 中的大部分资料中进行了讨论。

4. Clegg 2012; Dennett 2013, chap. 8.

5. Thomas, De Freitas, et al. 2016.

6. Chwe 2001; De Freitas, Thomas, et al. 2019; Schelling 1960; Thomas, DeScioli, et al. 2014.

7. Pinker 2007, chap. 8; Schelling 1960.

8. Lewis 1969. Binmore 1981.

9. 这个例子已经根据通货膨胀进行了调整。

10. Schelling 1960, pp. 67, 71.

11. J. Goldstein 2010.

12. Frank 1988; Schelling 1960; Pinker 1997/2009, chap. 6.

13. Poundstone 1992; Shubik 1971.

14. Dawkins 1976/2016; Maynard Smith 1982.

15. Pinker 2011, pp. 217–20.

16. Shermer 2008.

17. Dawkins 1976/2016; Maynard Smith 1982.

18. Trivers 1971.

19. Pinker 1997/2009, chap. 7; Pinker 2002/2016, chap. 14; Pinker 2011, chap. 8; Trivers 1971.

20. Ridley 1997.

21. Ellickson 1991; Ridley 1997.

22. Hobbes 1651/1957, chap. 14, p. 190.

第 9 章　相关关系与因果关系

1.　Sowell 1995.

2.　Cohen 1997.

3.　Stevenson & Wolfers 2008. 经作者许可后改编。

4.　Hamilton 2018.

5.　Chapman & Chapman 1967, 1969.

6.　Thompson & Adams 1996.

7.　虚假相关性：https://www.tylervigen.com/spurious-correlations。

8.　Galton 1886.

9.　Tversky & Kahneman 1974.

10.　Tversky & Kahneman 1974.

11.　Tversky & Kahneman 1971, 1974.

12.　作者乔纳·莱勒（Jonah Lehrer, 2010）引用了一些科学家的话，他们向他解释了回归均值和可疑的研究实践，但他仍然坚持认为有些事情正在发生，但他们不知道是什么。

13.　Pinker 2007, pp. 208–33.

14.　Hume 1739/2000.

15.　Holland 1986; King, Keohane, & Verba 1994, chap. 3.

16.　Kaba 2020. 对于那些确实表明警务情况对犯罪率具有因果效应（使用本章解释的方法）的研究，请参见：Yglesias 2020a, 2020b。

17.　Pearl 2000.

18.　Weissman 2020.

19.　VanderWeele 2014.

20.　歌词来自 1941 年的录音。所以《马太福音》说："凡有的，还要加给他，叫他有余；没有的，连他所有的也要夺过来。"

21.　Social Progress Imperative 2020; Welzel 2013.

22. Deary 2001; Temple 2015; Ritchie 2015.

23. Pearl & Mackenzie 2018.

24. 认知心理学家雷德·海斯蒂。

25. Baron 2012; Bornstein 2012; Hallsworth & Kirkman 2020.

26. Levitt & Dubner 2009.

27. DellaVigna & Kaplan 2007.

28. Martin & Yurukoglu 2017.

29. Pinker 2011, pp. 278–84.

30. Russett & Oneal 2001; Pinker 2011, pp. 278–84.

31. Stuart 2010.

32. Kendler, Kessler, et al. 2010.

33. Vaci, Edelsbrunner, et al. 2019.

34. Dawes, Faust, & Meehl 1989; Meehl 1954/2013. Tetlock 2009.

35. Polderman, Benyamin, et al. 2015; Pinker 2002/2016, pp. 395–98, 450–51.

36. Salganik, Lundberg, et al. 2020.

第 10 章　人们错在哪里

1. Shermer 2020a.

2. O'Keefe 2020.

3. Wolfe & Dale 2020.

4. Kessler, Rizzo, & Kelly 2020; *Nature* editors 2020a; Tollefson 2020.

5. Rauch 2021.

6. Gilbert 2019; Pennycook & Rand 2020a.

7. 前 5 项数据来自 Moore 2005 中引用的一项盖洛普调查，后 5 项数据来自 2009 年皮尤"宗教与公共生活论坛"。

8. 根据 1990 年到 2005 年或 2009 年之间的反复调查，美国人对精神治疗、鬼屋、鬼魂、与死者沟通和女巫的信念有轻微的上升趋势，而对魔鬼附身、超感能力、心灵感应和转世的信念则有轻微的下降趋势。向通灵者或算命先生咨询、相信外星人访问地球以及相信通灵的人数占比都是稳定的（Moore 2005；皮尤"宗教与公共生活论坛"2009 年）。根据美国国家科学基金会的报告，从 1979 年到 2018 年，30 多岁到 40 多岁的人中，相信占星术"非常"或"有点"科学的比例略有下降。2018 年的调查对象中，18～24 岁的人中相信占星术的占 58%，25～34 岁的人中相信占星术的占 49%（国家科学委员会 2014 年，2020 年）。所有超自然的信念在年轻的受访者中比在年长的受访者中更受欢迎（2009 年皮尤"宗教和公共生活论坛"）。相信占星术的年龄梯度在几十年里是稳定的，这表明轻信是年轻的后果，许多人都是从自己的年轻时期长大的，而不是从 Z 世代、千禧一代或其他一代长大的。

9. Shermer 1997, 2012, 2020b.

10. Mercier 2020; Shermer 2020c; Sunstein & Vermeule 2008; Uscinski & Parent 2014; van Prooijen & van Vugt 2018.

11. Horowitz 2001; Sunstein & Vermeule 2008.

12. Statista Research Department 2019; Uscinski & Parent 2014.

13. Brunvand 2014. 这些小报头条都是我个人收藏的。

14. Nyhan 2018.

15. R. Goldstein 2010.

16. Kunda 1990.

17. 感谢语言学家安·法默（Ann Farmer）的信条："这与是否正确无关。关键是要把事情做好。"

18. 见第 1 章注释 26。

19. Dawson, Gilovich, & Regan 2002.

20. Kahan, Peters, et al. 2017; Lord, Ross, & Lepper 1979; Taber & Lodge 2006; Dawson, Gilovich, & Regan 2002.

21. Pronin, Lin, & Ross 2002.

22. Mercier & Sperber 2011, 2017; Tetlock 2002. Norman 2016.

23. Mercier & Sperber 2011, p. 63; Mercier, Trouche, et al. 2015.

24. Kahan, Peters, et al. 2017.

25. Ditto, Liu, et al. 2019. Baron & Jost 2019; Ditto, Clark, et al. 2019.

26. Stanovich 2020, 2021.

27. Gampa, Wojcik, et al. 2019.

28. Kahan, Hoffman, et al. 2012.

29. Kahan et al. 2012.

30. Stanovich 2020, 2021.

31. Kahan 2013. Pinker 2018, chaps. 21, 23. Pinker 2002/2016, chap. 16; Sowell 1987. Pinker 2011, chap. 3; Campbell & Manning 2018; Pinker 2012. Haidt 2012.

32. Finkel, Bail, et al. 2020.

33. Finkel, Bail, et al. 2020; Wilkinson 2019.

34. Baron & Jost 2019.

35. The epigraph to Sowell 1995.

36. Ditto, Clark, et al. 2019. Pinker 2018, pp. 363–66.

37. Mercier 2020, pp. 191–97.

38. Kahan 2013; Kahan, Peters, et al. 2017; Kahan, Wittlin, et al. 2011.

39. Mercier 2020, chap. 10. 梅西耶在我 2020 年 3 月 5 日的一堂关于理性的课上引用了该条谷歌评论。

40. Mercier 2020; Sperber 1997.

41. Abelson 1986.

42. Henrich, Heine, & Norenzayan 2010.

43. Coyne 2015; Dawkins 2006; Dennett 2006; Harris 2005. R. Goldstein 2010 for a fictionalized debate.

44. Jenkins 2020.

45. BBC News 2020.

46. Baumard & Boyer 2013; Hood 2009; Pinker 1997/2009, chaps. 5, 8; Shermer 1997, 2012.

47. Bloom 2003.

48. Gelman 2005; Hood 2009.

49. Kelemen & Rosset 2009.

50. Rauch 2021; Shtulman 2017; Sloman & Fernbach 2017.

51. 可以查看杂志《怀疑的询问者》（*Skeptical Inquirer*）和《怀疑论者》（*Skeptic*）等，这些杂志会定期刊登主流媒体中的伪科学。

52. Acerbi 2019.

53. Thompson 2020.

54. Mercier 2020; Shermer 2020c; van Prooijen & van Vugt 2018.

55. Pinker 2011, chap. 2; Chagnon 1992.

56. van Prooijen & van Vugt 2018.

57. Mercier 2020, chap. 10.

58. Dawkins 1976/2016.

59. Friesen, Campbell, & Kay 2015.

60. Moore 2005; Pew Forum on Religion and Public Life 2009.

61. Kahan 2015; Kahan, Wittlin, et al. 2011.

62. Nyhan & Reifler 2019; Pennycook & Rand 2020a; Wood & Porter 2019.

63. Baron 2019; Pennycook, Cheyne, et al. 2020; Sá, West, & Stanovich 1999; Tetlock & Gardner 2015.

64. 像大多数精辟的引语都是杜撰的一样，这或许应该归功于经济学家保罗·萨缪尔森。

65. Pennycook, Cheyne, et al. 2020.

66. Pennycook, Cheyne, et al. 2020. Erceg, Galić, & Bubić 2019; Stanovich 2012. Pennycook, Cheyne, et al. 2020, Stanovich, West, & Toplak 2016, Stanovich & Toplak 2019.

67. Welzel 2013; Pinker 2018, chap. 15.

68. Pennycook, Cheyne, et al. 2012; Stanovich 2012; Stanovich, West, & Toplak 2016. Frederick 2005. Maymin & Langer 2021.

69. Pennycook, Cheyne, et al. 2012; Pennycook & Rand 2020b.

70. Norman 2021.

71. Caplan 2017; Chivers 2019; Raemon 2017.

72. "愚蠢者的政党"被认为是路易斯安那州前共和党州长鲍比·金达尔（Bobby Jindal）说的，尽管特朗普自己也说过"愚蠢的政党"。M. K. Lewis 2016; Mann & Ornstein 2012/2016; Sykes 2017. Saldin & Teles 2020。

73. Rauch 2018.

74. Mercier 2020.

75. Lane 2021.

76. Rauch 2018, 2021; Sloman & Fernbach 2017.

77. American Academy of Arts and Sciences 2018. Jones 2018.

78. Flaherty 2020. Kors & Silverglate 1998; Lukianoff 2012; Lukianoff & Haidt 2018.

79. Haidt 2016.

80. American Academy of Arts and Sciences 2018.

81. Nyhan 2013; Nyhan & Reifler 2012.

82. Willingham 2007.

83. Bond 2009; Hoffrage, Lindsey, et al. 2000; Lilienfeld, Ammirati, & Landfield 2009; Mellers, Ungar, et al. 2014; Morewedge, Yoon, et al. 2015; Willingham 2007.

84. Kahan, Wittlin, et al. 2011; Stanovich 2021.

85. Ellickson 1991; Ridley 1997.

86. Rauch 2021; Sloman & Fernbach 2017.

87. Eisenstein 2012.

88. Kräenbring, Monzon Penza, et al. 2014.

89. Fox 2020; Lyttleton 2020. Pennycook, Cannon, & Rand 2018; Pennycook & Rand 2020a.

90. Joyner 2011; Tetlock 2015.

91. Pinker 2018, pp. 380–81.

92. Elster 1998; Fishkin 2011.

93. Mercier & Sperber 2011.

第 11 章　理性为什么如此重要

1. Singer 1981/2011, pp. 88.

2. Alexander 2018.

3. Stanovich 2018; Stanovich, West, & Toplak 2016.

4. Stanovich 2018.

5. 关于法利的观点请参见他的个人社交媒体。

6. Bruine de Bruin, Parker, & Fischhoff 2007.

7. Ritchie 2015.

8. Bruine de Bruin, Parker, & Fischhoff 2007. Parker, Bruine de Bruin, et al. 2018 Toplak, West, & Stanovich 2017. 2020 年，我和经济学家马蒂·托玛的一项针对 157 名选修了我的"理性"课程的哈佛学生的调查重复了这个结果。

9. Pinker 2011; Pinker 2018. Kenny 2011; Norberg 2016; Ridley 2010.

10. Roser, Ortiz-Ospina, & Ritchie 2013, accessed Dec. 8, 2020; Pinker 2018, chaps. 5, 6.

11. Pinker 2018, chap. 7.

12. Roser 2016, accessed Dec. 8, 2020; Pinker 2018, chap. 8.

13. Pinker 2011, chaps. 5, 6; Pinker 2018, chap. 11. R. Goldstein 2011; Mueller 2021; Payne 2004.

14. Goldstein-Rose 2020.

15. Pinker 2011, chaps. 4, 7; Pinker 2018, chap. 15. Appiah 2010; Grayling 2007; Hunt 2007; Payne 2004; Shermer 2015; Singer 1981/2011.

16. Alexander 2018.

17. Pinker 2011, chap. 4; Appiah 2010; Grayling 2007; Hunt 2007; Payne 2004.

18. Welzel 2013, p. 122; Pinker 2018, p. 228 and note 45, and pp. 233–35 and note 8.

19. *Concerning Heretics, Whether They Are to Be Persecuted*, quoted in Grayling 2007, pp. 53–54.

20. Mueller 2021.

21. Erasmus 1517/2017.

22. Beccaria 1763/2010.

23. Pinker 2018, pp. 211–13.

24. Bentham & Crompton 1785/1978.

25. Bentham 1789, chap. 19.

26. Singer 1981/2011.

27. Davis 1984.

28. Locke 1689/2015, 2nd treatise, chap. VI, sect. 61.

29. Locke 1689/2015, 2nd treatise, chap. IV, sect 22.

30. Astell 1730/2010.

31. Wollstonecraft 1792/1995.

32. Douglass 1852/1999.

Abelson, R. P. 1986. Beliefs are like possessions. *Journal for the Theory of Social Behaviour, 16*, 223–50.

Abito, J. M., & Salant, Y. 2018. The effect of product misperception on economic outcomes: Evidence from the extended warranty market. *Review of Economic Studies, 86*, 2285–2318.

Acerbi, A. 2019. Cognitive attraction and online misinformation. *Palgrave Communications, 5*, 1–7.

Aggarwal, C. C. 2018. *Neural networks and deep learning*. New York: Springer. Ainslie, G. 2001. *Breakdown of will*. New York: Cambridge University Press.

Alexander, S. 2018. Conflict vs. mistake. *Slate Star Codex*.

Ali, R. 2011. *Dear colleague letter* (policy guidance from the assistant secretary for civil rights). US Department of Education.

Allais, M. 1953. Le comportement de l'homme rationnel devant le risque: Critique des postulats et axiomes de l'école Americaine. *Econometrica, 21*, 503–46.

American Academy of Arts and Sciences. 2018. *Perceptions of science in America*. Cambridge, MA: American Academy of Arts and Sciences.

Appiah, K. A. 2010. *The honor code: How moral revolutions happen.* New York: W. W. Norton.

Arbital. 2020. Bayes' rule.

Arkes, H. R., Gigerenzer, G., & Hertwig, R. 2016. How bad is incoherence? *Decision, 3,* 20–39.

Arkes, H. R., & Mellers, B. A. 2002. Do juries meet our expectations? *Law and Human Behavior, 26,* 625– 39.

Armstrong, S. L., Gleitman, L. R., & Gleitman, H. 1983. What some concepts might not be. *Cognition, 13,* 263–308.

Ashby, F. G., Alfonso-Reese, L. A., Turken, A. U., & Waldron, E. M. 1998. A neuropsychological theory of multiple systems in category learning. *Psychological Review, 105,* 442–81.

Astell, M. 1730/2010. *Some reflections upon marriage. To which is added a preface, in answer to some objections.* Farmington Hills, MI: Gale ECCO.

Bacon, F. 1620/2017. *Novum organum.* Seattle, WA: CreateSpace.

Bankoff, C. 2014. Dick Cheney simply does not care that the CIA tortured innocent people. *New York Magazine,* Dec. 14.

Bar-Hillel, M. 1980. The base-rate fallacy in probability judgments. *Acta Psychologica, 44,* 211–33.

Baron, J. 2012. Applying evidence to social programs. *New York Times,* Nov. 29.

Baron, J. 2019. Actively open-minded thinking in politics. *Cognition, 188,* 8–18.

Baron, J., & Jost, J. T. 2019. False equivalence: Are liberals and conservatives in the United States equally biased? *Perspectives on Psychological Science, 14,* 292–303.

Basterfield, C., Lilienfeld, S. O., Bowes, S. M., & Costello, T. H. 2020. The Nobel disease: When intelligence fails to protect against irrationality. *Skeptical Inquirer,* May.

Batt, J. 2004. *Stolen innocence: A mother's fight for justice—the authorised story of Sally Clark.* London: Ebury Press.

Baumard, N., & Boyer, P. 2013. Religious beliefs as reflective elaborations on intuitions: A modified dual- process model. *Current Directions in Psychological Science, 22*, 295–300.

Baumeister, R. F., Stillwell, A., & Wotman, S. R. 1990. Victim and perpetrator accounts of interpersonal conflict: Autobiographical narratives about anger. *Journal of Personality and Social Psychology, 59*, 994–1005.

Baumeister, R. F., & Tierney, J. 2012. *Willpower: Rediscovering the greatest human strength*. London: Penguin.

Bazelon, E., & Larimore, R. 2009. How often do women falsely cry rape? *Slate*, Oct. 1.

BBC News. 2004. Avoid gold teeth, says Turkmen leader. Apr. 7.

BBC News. 2020. The Crown: Netflix has "no plans" for a fiction warning. *BBC News*.

Beccaria, C. 1763/2010. *On crimes and punishments and other writings* (R. Davies, trans.; R. Bellamy, ed.). New York: Cambridge University Press.

Bell, E. T. 1947. *The development of mathematics* (2nd ed.). New York: McGraw-Hill.

Bentham, J. 1789. An introduction to the principles of morals and legislation.

Bentham, J., & Crompton, L. 1785/1978. Offences against one's self: Paederasty (part I). *Journal of Homosexuality, 3*, 389–405.

Binmore, K. 1981. Do conventions need to be common knowledge? *Topoi, 27*, 17–27.

Binmore, K. 1991. *Fun and games: A text on game theory*. Boston: Houghton Mifflin.

Binmore, K. 2007. *Game theory: A very short introduction*. New York: Oxford University Press.

Blackwell, M. 2020. Black Lives Matter and the mechanics of conformity. *Quillette*, Sept. 17.

Block, W. 1976/2018. *Defending the undefendable*. Auburn, AL: Ludwig von Mises Institute.

Bloom, P. 2003. *Descartes' baby: How the science of child development explains what makes us human*. New York: Basic Books.

Bond, M. 2009. Risk school. *Nature, 461,* 1189–92, Oct. 28.

Bornstein, D. 2012. The dawn of the evidence-based budget. *New York Times,* May 30.

Bornstein, D., & Rosenberg, T. 2016. When reportage turns to cynicism. *New York Times*, Nov. 14.

Braverman, B. 2018. Why you should steer clear of extended warranties. *Consumer Reports*, Dec. 22.

Breyer, S. 1993. *Breaking the vicious circle: Toward effective risk regulation.* Cambridge, MA: Harvard University Press.

Bruine de Bruin, W., Parker, A. M., & Fischhoff, B. 2007. Individual differences in adult decision-making competence. *Journal of Personality and Social Psychology, 92,* 938–56.

Brunvand, J. H. 2014. *Too good to be true: The colossal book of urban legends* (rev. ed.). New York: W. W. Norton.

Bump, P. 2020. Trump's effort to steal the election comes down to some utterly ridiculous statistical claims. *Washington Post,* Dec. 9.

Burns, K. 2010. At veterinary colleges, male students are in the minority. *American Veterinary Medical Association*, Feb. 15.

Caldeira, K., Emanuel, K., Hansen, J., & Wigley, T. 2013. Top climate change scientists' letter to policy influencers. *CNN*, Nov. 3.

Campbell, B., & Manning, J. 2018. *The rise of victimhood culture: Microaggressions, safe spaces, and the new culture wars*. London: Palgrave Macmillan.

Caplan, B. 2017. What's wrong with the rationality community. *EconLog*, Apr. 4.

Carroll, L. 1895. What the tortoise said to Achilles. *Mind, 4,* 178–80.

Carroll, L. 1896/1977. Symbolic logic. In W. W. Bartley, ed., *Lewis Carroll's Symbolic Logic*. New York: Clarkson Potter.

Carroll, S. M. 2016. *The big picture: On the origins of life, meaning, and the universe itself.* New York: Penguin Random House.

Cesario, J., & Johnson, D. J. 2020. Statement on the retraction of "Officer characteristics and racial disparities in fatal officer-involved shootings."

Chagnon, N. A. 1992. *Yanomamö: The last days of Eden.* New York: Harcourt Brace.

Chagnon, N. A. 1997. *Yanomamö* (5th ed.). Fort Worth, TX: Harcourt Brace.

Chapman, L. J., & Chapman, J. P. 1967. Genesis of popular but erroneous psychodiagnostic observations. *Journal of Abnormal Psychology, 72,* 193–204.

Chapman, L. J., & Chapman, J. P. 1969. Illusory correlation as an obstacle to the use of valid psychodiagnostic signs. *Journal of Abnormal Psychology, 74,* 271–80.

Charlesworth, T. E. S., & Banaji, M. R. 2019. Patterns of implicit and explicit attitudes: I. Long-term change and stability from 2007 to 2016. *Psychological Science, 30,* 174–92.

Cheng, P. W., & Holyoak, K. J. 1985. Pragmatic reasoning schemas. *Cognitive Psychology, 17,* 391–416.

Chivers, T. 2019. *The AI does not hate you: Superintelligence, rationality and the race to save the world.* London: Weidenfeld & Nicolson.

Chomsky, N. 1972/2006. *Language and mind* (extended ed.). New York: Cambridge University Press.

Chwe, M. S.-Y. 2001. *Rational ritual: Culture, coordination, and common knowledge.* Princeton, NJ: Princeton University Press.

Clegg, L. F. 2012. Protean free will. Unpublished manuscript, California Institute of Technology.

Cohen, I. B. 1997. *Science and the Founding Fathers: Science in the political thought of Thomas Jefferson, Benjamin Franklin, John Adams, and James Madison.* New York: W. W. Norton.

Cohn, A., Maréchal, M. A., Tannenbaum, D., & Zünd, C. L. 2019. Civic honesty around the globe. *Science, 365,* 70–73.

Cohon, R. 2018. Hume's moral philosophy. In E. N. Zalta, ed., *The Stanford Encyclopedia of Philosophy.*

Cole, M., Gay, J., Glick, J., & Sharp, D. W. 1971. *The cultural context of learning and thinking.* New York: Basic Books.

Combs, B., & Slovic, P. 1979. Newspaper coverage of causes of death. *Journalism Quarterly, 56*, 837–43.

Cosmides, L. 1989. The logic of social exchange: Has natural selection shaped how humans reason? Studies with the Wason selection task. *Cognition, 31*, 187–276.

Cosmides, L., & Tooby, J. 1996. Are humans good intuitive statisticians after all? Rethinking some conclusions from the literature on judgment under uncertainty. *Cognition, 58*, 1–73.

Coyne, J. A. 2015. *Faith versus fact: Why science and religion are incompatible.* New York: Penguin.

Crockett, Z. 2015. The time everyone "corrected" the world's smartest woman. *Priceonomics*, Feb. 19.

Curtis, G. N. 2020. The *Fallacy Files* taxonomy of logical fallacies.

Dasgupta, P. 2007. The Stern Review's economics of climate change. *National Institute Economic Review, 199*, 4–7.

Davis, D. B. 1984. *Slavery and human progress.* New York: Oxford University Press.

Dawes, R. M., Faust, D., & Meehl, P. E. 1989. Clinical versus actuarial judgment. *Science, 243*, 1668–74.

Dawkins, R. 1976/2016. *The selfish gene* (40th anniv. ed.). New York: Oxford University Press.

Dawkins, R. 2006. *The God delusion.* New York: Houghton Mifflin.

Dawson, E., Gilovich, T., & Regan, D. T. 2002. Motivated reasoning and performance on the Wason selection task. *Personality and Social Psychology Bulletin, 28*, 1379–87.

De Freitas, J., Thomas, K., DeScioli, P., & Pinker, S. 2019. Common knowledge, coordination, and strategic mentalizing in human social life. *Proceedings of the National Academy of Sciences, 116*, 13751–58.

de Lazari-Radek, K., & Singer, P. 2012. The objectivity of ethics and the unity of practical reason. *Ethics, 123*, 9–31.

De Zutter, A., Horselenberg, R., & van Koppen, P. J. 2017. The prevalence of false allegations of rape in the United States from 2006–2010. *Journal of Forensic Psychology, 2.*

Deary, I. J. 2001. *Intelligence: A very short introduction.* New York: Oxford University Press.

DellaVigna, S., & Kaplan, E. 2007. The Fox News effect: Media bias and voting. *Quarterly Journal of Economics, 122,* 1187–234.

Dennett, D. C. 2006. *Breaking the spell: Religion as a natural phenomenon.* New York: Penguin.

Dennett, D. C. 2013. *Intuition pumps and other tools for thinking.* New York: W. W. Norton.

Ditto, P. H., Clark, C. J., Liu, B. S., Wojcik, S. P., Chen, E. E., et al. 2019. Partisan bias and its discontents. *Perspectives on Psychological Science, 14,* 304–16.

Ditto, P. H., Liu, B. S., Clark, C. J., Wojcik, S. P., Chen, E. E., et al. 2019. At least bias is bipartisan: A meta- analytic comparison of partisan bias in liberals and conservatives. *Perspectives on Psychological Science, 14,* 273–91.

Donaldson, H., Doubleday, R., Hefferman, S., Klondar, E., & Tummarello, K. 2011. Are talking heads blowing hot air? An analysis of the accuracy of forecasts in the political media. Hamilton College.

Douglass, F. 1852/1999. What to the slave is the Fourth of July? In P. S. Foner, ed., *Frederick Douglass: Selected speeches and writings.* Chicago: Lawrence Hill.

Duffy, B. 2018. *The perils of perception: Why we're wrong about nearly everything.* London: Atlantic Books.

Eagle, A. 2019. Chance versus randomness. In E. N. Zalta, ed., *The Stanford Encyclopedia of Philosophy.*

Earman, J. 2002. Bayes, Hume, Price, and miracles. *Proceedings of the British Academy, 113,* 91–109.

Edwards, A. W. F. 1996. Is the Pope an alien? *Nature, 382,* 202.

Einstein, A. 1981. *Albert Einstein, the human side: New glimpses from his archives* (H. Dukas & B. Hoffman, eds.). Princeton, NJ: Princeton University Press.

Eisenstein, E. L. 2012. *The printing revolution in early modern Europe* (2nd ed.). New York: Cambridge University Press.

Eliot, G. 1883/2017. *Essays of George Eliot* (T. Pinney, ed.). Philadelphia: Routledge.

Ellickson, R. C. 1991. *Order without law: How neighbors settle disputes*. Cambridge, MA: Harvard University Press.

Elster, J., ed. 1998. *Deliberative democracy*. New York: Cambridge University Press.

Emerson, R. W. 1841/1993. *Self-reliance and other essays*. New York: Dover.

Erasmus, D. 1517/2017. *The complaint of peace: To which is added, Antipolemus; or, the plea of reason, religion, and humanity, against war*. Miami, FL: HardPress.

Erceg, N., Galić, Z., & Bubić, A. 2019. "Dysrationalia" among university students: The role of cognitive abilities, different aspects of rational thought and self-control in explaining epistemically suspect beliefs. *Europe's Journal of Psychology, 15*, 159–75.

Evans, J. S. B. T. 2012. Dual-process theories of deductive reasoning: Facts and fallacies. In K. J. Holyoak & R. G. Morrison, eds., *The Oxford Handbook of Thinking and Reasoning*. Oxford: Oxford University Press.

Fabrikant, G. 2008. Humbler, after a streak of magic. *New York Times,* May 11.

Federal Aviation Administration. 2016. *Pilot's handbook of aeronautical knowledge*. Oklahoma City: US Department of Transportation.

Federal Bureau of Investigation. 2019. Crime in the United States, expanded homicide data table 1.

Feller, W. 1968. *An introduction to probability theory and its applications*. New York: Wiley.

Fiddick, L., Cosmides, L., & Tooby, J. 2000. No interpretation without representation: The role of domain-specific representations and inferences in the Wason selection task. *Cognition, 77*, 1–79.

Finkel, E. J., Bail, C. A., Cikara, M., Ditto, P. H., Iyengar, S., et al. 2020. Political sectarianism in America. *Science, 370*, 533–36.

Fishkin, J. S. 2011. *When the people speak: Deliberative democracy and public consultation.* New York: Oxford University Press.

Flaherty, C. 2020. Failure to communicate: Professor suspended for saying a Chinese word that sounds like a racial slur in English. *Inside Higher Ed.*

Fodor, J. A. 1968. *Psychological explanation: An introduction to the philosophy of psychology.* New York: Random House.

Fox, C. 2020. Social media: How might it be regulated? *BBC News*, Nov. 12.

Frank, R. H. 1988. *Passions within reason: The strategic role of the emotions.* New York: W. W. Norton.

Frederick, S. 2005. Cognitive reflection and decision making. *Journal of Economic Perspectives, 19*, 25–42.

French, C. 2012. Precognition studies and the curse of the failed replications. *The Guardian*, Mar. 15.

Friedersdorf, C. 2018. Why can't people hear what Jordan Peterson is actually saying? *The Atlantic*, Jan. 22.

Friesen, J. P., Campbell, T. H., & Kay, A. C. 2015. The psychological advantage of unfalsifiability: The appeal of untestable religious and political ideologies. *Journal of Personality and Social Psychology, 108*, 515–29.

Galton, F. 1886. Regression towards mediocrity in hereditary stature. *Journal of the Anthropological Institute of Great Britain and Ireland, 15*, 246–63.

Gampa, A., Wojcik, S. P., Motyl, M., Nosek, B. A., & Ditto, P. H. 2019. (Ideo)logical reasoning: Ideology impairs sound reasoning. *Social Psychological and Personality Science, 10*, 1075–83.

Gardner, M. 1959. Problems involving questions of probability and ambiguity. *Scientific American, 201*, 174–82.

Gardner, M. 1972. Why the long arm of coincidence is usually not as long as it seems.

Scientific American, 227.

Gelman, A., & Loken, E. 2014. The statistical crisis in science. *American Scientist, 102,* 460–65.

Gelman, S. A. 2005. *The essential child: Origins of essentialism in everyday thought.* New York: Oxford University Press.

Gettier, E. L. 1963. Is justified true belief knowledge? *Analysis, 23,* 121–23.

Gigerenzer, G. 1991. How to make cognitive illusions disappear: Beyond "heuristics and biases." *European Review of Social Psychology, 2,* 83–115.

Gigerenzer, G. 1996. On narrow norms and vague heuristics: A reply to Kahneman and Tversky. *Psychological Review, 103,* 592–96.

Gigerenzer, G. 1998. Ecological intelligence: An adaptation for frequencies. In D. D. Cummins & C. Allen, eds., *The evolution of mind.* New York: Oxford University Press.

Gigerenzer, G. 2004. Gigerenzer's Law of Indispensable Ignorance. *Edge.*

Gigerenzer, G. 2006. Out of the frying pan into the fire: Behavioral reactions to terrorist attacks. *Risk Analysis, 26,* 347–51.

Gigerenzer, G. 2008a. The evolution of statistical thinking. In G. Gigerenzer, ed., *Rationality for mortals: How people cope with uncertainty.* New York: Oxford University Press.

Gigerenzer, G. 2008b. *Rationality for mortals: How people cope with uncertainty.* New York: Oxford University Press.

Gigerenzer, G. 2011. What are natural frequencies? *BMJ, 343,* d6386.

Gigerenzer, G. 2014. Breast cancer screening pamphlets mislead women. *BMJ, 348,* g2636.

Gigerenzer, G. 2015. On the supposed evidence for libertarian paternalism. *Review of Philosophy and Psychology, 6,* 361–83.

Gigerenzer, G. 2018a. The Bias Bias in behavioral economics. *Review of Behavioral Economics, 5,* 303–36.

Gigerenzer, G. 2018b. Statistical rituals: The replication delusion and how we got there. *Advances in Methods and Practices in Psychological Science, 1*, 198–218.

Gigerenzer, G., & Garcia-Retamero, R. 2017. Cassandra's regret: The psychology of not wanting to know. *Psychological Review, 124*, 179–96.

Gigerenzer, G., Hertwig, R., Van Den Broek, E., Fasolo, B., & Katsikopoulos, K. V. 2005. "A 30% chance of rain tomorrow": How does the public understand probabilistic weather forecasts? *Risk Analysis: An International Journal, 25*, 623–29.

Gigerenzer, G., & Kolpatzik, K. 2017. How new fact boxes are explaining medical risk to millions. *BMJ, 357*, j2460.

Gigerenzer, G., Krauss, S., & Vitouch, O. 2004. The null ritual: What you always wanted to know about significance testing but were afraid to ask. In D. Kaplan, ed., *The Sage Handbook of Quantitative Methodology for the Social Sciences*. Thousand Oaks, CA: Sage.

Gigerenzer, G., Swijtink, Z., Porter, T., Daston, L., Beatty, J., et al. 1989. *The empire of chance: How probability changed science and everyday life*. New York: Cambridge University Press.

Gilbert, B. 2019. The 10 most-viewed fake-news stories on Facebook in 2019 were just revealed in a new report. *Business Insider*, Nov. 6.

Gilovich, T., Vallone, R., & Tversky, A. 1985. The hot hand in basketball: On the misperception of random sequences. *Cognitive Psychology, 17*, 295–314.

Glaeser, E. L. 2004. Psychology and the market. *American Economic Review, 94*, 408–13.

Goda, G. S., Levy, M. R., Manchester, C. F., Sojourner, A., & Tasoff, J. 2015. The role of time preferences and exponential-growth bias in retirement savings. *National Bureau of Economic Research Working Paper Series*, no. 21482.

Goldstein-Rose, S. 2020. *The 100% solution: A plan for solving climate change*. New York: Melville House.

Goldstein, J. S. 2010. Chicken dilemmas: Crossing the road to cooperation. In I. W. Zartman & S. Touval, eds., *International cooperation: The extents and limits of multilateralism*. New York: Cambridge University Press.

Goldstein, J. S. 2011. *Winning the war on war: The decline of armed conflict worldwide*. New York: Penguin.

Goldstein, J. S., & Qvist, S. A. 2019. *A bright future: How some countries have solved climate change and the rest can follow*. New York: PublicAffairs.

Goldstein, J. S., Qvist, S. A., & Pinker, S. 2019. Nuclear power can save the world. *New York Times*, Apr. 6.

Goldstein, R. N. 2006. *Betraying Spinoza: The renegade Jew who gave us modernity*. New York: Nextbook/Schocken.

Goldstein, R. N. 2010. *36 arguments for the existence of God: A work of fiction*. New York: Pantheon.

Goldstein, R. N. 2013. *Plato at the Googleplex: Why philosophy won't go away*. New York: Pantheon.

Good, I. 1996. When batterer becomes murderer. *Nature, 381*, 481.

Goodfellow, I., Bengio, Y., & Courville, A. 2016. *Deep learning*. Cambridge, MA: MIT Press.

Gould, S. J. 1988. The streak of streaks. *New York Review of Books*.

Gould, S. J. 1999. *Rocks of ages: Science and religion in the fullness of life*. New York: Ballantine.

Gracyk, T. 2020. Hume's aesthetics. In E. N. Zalta, ed., *Stanford Encyclopedia of Philosophy*.

Granberg, D., & Brown, T. A. 1995. The Monty Hall dilemma. *Personality & Social Psychology Bulletin, 21*, 711–23.

Grayling, A. C. 2007. *Toward the light of liberty: The struggles for freedom and rights that made the modern Western world*. New York: Walker.

Green, D. M., & Swets, J. A. 1966. *Signal detection theory and psychophysics*. New York: Wiley.

Greene, J. 2013. *Moral tribes: Emotion, reason, and the gap between us and them*. New

York: Penguin.

Grice, H. P. 1975. Logic and conversation. In P. Cole & J. L. Morgan, eds., *Syntax and semantics*, vol. 3, *Speech acts*. New York: Academic Press.

Haidt, J. 2012. *The righteous mind: Why good people are divided by politics and religion*. New York: Pantheon.

Haidt, J. 2016. Why universities must choose one telos: truth or social justice. *Heterodox Academy*, Oct. 16.

Hájek, A. 2019. Interpretations of probability. In E. N. Zalta, ed., *The Stanford Encyclopedia of Philosophy*.

Hallsworth, M., & Kirkman, E. 2020. *Behavioral insights*. Cambridge, MA: MIT Press.

Hamilton, I. A. 2018. Jeff Bezos explains why his best decisions were based off intuition, not analysis. *Inc.*, Sept. 14.

Harris, S. 2005. *The end of faith: Religion, terror, and the future of reason*. New York: W. W. Norton.

Hastie, R., & Dawes, R. M. 2010. *Rational choice in an uncertain world: The psychology of judgment and decision making* (2nd ed.). Los Angeles: Sage.

Henderson, L. 2020. The problem of induction. In E. N. Zalta, ed., *The Stanford Encyclopedia of Philosophy*.

Henrich, J., Heine, S. J., & Norenzayan, A. 2010. The weirdest people in the world? *Behavioral and Brain Sciences, 33*, 61–83.

Hertwig, R., & Engel, C. 2016. Homo ignorans: Deliberately choosing not to know. *Perspectives on Psychological Science, 11*, 359–72.

Hertwig, R., & Gigerenzer, G. 1999. The "conjunction fallacy" revisited: How intelligent inferences look like reasoning errors. *Journal of Behavioral Decision Making, 12*, 275–305.

Hobbes, T. 1651/1957. *Leviathan.* New York: Oxford University Press.

Hoffrage, U., Lindsey, S., Hertwig, R., & Gigerenzer, G. 2000. Communicating statistical information. *Science, 290*, 2261–62.

Holland, P. W. 1986. Statistics and causal inference. *Journal of the American Statistical Association, 81*, 945– 60.

Homer. 700 BCE/2018. *The Odyssey* (E. Wilson, trans.). New York: W. W. Norton.

Hood, B. 2009. *Supersense: Why we believe in the unbelievable.* New York: HarperCollins.

Horowitz, D. L. 2001. *The deadly ethnic riot.* Berkeley: University of California Press.

Hume, D. 1739/2000. *A treatise of human nature.* New York: Oxford University Press.

Hume, D. 1748/1999. *An enquiry concerning human understanding.* New York: Oxford University Press.

Hunt, L. 2007. *Inventing human rights: A history.* New York: W. W. Norton.

Ichikawa, J. J., & Steup, M. 2018. The analysis of knowledge. In E. N. Zalta, ed., *The Stanford Encyclopedia of Philosophy.*

Ioannidis, J. P. A. 2005. Why most published research findings are false. *PLoS Medicine, 2*, e124.

James, W. 1890/1950. *The principles of psychology.* New York: Dover.

Jarvis, S., Deschenes, O., & Jha, A. 2019. *The private and external costs of Germany's nuclear phase-out.*

Jenkins, S. 2020. The Crown's fake history is as corrosive as fake news. *The Guardian,* Nov. 16.

Jeszeck, C. A., Collins, M. J., Glickman, M., Hoffrey, L., & Grover, S. 2015. Retirement security: Most households approaching retirement have low savings. *United States Government Accountability Office.*

Johnson, D. J., & Cesario, J. 2020. Reply to Knox and Mummolo and Schimmack and Carlsson: Controlling for crime and population rates. *Proceedings of the National Academy of Sciences, 117*, 1264–65.

Johnson, D. J., Tress, T., Burkel, N., Taylor, C., & Cesario, J. 2019. Officer characteristics and racial disparities in fatal officer-involved shootings. *Proceedings of the National Academy of Sciences, 116*, 15877–82.

Johnson, S. 1963. *The letters of Samuel Johnson with Mrs. Thrale's genuine letters to him* (R. W. Chapman, ed.). New York: Oxford University Press.

Jones, J. M. 2018. Confidence in higher education down since 2015. *Gallup Blog*, Oct. 9.

Joyner, J. 2011. Ranking the pundits: A study shows that most national columnists and talking heads are about as accurate as a coin flip. *Outside the Beltway*, May 3.

Kaba, M. 2020. Yes, we mean literally abolish the police. *New York Times*, June 12.

Kahan, D. M. 2013. Ideology, motivated reasoning, and cognitive reflection. *Judgment and Decision Making, 8*, 407–24.

Kahan, D. M. 2015. Climate-science communication and the measurement problem. *Political Psychology, 36*, 1–43.

Kahan, D. M., Hoffman, D. A., Braman, D., Evans, D., & Rachlinski, J., J. 2012. "They saw a protest": Cognitive illiberalism and the speech-conduct distinction. *Stanford Law Review, 64*, 851–906.

Kahan, D. M., Peters, E., Dawson, E. C., & Slovic, P. 2017. Motivated numeracy and enlightened self- government. *Behavioural Public Policy, 1*, 54–86.10.1017/bpp.2016.2.

Kahan, D. M., Peters, E., Wittlin, M., Slovic, P., Ouellette, L. L., et al. 2012. The polarizing impact of science literacy and numeracy on perceived climate change risks. *Nature Climate Change, 2*, 732–35.

Kahan, D. M., Wittlin, M., Peters, E., Slovic, P., Ouellette, L. L., et al. 2011. The tragedy of the risk- perception commons: Culture conflict, rationality conflict, and climate change. *Yale Law & Economics Research Paper, 435*.

Kahneman, D. 2002. Daniel Kahneman—facts. *The Nobel Prize*.

Kahneman, D. 2011. *Thinking, fast and slow*. New York: Farrar, Straus and Giroux.

Kahneman, D., Slovic, P., & Tversky, A. 1982. *Judgment under uncertainty: Heuristics and biases*. New York: Cambridge University Press.

Kahneman, D., & Tversky, A. 1972. Subjective probability: A judgment of representativeness. *Cognitive Psychology, 3*, 430–54.

Kahneman, D., & Tversky, A. 1979. Prospect theory: An analysis of decisions under risk. *Econometrica, 47*, 313–27.

Kahneman, D., & Tversky, A. 1996. On the reality of cognitive illusions. *Psychological Review, 103*, 582–91.

Kaplan, R. D. 1994. The coming anarchy. *The Atlantic.*

Kelemen, D., & Rosset, E. 2009. The human function compunction: Teleological explanation in adults. *Cognition, 111*, 138–43.10.1016/j.cognition.2009.01.001.

Kendler, K. S., Kessler, R. C., Walters, E. E., MacLean, C., Neale, M. C., et al. 2010. Stressful life events, genetic liability, and onset of an episode of major depression in women. *Focus, 8*, 459–70.

Kenny, C. 2011. *Getting better: Why global development is succeeding—and how we can improve the world even more.* New York: Basic Books.

Kessler, G., Rizzo, S., & Kelly, M. 2020. Trump is averaging more than 50 false or misleading claims a day. *Washington Post,* Oct. 22.

King, G., Keohane, R. O., & Verba, S. 1994. *Designing social inquiry: Scientific inference in qualitative research.* Princeton, NJ: Princeton University Press.

Kingdon, J. 1993. *Self-made man: Human evolution from Eden to extinction?* New York: Wiley.

Kissinger, H. 2018. How the Enlightenment ends. *The Atlantic*, June.

Knox, D., & Mummolo, J. 2020. Making inferences about racial disparities in police violence. *Proceedings of the National Academy of Sciences, 117*, 1261–62.

Kors, A. C., & Silverglate, H. A. 1998. *The shadow university: The betrayal of liberty on America's campuses.* New York: Free Press.

Kräenbring, J., Monzon Penza, T., Gutmann, J., Muehlich, S., Zolk, O., et al. 2014. Accuracy and completeness of drug information in Wikipedia: A comparison with standard textbooks of pharmacology. *PLoS ONE, 9*, e106930.

Krämer, W., & Gigerenzer, G. 2005. How to confuse with statistics, or: The use and misuse of conditional probabilities. *Statistical Science, 20*, 223–30.

Kunda, Z. 1990. The case for motivated reasoning. *Psychological Bulletin, 108*, 480–98.

Laibson, D. 1997. Golden eggs and hyperbolic discounting. *Quarterly Journal of Economics, 112*, 443–77.

Lake, B. M., Ullman, T. D., Tenenbaum, J. B., & Gershman, S. J. 2017. Building machines that learn and think like people. *Behavioral and Brain Sciences, 39*, 1–101.

Lane, R. 2021. A truth reckoning: Why we're holding those who lied for Trump accountable. *Forbes*, Jan. 7.

Lankford, A., & Madfis, E. 2018. Don't name them, don't show them, but report everything else: A pragmatic proposal for denying mass killers the attention they seek and deterring future offenders. *American Behavioral Scientist, 62*, 260–79.

Lee, R. B., & Daly, R., eds. 1999. *The Cambridge Encyclopedia of Hunters and Gatherers*. Cambridge, UK: Cambridge University Press.

Lehrer, J. 2010. The truth wears off. *New Yorker*, Dec. 6.

Leibniz, G. W. 1679/1989. On universal synthesis and analysis, or the art of discovery and judgment. In L. E. Loemker, ed., *Philosophical papers and letters*. New York: Springer.

Levitt, S. D., & Dubner, S. J. 2009. *Freakonomics: A rogue economist explores the hidden side of everything*. New York: William Morrow.

Lewis-Kraus, G. 2016. The great A.I. awakening. *New York Times Magazine*, Dec. 14, p. 12.

Lewis, D. K. 1969. *Convention: A philosophical study*. Cambridge, MA: Harvard University Press.

Lewis, M. 2016. *The undoing project: A friendship that changed our minds*. New York: W. W. Norton.

Lewis, M. K. 2016. *Too dumb to fail: How the GOP betrayed the Reagan revolution to win elections (and how it can reclaim its conservative roots)*. New York: Hachette.

Liberman, M. Y. 2004. If P, so why not Q? *Language Log*, Aug. 5.

Lichtenstein, S., & Slovic, P. 1971. Reversals of preference between bids and choices in gambling decisions. *Journal of Experimental Psychology, 89*, 46–55.

Liebenberg, L. 1990. *The art of tracking: The origin of science.* Cape Town: David Philip.

Liebenberg, L. 2013/2021. *The origin of science: The evolutionary roots of scientific reasoning and its implications for tracking science* (2nd ed.). Cape Town: Cyber-Tracker.

Liebenberg, L. 2020. Notes on tracking and trapping: Examples of hunter-gatherer ingenuity. Unpublished manuscript.

Liebenberg, L., //Ao, /A., Lombard, M., Shermer, M., Xhukwe, /U., et al. 2021. Tracking science: An alternative for those excluded by citizen science. *Citizen Science: Theory and Practice.* In press.

Lilienfeld, S. O., Ammirati, R., & Landfield, K. 2009. Giving debiasing away: Can psychological research on correcting cognitive errors promote human welfare? *Perspectives on Psychological Science, 4*, 390–98.

Locke, J. 1689/2015. *The second treatise of civil government.* Peterborough, Ont.: Broadview Press.

Lockwood, A. H., Welker-Hood, K., Rauch, M., & Gottlieb, B. 2009. *Coal's assault on human health: A report from Physicians for Social Responsibility.*

Loftus, E. F., Doyle, J. M., Dysart, J. E., & Newirth, K. A. 2019. *Eyewitness testimony: Civil and criminal* (6th ed.). Dayton, OH: LexisNexis.

Lord, C. G., Ross, L., & Lepper, M. R. 1979. Biased assimilation and attitude polarization: The effects of prior theories on subsequently considered evidence. *Journal of Personality and Social Psychology, 37*, 2098–2109.

Luce, R. D., & Raiffa, H. 1957. *Games and decisions: Introduction and critical survey.* New York: Dover.

Lukianoff, G. 2012. *Unlearning liberty: Campus censorship and the end of American debate.* New York: Encounter Books.

Lukianoff, G., & Haidt, J. 2018. *The coddling of the American mind: How good intentions and bad ideas are setting up a generation for failure*. New York: Penguin.

Lynn, S. K., Wormwood, J. B., Barrett, L. F., & Quigley, K. S. 2015. Decision making from economic and signal detection perspectives: Development of an integrated framework. *Frontiers in Psychology, 6*.

Lyttleton, J. 2020. Social media is determined to slow the spread of conspiracy theories like QAnon. Can they? *Millennial Source*, Oct. 28.

MacAskill, W. 2015. *Doing good better: Effective altruism and how you can make a difference*. New York: Penguin.

Maines, R. 2007. Why are women crowding into schools of veterinary medicine but are not lining up to become engineers? *Cornell Chronicle*, June 12.

Mann, T. E., & Ornstein, N. J. 2012/2016. *It's even worse than it looks: How the American Constitutional system collided with the new politics of extremism* (new ed.). New York: Basic Books.

Marcus, G. F. 2000. Two kinds of representation. In E. Dietrich & A. B. Markman, eds., *Cognitive dynamics: Conceptual and representational change in humans and machines*. Mahwah, NJ: Erlbaum.

Marcus, G. F. 2018. The deepest problem with deep learning. *Medium*, Dec. 1.

Marcus, G. F., & Davis, E. 2019. *Rebooting AI: Building artificial intelligence we can trust*. New York: Penguin Random House..

Marlowe, F. 2010. *The Hadza: Hunter-gatherers of Tanzania*. Berkeley: University of California Press.

Martin, G. J., & Yurukoglu, A. 2017. Bias in cable news: Persuasion and polarization. *American Economic Review, 107*, 2565–99.

Maymin, P. Z., & Langer, E. J. 2021. Cognitive biases and mindfulness. *Humanities and Social Sciences Communications, 8,* 40.

Maynard Smith, J. 1982. *Evolution and the theory of games*. New York: Cambridge University Press.

McCarthy, J. 2015. More Americans say crime is rising in U.S. *Gallup*, Oct. 22.

McCarthy, J. 2019. Americans still greatly overestimate U.S. gay population. *Gallup*.

McCawley, J. D. 1993. *Everything that linguists have always wanted to know about logic—but were ashamed to ask* (2nd ed.). Chicago: University of Chicago Press.

McClure, S. M., Laibson, D., Loewenstein, G., & Cohen, J. D. 2004. Separate neural systems value immediate and delayed monetary rewards. *Science, 306*, 503–7.

McGinn, C. 2012. *Truth by analysis: Games, names, and philosophy*. New York: Oxford University Press.

McNeil, B. J., Pauker, S. G., Sox, H. C., Jr., & Tversky, A. 1982. On the elicitation of preferences for alternative therapies. *New England Journal of Medicine, 306*, 1259–62.

Meehl, P. E. 1954/2013. *Clinical versus statistical prediction: A theoretical analysis and a review of the evidence*. Brattleboro, VT: Echo Point Books.

Mellers, B. A., Hertwig, R., & Kahneman, D. 2001. Do frequency representations eliminate conjunction effects? An exercise in adversarial collaboration. *Psychological Science, 12*, 269–75.

Mellers, B. A., Ungar, L., Baron, J., Ramos, J., Gurcay, B., et al. 2014. Psychological strategies for winning a geopolitical forecasting tournament. *Psychological Science, 25*, 1106–15.

Mercier, H. 2020. *Not born yesterday: The science of who we trust and what we believe*. Princeton, NJ: Princeton University Press.

Mercier, H., & Sperber, D. 2011. Why do humans reason? Arguments for an argumentative theory. *Behavioral and Brain Sciences, 34*, 57–111.

Mercier, H., & Sperber, D. 2017. *The enigma of reason*. Cambridge, MA: Harvard University Press.

Mercier, H., Trouche, E., Yama, H., Heintz, C., & Girotto, V. 2015. Experts and laymen grossly underestimate the benefits of argumentation for reasoning. *Thinking & Reasoning, 21*, 341–55.

Michel, J.-B., Shen, Y. K., Aiden, A. P., Veres, A., Gray, M. K., The Google Books Team, Pickett, J. P., Hoiberg, D., Clancy, D., Norvig, P., Orwant, J., Pinker, S., Nowak, M., & Lieberman-Aiden, E. 2011. Quantitative analysis of culture using millions of digitized books. *Science*, 331, 176–82.

Millenson, J. R. 1965. An inexpensive Geiger gate for controlling probabilities of events. *Journal of the Experimental Analysis of Behavior, 8*, 345–46.

Miller, J. B., & Sanjurjo, A. 2018. Surprised by the hot hand fallacy? A truth in the law of small numbers. *Econometrica, 86*, 2019–47.

Miller, J. B., & Sanjurjo, A. 2019. A bridge from Monty Hall to the hot hand: The principle of restricted choice. *Journal of Economic Perspectives, 33*, 144–62.

Mischel, W., & Baker, N. 1975. Cognitive appraisals and transformations in delay behavior. *Journal of Personality and Social Psychology, 31*, 254–61.

Mlodinow, L. 2009. *The drunkard's walk: How randomness rules our lives*. New York: Vintage.

Moore, D. W. 2005. Three in four Americans believe in paranormal. *Gallup*, June 16.

Morewedge, C. K., Yoon, H., Scopelliti, I., Symborski, C. W., Korris, J. H., et al. 2015. Debiasing decisions: Improved decision making with a single training intervention. *Policy Insights from the Behavioral and Brain Sciences, 2*, 129–40.

Mueller, J. 2006. *Overblown: How politicians and the terrorism industry inflate national security threats, and why we believe them*. New York: Free Press.

Mueller, J. 2021. *The stupidity of war: American foreign policy and the case for complacency*. New York: Cambridge University Press.

Myers, D. G. 2008. *A friendly letter to skeptics and atheists*. New York: Wiley.

Nagel, T. 1970. *The possibility of altruism*. Princeton, NJ: Princeton University Press.

Nagel, T. 1997. *The last word*. New York: Oxford University Press.

National Research Council. 2003. The polygraph and lie detection. Washington, DC: National Academies Press.

National Research Council. 2009. *Strengthening forensic science in the United States: A path forward*. Washington, DC: National Academies Press.

National Science Board. 2014. *Science and Engineering Indicators 2014*. Alexandria, VA: National Science Foundation.

National Science Board. 2020. *The State of U.S. Science and Engineering 2020*. Alexandria, VA: National Science Foundation.

Nature editors. 2020a. A four-year timeline of Trump's impact on science. *Nature*, Oct. 5.

Nature editors. 2020b. In praise of replication studies and null results. *Nature, 578*, 489–90.

Nickerson, R. S. 1996. Hempel's paradox and Wason's selection task: Logical and psychological puzzles of confirmation. *Thinking & Reasoning, 2*, 1–31.

Nickerson, R. S. 1998. Confirmation bias: A ubiquitous phenomenon in many guises. *Review of General Psychology, 2*, 175–220.

Nolan, D., Bremer, M., Tupper, S., Malakhoff, L., & Medeiros, C. 2019. *Barnstable County high crash locations: Cape Cod Commission*.

Norberg, J. 2016. *Progress: Ten reasons to look forward to the future*. London: Oneworld.

Nordhaus, W. 2007. Critical assumptions in the Stern Review on climate change. *Science, 317*, 201–2.

Norenzayan, A., Smith, E. E., Kim, B., & Nisbett, R. E. 2002. Cultural preferences for formal versus intuitive reasoning. *Cognitive Science, 26*, 653–84.

Norman, A. 2016. Why we reason: Intention-alignment and the genesis of human rationality. *Biology and Philosophy, 31*, 685–704.

Norman, A. 2021. *Mental immunity: Infectious ideas, mind parasites, and the search for a better way to think*. New York: HarperCollins.

Nyhan, B. 2013. Building a better correction: Three lessons from new research on how to counter misinformation. *Columbia Journalism Review*.

Nyhan, B. 2018. Fake news and bots may be worrisome, but their political power is overblown. *New York Times*, Feb. 13.

Nyhan, B., & Reifler, J. 2012. *Misinformation and fact-checking: Research findings from social science*. Washington, DC: New America Foundation.

Nyhan, B., & Reifler, J. 2019. The roles of information deficits and identity threat in the prevalence of misperceptions. *Journal of Elections, Public Opinion and Parties, 29*, 222–44.

O'Keefe, S. M. 2020. One in three Americans would not get COVID-19 vaccine. *Gallup*, Aug. 7.

Open Science Collaboration. 2015. Estimating the reproducibility of psychological science. *Science, 349*.

Paresky, P., Haidt, J., Strossen, N., & Pinker, S. 2020. The New York Times surrendered to an outrage mob. Journalism will suffer for it. *Politico*, May 14.

Parker, A. M., Bruine de Bruin, W., Fischhoff, B., & Weller, J. 2018. Robustness of decision-making competence: Evidence from two measures and an 11-year longitudinal study. *Journal of Behavioral Decision Making, 31*, 380–91.

Pashler, H., & Wagenmakers, E. J. 2012. Editors' introduction to the special section on replicability in psychological science: A crisis of confidence? *Perspectives on Psychological Science, 7*, 528–30.

Paulos, J. A. 1988. *Innumeracy: Mathematical illiteracy and its consequences*. New York: Macmillan.

Payne, J. L. 2004. *A history of force: Exploring the worldwide movement against habits of coercion, bloodshed, and mayhem*. Sandpoint, ID: Lytton.

Pearl, J. 2000. *Causality: Models, reasoning, and inference*. New York: Cambridge University Press.

Pearl, J., & Mackenzie, D. 2018. *The book of why: The new science of cause and effect*. New York: Basic Books.

Pennycook, G., Cannon, T. D., & Rand, D. G. 2018. Prior exposure increases perceived accuracy of fake news. *Journal of Experimental Psychology: General, 147*, 1865–80.

Pennycook, G., Cheyne, J. A., Koehler, D. J., & Fugelsang, J. A. 2020. On the belief that beliefs should change according to evidence: Implications for conspiratorial, moral, paranormal, political, religious, and science beliefs. *Judgment and Decision Making, 15*, 476–98.

Pennycook, G., Cheyne, J. A., Seli, P., Koehler, D. J., & Fugelsang, J. A. 2012. Analytic cognitive style predicts religious and paranormal belief. *Cognition, 123*, 335–46.

Pennycook, G., & Rand, D. G. 2020a. The cognitive science of fake news.

Pennycook, G., & Rand, D. G. 2020b. Who falls for fake news? The roles of bullshit receptivity, overclaiming, familiarity, and analytic thinking. *Journal of Personality, 88*, 185–200.

Pew Forum on Religion and Public Life. 2009. *Many Americans mix multiple faiths.* Washington: Pew Research Center.

Pinker, S. 1994/2007. *The language instinct.* New York: HarperCollins.

Pinker, S. 1997/2009. *How the mind works.* New York: W. W. Norton.

Pinker, S. 1999/2011. *Words and rules: The ingredients of language.* New York: HarperCollins.

Pinker, S. 2002/2016. *The blank slate: The modern denial of human nature.* New York: Penguin.

Pinker, S. 2007. *The stuff of thought: Language as a window into human nature.* New York: Viking.

Pinker, S. 2010. The cognitive niche: Coevolution of intelligence, sociality, and language. *Proceedings of the National Academy of Sciences, 107*, 8993–99.

Pinker, S. 2011. *The better angels of our nature: Why violence has declined.* New York: Viking.

Pinker, S. 2012. Why are states so red and blue? *New York Times,* Oct. 24.

Pinker, S. 2015. Rock star psychologist Steven Pinker explains why #thedress looked white, not blue. *Forbes*, Feb. 28.

Pinker, S. 2018. *Enlightenment now: The case for reason, science, humanism, and progress.* New York: Viking.

Pinker, S., & Mehler, J., eds. 1988. *Connections and symbols.* Cambridge, MA: MIT Press.

Pinker, S., & Prince, A. 2013. The nature of human concepts: Evidence from an unusual source. In S. Pinker, ed., *Language, cognition, and human nature: Selected articles.* New York: Oxford University Press.

Plato. 399–390 BCE/2002. Euthyphro (G. M. A. Grube, trans.). In J. M. Cooper, ed., *Plato: Five dialogues—Euthyphro, Apology, Crito, Meno, Phaedo* (2nd ed.). Indianapolis: Hackett.

Polderman, T. J. C., Benyamin, B., de Leeuw, C. A., Sullivan, P. F., van Bochoven, A., et al. 2015. Meta-analysis of the heritability of human traits based on fifty years of twin studies. *Nature Genetics, 47,* 702–9.

Popper, K. R. 1983. *Realism and the aim of science.* London: Routledge.

Poundstone, W. 1992. *Prisoner's dilemma: John von Neumann, game theory, and the puzzle of the bomb.* New York: Anchor.

President's Council of Advisors on Science and Technology. 2016. *Report to the President: Forensic science in criminal courts: ensuring scientific validity of feature-comparison methods.*

Priest, G. 2017. *Logic: A very short introduction* (2nd ed.). New York: Oxford University Press.

Proctor, R. N. 2000. *The Nazi war on cancer.* Princeton, NJ: Princeton University Press.

Pronin, E., Lin, D. Y., & Ross, L. 2002. The bias blind spot: Perceptions of bias in self versus others. *Personality and Social Psychology Bulletin, 28,* 369–81.

Purves, D., & Lotto, R. B. 2003. *Why we see what we do: An empirical theory of vision.* Sunderland, MA: Sinauer.

Rachels, J., & Rachels, S. 2010. *The elements of moral philosophy* (6th ed.). Columbus, OH: McGraw-Hill.

Raemon. 2017. What exactly is the "Rationality Community?" *LessWrong,* Apr. 9.

Railton, P. 1986. Moral realism. *Philosophical Review, 95*, 163–207.

Rauch, J. 2018. The constitution of knowledge. *National Affairs*, Fall 2018.

Rauch, J. 2021. *The constitution of knowledge: A defense of truth*. Washington, DC: Brookings Institution Press.

Richardson, J., Smith, A., Meaden, S., & Flip Creative. 2020. Thou shalt not commit logical fallacies.

Richardson, L. F. 1960. *Statistics of deadly quarrels*. Pittsburgh: Boxwood Press.

Ridley, M. 1997. *The origins of virtue: Human instincts and the evolution of cooperation*. New York: Viking.

Ridley, M. 2010. *The rational optimist: How prosperity evolves*. New York: HarperCollins.

Ritchie, H. 2018. Causes of death. *Our World in Data.*

Ritchie, S. 2015. *Intelligence: All that matters*. London: Hodder & Stoughton.

Ropeik, D. 2010. *How risky is it, really? Why our fears don't always match the facts*. New York: McGraw-Hill.

Rosch, E. 1978. Principles of categorization. In E. Rosch & B. B. Lloyd, eds., *Cognition and categorization*. Hillsdale, NJ: Erlbaum.

Rosen, J. 1996. The bloods and the crits. *New Republic*, Dec. 9.

Rosenthal, E. C. 2011. *The complete idiot's guide to game theory*. New York: Penguin.

Roser, M. 2016. Economic growth. *Our World in Data.*

Roser, M., Ortiz-Ospina, E., & Ritchie, H. 2013. Life expectancy. *Our World in Data.*

Roser, M., Ritchie, H., Ortiz-Ospina, E., & Hasell, J. 2020. Coronavirus pandemic (COVID-19). *Our World in Data.*

Rosling, H. 2019. *Factfulness: Ten reasons we're wrong about the world—and why things are better than you think*. New York: Flatiron.

Roth, G. A., Abate, D., Abate, K. H., Abay, S. M., Abbafati, C., et al. 2018. Global, regional, and national age-sex-specific mortality for 282 causes of death in 195 countries and territories, 1980–2017: A systematic analysis for the Global Burden of Disease Study 2017. *The Lancet, 392,* 1736–88.

Rumelhart, D. E., Hinton, G. E., & Williams, R. J. 1986. Learning representations by back-propagating errors. *Nature, 323,* 533–36.

Rumelhart, D. E., McClelland, J. L., & PDP Research Group. 1986. *Parallel distributed processing: Explorations in the microstructure of cognition,* vol. 1, *Foundations.* Cambridge, MA: MIT Press.

Rumney, P. N. S. 2006. False allegations of rape. *Cambridge Law Journal, 65,* 128–58.

Russell, B. 1950/2009. *Unpopular essays.* Philadelphia: Routledge.

Russell, B. 1969. Letter to Mr. Major. In B. Feinberg & R. Kasrils, eds., *Dear Bertrand Russell: A selection of his correspondence with the general public, 1950–1968.* London: Allen & Unwin.

Russett, B., & Oneal, J. R. 2001. *Triangulating peace: Democracy, interdependence, and international organizations.* New York: W. W. Norton.

Sá, W. C., West, R. F., & Stanovich, K. E. 1999. The domain specificity and generality of belief bias: Searching for a generalizable critical thinking skill. *Journal of Educational Psychology, 91,* 497–510.

Saenen, L., Heyvaert, M., Van Dooren, W., Schaeken, W., & Onghena, P. 2018. Why humans fail in solving the Monty Hall dilemma: A systematic review. *Psychologica Belgica, 58,* 128–58.

Sagan, S. D., & Suri, J. 2003. The madman nuclear alert: Secrecy, signaling, and safety in October 1969. *International Security, 27,* 150–83.

Saldin, R. P., & Teles, S. M. 2020. *Never Trump: The revolt of the conservative elites.* New York: Oxford University Press.

Salganik, M. J., Lundberg, I., Kindel, A. T., Ahearn, C. E., Al-Ghoneim, K., et al. 2020. Measuring the predictability of life outcomes with a scientific mass collaboration. *Proceedings of the National Academy of Sciences, 117,* 8398–403.

Satel, S. 2008. *When altruism isn't enough: The case for compensating kidney donors.* Washington, DC: AEI Press.

Savage, I. 2013. Comparing the fatality risks in United States transportation across modes and over time. *Research in Transportation Economics, 43*, 9–22.

Savage, L. J. 1954. *The foundations of statistics*. New York: Wiley.

Schelling, T. C. 1960. *The strategy of conflict*. Cambridge, MA: Harvard University Press.

Schelling, T. C. 1984. The intimate contest for self-command. In T. C. Schelling, ed., *Choice and consequence: Perspectives of an errant economist*. Cambridge, MA: Harvard University Press.

Schneps, L., & Colmez, C. 2013. *Math on trial: How numbers get used and abused in the courtroom*. New York: Basic Books.

Scott-Phillips, T. C., Dickins, T. E., & West, S. A. 2011. Evolutionary theory and the ultimate–proximate distinction in the human behavioral sciences. *Perspectives on Psychological Science, 6*, 38–47.

Scribner, S., & Cole, M. 1973. Cognitive consequences of formal and informal education. *Science, 182*, 553–59.

Seebach, L. 1994. The fixation with the last 10 percent of risk. *Baltimore Sun,* Apr. 13.

Selvin, S. 1975. A problem in probability. *American Statistician, 29*, 67.

Serwer, A. 2006. The greatest money manager of our time. *CNN Money*, Nov. 15.

Shackel, N. 2014. Motte and bailey doctrines.

Sherman, C. 2019. The shark attack that changed Cape Cod forever. *Boston Magazine*, May 14.

Shermer, M. 1997. *Why people believe weird things*. New York: Freeman.

Shermer, M. 2008. The doping dilemma: Game theory helps to explain the pervasive abuse of drugs in cycling, baseball, and other sports. *Scientific American,* 32–39, Apr.

Shermer, M. 2012. *The believing brain: From ghosts and gods to politics and conspiracies*. New York: St. Martin's Press.

Shermer, M. 2015. *The moral arc: How science and reason lead humanity toward truth, justice, and freedom*. New York: Henry Holt.

Shermer, M. 2020a. COVID-19 conspiracists and their discontents. *Quillette*, May 7.

Shermer, M. 2020b. The top ten weirdest things countdown. *Skeptic.*

Shermer, M. 2020c. Why people believe conspiracy theories. *Skeptic, 25,* 12–17.

Shtulman, A. 2017. *Scienceblind: Why our intuitive theories about the world are so often wrong.* New York: Basic Books.

Shubik, M. 1971. The dollar auction game: A paradox in noncooperative behavior and escalation. *Journal of Conflict Resolution, 15,* 109–11.

Simanek, D. 1999. Horse's teeth.

Simmons, J. P., Nelson, L. D., & Simonsohn, U. 2011. False-positive psychology: Undisclosed flexibility in data collection and analysis allows presenting anything as significant. *Psychological Science, 22,* 1359–66.

Simon, H. A. 1956. Rational choice and the structure of the environment. *Psychological Review, 63,* 129–38.

Singer, P. 1981/2011. *The expanding circle: Ethics and sociobiology.* Princeton, NJ: Princeton University Press.

Sloman, S. A. 1996. The empirical case for two systems of reasoning. *Psychological Bulletin, 119,* 3–22.

Sloman, S. A., & Fernbach, P. 2017. *The knowledge illusion: Why we never think alone.* New York: Penguin.

Slovic, P. 1987. Perception of risk. *Science, 236,* 280–85.

Slovic, P. 2007. "If I look at the mass I will never act": Psychic numbing and genocide. *Judgment and Decision Making, 2,* 79–95.

Slovic, P., & Tversky, A. 1974. Who accepts Savage's axiom? *Behavioral Science, 19,* 368–73.

Soave, R. 2014. Ezra Klein "completely supports" "terrible" Yes Means Yes law. *Reason,* Oct. 13.

Social Progress Imperative. 2020. 2020 Social Progress Index.

Sowell, T. 1987. *A conflict of visions: Ideological origins of political struggles.* New York: Quill.

Sowell, T. 1995. *The vision of the anointed: Self-congratulation as a basis for social policy.* New York: Basic Books.

Sperber, D. 1997. Intuitive and reflective beliefs. *Mind & Language, 12*, 67–83.

Sperber, D., Cara, F., & Girotto, V. 1995. Relevance theory explains the selection task. *Cognition, 57*, 31–95.

Spinoza, B. 1677/2000. *Ethics* (G. H. R. Parkinson, trans.). New York: Oxford University Press.

Stango, V., & Zinman, J. 2009. Exponential growth bias and household finance. *Journal of Finance, 64*, 2807–49.

Stanovich, K. E. 2012. On the distinction between rationality and intelligence: Implications for understanding individual differences in reasoning. In K. J. Holyoak & R. G. Morrison, eds., *The Oxford Handbook of Thinking and Reasoning.* New York: Oxford University Press.

Stanovich, K. E. 2018. How to think rationally about world problems. *Journal of Intelligence, 6(2).*

Stanovich, K. E. 2020. The bias that divides us. *Quillette*, Sept. 26.

Stanovich, K. E. 2021. *The bias that divides us: The science and politics of myside thinking.* Cambridge, MA: MIT Press.

Stanovich, K. E., & Toplak, M. E. 2019. The need for intellectual diversity in psychological science: Our own studies of actively open-minded thinking as a case study. *Cognition, 187*.

Stanovich, K. E., West, R. F., & Toplak, M. E. 2016. *The rationality quotient: Toward a test of rational thinking.* Cambridge, MA: MIT Press.

Stanovich, K. E., & West, R. F. 1998. Cognitive ability and variation in selection task performance. *Thinking and Reasoning, 4*, 193–230.

Statista Research Department. 2019. Beliefs and conspiracy theories in the U.S.— Statistics & Facts. Aug. 13.

Stenger, V. J. 1990. *Physics and psychics: The search for a world beyond the senses.*

Buffalo, NY: Prometheus.

Stevenson, B., & Wolfers, J. 2008. Economic growth and subjective well-being: Reassessing the Easterlin Paradox. *Brookings Papers on Economic Activity, 1*.

Stoppard, T. 1972. *Jumpers: A play*. New York: Grove Press.

Stuart, E. A. 2010. Matching methods for causal inference: A review and a look forward. *Statistical Science, 25*, 1–21.

Suits, B. 1978/2014. *The grasshopper: Games, life, and utopia* (3rd ed.). Peterborough, Ont.: Broadview Press.

Sunstein, C. R., & Vermeule, A. 2008. Conspiracy theories. *John M. Olin Program in Law and Economics Working Papers, 387*.

Swets, J. A., Dawes, R. M., & Monahan, J. 2000. Better decisions through science. *Scientific American, 283*, 82–87.

Sydnor, J. 2010. (Over)insuring modest risks. *American Economic Journal: Applied Economics, 2*, 177–99.

Sykes, C. J. 2017. *How the right lost its mind*. New York: St. Martin's Press.

Taber, C. S., & Lodge, M. 2006. Motivated skepticism in the evaluation of political beliefs. *American Journal of Political Science, 50*, 755–69.

Talwalkar, P. 2013. The taxi-cab problem. *Mind Your Decisions*, Sept. 5.

Tate, J., Jenkins, J., Rich, S., Muyskens, J., Fox, J., et al. 2020. Fatal force.

Temple, N. 2015. The possible importance of income and education as covariates in cohort studies that investigate the relationship between diet and disease. *F1000Research, 4*, 690.

Terry, Q. C. 2008. *Golden Rules and Silver Rules of humanity: Universal wisdom of civilization*. Berkeley, CA: AuthorHouse.

Tetlock, P. E. 1994. Political psychology or politicized psychology: Is the road to scientific hell paved with good moral intentions? *Political Psychology, 15*, 509–29.

Tetlock, P. E. 2002. Social functionalist frameworks for judgment and choice: Intuitive politicians, theologians, and prosecutors. *Psychological Review, 109*, 451–71.

Tetlock, P. E. 2003. Thinking the unthinkable: Sacred values and taboo cognitions. *Trends in Cognitive Sciences, 7*, 320–24.

Tetlock, P. E. 2009. *Expert political judgment: How good is it? How can we know?* Princeton, NJ: Princeton University Press.

Tetlock, P. E. 2015. All it takes to improve forecasting is keep score. Paper presented at the Seminars about Long-Term Thinking, San Francisco, Nov. 23.

Tetlock, P. E., & Gardner, D. 2015. *Superforecasting: The art and science of prediction.* New York: Crown.

Tetlock, P. E., Kristel, O. V., Elson, S. B., Green, M. C., & Lerner, J. S. 2000. The psychology of the unthinkable: Taboo trade-offs, forbidden base rates, and heretical counterfactuals. *Journal of Personality and Social Psychology, 78*, 853–70.

Thaler, R. H., & Sunstein, C. R. 2008. *Nudge: Improving decisions about health, wealth, and happiness.* New Haven: Yale University Press.

Thomas, K. A., De Freitas, J., DeScioli, P., & Pinker, S. 2016. Recursive mentalizing and common knowledge in the bystander effect. *Journal of Experimental Psychology: General, 145*, 621–29.

Thomas, K. A., DeScioli, P., Haque, O. S., & Pinker, S. 2014. The psychology of coordination and common knowledge. *Journal of Personality and Social Psychology, 107*, 657–76.

Thompson, C. 2020. QAnon is like a game—a most dangerous game. *WIRED Magazine,* Sept. 22.

Thompson, D. A., & Adams, S. L. 1996. The full moon and ED patient volumes: Unearthing a myth. *American Journal of Emergency Medicine, 14*, 161–64.

Tierney, J. 1991. Behind Monty Hall's doors: Puzzle, debate, and answer. *New York Times,* July 21.

Tierney, J., & Baumeister, R. F. 2019. *The power of bad: How the negativity effect rules us and how we can rule it.* New York: Penguin.

Todd, B. 2017. Introducing longtermism.

Tollefson, J. 2020. How Trump damaged science—and why it could take decades to recover. *Nature, 586,* 190–94, Oct. 5.

Toma, M. 2020. Gen Ed 1066 decision-making competence survey. Harvard University.

Tooby, J., & Cosmides, L. 1993. Ecological rationality and the multimodular mind: Grounding normative theories in adaptive problems. In K. I. Manktelow & D. E. Over, eds., *Rationality: Psychological and philosophical perspectives*. London: Routledge.

Tooby, J., Cosmides, L., & Price, M. E. 2006. Cognitive adaptations for *n*-person exchange: The evolutionary roots of organizational behavior. *Managerial and Decision Economics, 27,* 103–29.

Tooby, J., & DeVore, I. 1987. The reconstruction of hominid behavioral evolution through strategic modeling. In W. G. Kinzey, ed., *The evolution of human behavior: Primate models*. Albany, NY: SUNY Press.

Toplak, M. E., West, R. F., & Stanovich, K. E. 2017. Real-world correlates of performance on heuristics and biases tasks in a community sample. *Journal of Behavioral Decision Making, 30,* 541–54.

Trivers, R. L. 1971. The evolution of reciprocal altruism. *Quarterly Review of Biology, 46,* 35–57.

Tversky, A. 1969. Intransitivity of preferences. *Psychological Review, 76,* 31–48.

Tversky, A. 1972. Elimination by aspects: A theory of choice. *Psychological Review, 79,* 281–99.

Tversky, A., & Kahneman, D. 1971. Belief in the law of small numbers. *Psychological Bulletin, 76,* 105–10.

Tversky, A., & Kahneman, D. 1973. Availability: A heuristic for judging frequency and probability. *Cognitive Psychology, 5,* 207–32.

Tversky, A., & Kahneman, D. 1974. Judgment under uncertainty: Heuristics and biases. *Science, 185,* 1124–31.

Tversky, A., & Kahneman, D. 1981. The framing of decisions and the psychology of choice. *Science, 211*, 453–58.

Tversky, A., & Kahneman, D. 1982. Evidential impact of base rates. In D. Kahneman, P. Slovic, & A. Tversky, eds., *Judgment under uncertainty: Heuristics and biases.* New York: Cambridge University Press.

Tversky, A., & Kahneman, D. 1983. Extensions versus intuitive reasoning: The conjunction fallacy in probability judgment. *Psychological Review, 90*, 293–315.

Twain, M. 1897/1989. *Following the equator.* New York: Dover.

Uscinski, J. E., & Parent, J. M. 2014. *American conspiracy theories.* New York: Oxford University Press.

Vaci, N., Edelsbrunner, P., Stern, E., Neubauer, A., Bilalić, M., et al. 2019. The joint influence of intelligence and practice on skill development throughout the life span. *Proceedings of the National Academy of Sciences, 116*, 18363–69.

van Benthem, J. 2008. Logic and reasoning: Do the facts matter? *Studia Logica, 88*, 67–84.

van Prooijen, J.-W., & van Vugt, M. 2018. Conspiracy theories: Evolved functions and psychological mechanisms. *Perspectives on Psychological Science, 13*, 770–88.

VanderWeele, T. J. 2014. Commentary: Resolutions of the birthweight paradox: competing explanations and analytical insights. *International Journal of Epidemiology, 43*, 1368–73.

Varian, H. 2006. Recalculating the costs of global climate change. *New York Times*, Dec. 14.

Vazsonyi, A. 1999. Which door has the Cadillac? *Decision Line, 17*–19.

Venkataraman, B. 2019. *The optimist's telescope: Thinking ahead in a reckless age.* New York: Riverhead Books.

von Neumann, J., & Morgenstern, O. 1953/2007. *Theory of games and economic behavior* (60th anniversary commemorative ed.). Princeton, NJ: Princeton University Press.

vos Savant, M. 1990. Game show problem. *Parade*, Sept. 9.

Vosoughi, S., Roy, D., & Aral, S. 2018. The spread of true and false news online. *Science, 359,* 1146–51.

Wagenaar, W. A., & Sagaria, S. D. 1975. Misperception of exponential growth. *Perception & Psychophysics, 18,* 416–22.

Wagenaar, W. A., & Timmers, H. 1979. The pond-and-duckweed problem: Three experiments on the misperception of exponential growth. *Acta Psychologica, 43,* 239–51.

Walker, C., Petulla, S., Fowler, K., Mier, A., Lou, M., et al. 2019. 10 years. 180 school shootings. 356 victims. CNN, July.

Wan, W., & Shammas, B. 2020. Why Americans are numb to the staggering coronavirus death toll. *Washington Post,* Dec. 21.

Warburton, N. 2007. *Thinking from A to Z* (3rd ed.). New York: Routledge.

Wason, P. C. 1966. Reasoning. In B. M. Foss, ed., *New horizons in psychology.* London: Penguin.

Weber, M. 1922/2019. *Economy and society: A new translation* (K. Tribe, trans.). Cambridge, MA: Harvard University Press.

Weissman, M. B. 2020. Do GRE scores help predict getting a physics Ph.D.? A comment on a paper by Miller et al. *Science Advances, 6,* eaax3787.

Welzel, C. 2013. *Freedom rising: Human empowerment and the quest for emancipation.* New York: Cambridge University Press.

Wilkinson, W. 2019. *The density divide: Urbanization, polarization, and populist backlash.* Washington, DC: Niskanen Center.

Williams, D. 2020. Motivated ignorance, rationality, and democratic politics. *Synthese,* 1–21.

Willingham, D. T. 2007. Critical thinking: Why is it so hard to teach? *American Educator, 31,* 8–19.

Wittgenstein, L. 1953. *Philosophical investigations.* New York: Macmillan.

Wolfe, D., & Dale, D. 2020. "It's going to disappear": A timeline of Trump's claims that Covid-19 will vanish. Oct. 31.

Wolfe, J. M., Kluender, K. R., Levi, D. M., Bartoshuk, L. M., Herz, R. S., et al. 2020. *Sensation & perception* (6th ed.). Sunderland, MA: Sinauer.

Wollstonecraft, M. 1792/1995. *A Vindication of the rights of woman: With strictures on political and moral subjects*. New York: Cambridge University Press.

Wood, T., & Porter, E. 2019. The elusive backfire effect: Mass attitudes' steadfast factual adherence. *Political Behavior, 41*, 135–63.

Yang, A. 2020. The official website for the Yang 2020 campaign. www.yang2020.com.

Yglesias, M. 2020a. Defund police is a bad idea, not a bad slogan. *Slow Boring*, Dec. 7.

Yglesias, M. 2020b. The End of Policing left me convinced we still need policing. *Vox*, June 18.

Young, C. 2014a. The argument against affirmative consent laws gets Voxjacked. *Reason*, Oct. 15.

Young, C. 2014b. Crying rape. *Slate*, Sept. 18.

Zelizer, V. A. 2005. *The purchase of intimacy*. Princeton, NJ: Princeton University Press.

Ziman, J. M. 1978. *Reliable knowledge: An exploration of the grounds for belief in science*. New York: Cambridge University Press.

未来，属于终身学习者

我们正在亲历前所未有的变革——互联网改变了信息传递的方式，指数级技术快速发展并颠覆商业世界，人工智能正在侵占越来越多的人类领地。

面对这些变化，我们需要问自己：未来需要什么样的人才？

答案是，成为终身学习者。终身学习意味着具备全面的知识结构、强大的逻辑思考能力和敏锐的感知力。这是一套能够在不断变化中随时重建、更新认知体系的能力。阅读，无疑是帮助我们整合这些能力的最佳途径。

在充满不确定性的时代，答案并不总是简单地出现在书本之中。"读万卷书"不仅要亲自阅读、广泛阅读，也需要我们深入探索好书的内部世界，让知识不再局限于书本之中。

湛庐阅读 App: 与最聪明的人共同进化

我们现在推出全新的湛庐阅读 App，它将成为您在书本之外，践行终身学习的场所。

- 不用考虑"读什么"。这里汇集了湛庐所有纸质书、电子书、有声书和各种阅读服务。
- 可以学习"怎么读"。我们提供包括课程、精读班和讲书在内的全方位阅读解决方案。
- 谁来领读？您能最先了解到作者、译者、专家等大咖的前沿洞见，他们是高质量思想的源泉。
- 与谁共读？您将加入到优秀的读者和终身学习者的行列，他们对阅读和学习具有持久的热情和源源不断的动力。

在湛庐阅读 App 首页，编辑为您精选了经典书目和优质音视频内容，每天早、中、晚更新，满足您不间断的阅读需求。

【特别专题】【主题书单】【人物特写】等原创专栏，提供专业、深度的解读和选书参考，回应社会议题，是您了解湛庐近千位重要作者思想的独家渠道。

在每本图书的详情页，您将通过深度导读栏目【专家视点】【深度访谈】和【书评】读懂、读透一本好书。

通过这个不设限的学习平台，您在任何时间、任何地点都能获得有价值的思想，并通过阅读实现终身学习。我们邀您共建一个与最聪明的人共同进化的社区，使其成为先进思想交汇的聚集地，这正是我们的使命和价值所在。

CHEERS

湛庐阅读 App
使用指南

读什么
· 纸质书
· 电子书
· 有声书

怎么读
· 课程
· 精读班
· 讲书
· 测一测
· 参考文献
· 图片资料

与谁共读
· 主题书单
· 特别专题
· 人物特写
· 日更专栏
· 编辑推荐

谁来领读
· 专家视点
· 深度访谈
· 书评
· 精彩视频

HERE COMES EVERYBODY

下载湛庐阅读 App
一站获取阅读服务

图书在版编目（CIP）数据

理性 ／（美）史蒂芬·平克（Steven Pinker）著 ；
简学，简丁丁译. -- 杭州 ：浙江教育出版社，2023.6
（2023.10重印）
书名原文：Rationality
ISBN 978-7-5722-5838-1

Ⅰ. ①理… Ⅱ. ①史… ②简… ③简… Ⅲ. ①理性－
研究 Ⅳ. ①B017

中国国家版本馆CIP数据核字(2023)第087115号

上架指导：认知科学 / 社会科学

理性
LIXING

［美］史蒂芬·平克（STEVEN PINKER）　著

简学　简丁丁　译

责任编辑：刘姗姗

美术编辑：韩　波

责任校对：胡凯莉

责任印务：陈　沁

封面设计：ablackcover.com

出版发行：浙江教育出版社（杭州市天目山路 40 号　电话：0571-85170300-80928）

印　　刷：唐山富达印务有限公司

开　　本：710mm × 965mm 1/16

印　　张：29.25　　　　　　　　字　　数：375 千字

版　　次：2023 年 6 月第 1 版　　印　　次：2023 年 10 月第 2 次印刷

书　　号：ISBN 978-7-5722-5838-1　　定　　价：169.90 元

如发现印装质量问题，影响阅读，请致电 010-56676359 联系调换。